Paul Ackermann

BÜRGERHANDBUCH

Paul Ackermann

BÜRGER HANDBUCH

Basisinformationen
und 66 Tipps zum Tun

BÜRGER HANDBUCH

WOCHEN
SCHAU
VERLAG

Bibliografische Information der Deutschen Bibliothek
Die Deutsche Bibliothek verzeichnet diese Publikation in der Deutschen Nationalbibliografie; detaillierte bibliografische Daten sind im Internet über http://dnb.ddb.de abrufbar.

Druck: Bercker Graphischer Betrieb, Kevelaer
Lektorat: Redaktion Wochenschau
Umschlag: Klaus Ohl
Gedruckt auf chlorfreiem Papier
Printed in Germany
ISBN 3-89974095-5

Inhaltsverzeichnis

Vorwort

Demokratie heißt,
sich in die eigenen Angelegenheiten einmischen
Max Frisch

Dieses Wort könnte das Motto des Bürgerhandbuchs sein. Es macht deutlich, dass es einerseits Aufgabe des Bürgers ist, seine eigenen Interessen zu vertreten, dass aber andererseits Demokratie auch seine „eigene Angelegenheit" ist: Sowohl Eigeninteresse als auch Gemeinsinn sind gefragt.

Durch dieses Handbuch sollen die Bürgerinnen und Bürger in die Lage versetzt werden, ihre Rechte und Mitwirkungsmöglichkeiten in einer demokratischen Bürgergesellschaft und im politischen System der Bundesrepublik Deutschland besser wahrzunehmen. Dabei werden die zunehmende Europäisierung und Globalisierung der Politik berücksichtigt. In zehn Bausteinen werden die zentralen politischen Handlungsfelder vorgestellt. Die Benutzer erhalten zum einen Basisinformationen, um sich politisch sachkundig zu machen, und zum anderen Tipps zum Tun, um selbst aktiv werden zu können.

Den „idealen Bürger" gibt es natürlich nicht; das Spektrum seiner politischen Beteiligungsmöglichkeiten bleibt offen und in einer pluralistischen Gesellschaft umstritten. Die Bausteine bieten daher keine Patentrezepte, aber das notwendige Orientierungswissen für politisches Handeln an; sie können je nach Situation und Problemstellung modifiziert werden.

Zahlreiche Querverweise und ein ausführliches Stichwortverzeichnis machen deutlich, dass alle Handlungsfelder zusammenhängen. Insgesamt geht es darum, das komplexe politische System durchschaubarer zu machen, Hilfestellungen für den politischen Alltag zu geben und das Handlungsrepertoire der Bürgerinnen und Bürger zu erweitern. Die besonderen Schwierigkeiten der Frauen bei der Durchsetzung ihrer gesellschaftlichen und politischen Interessen werden in den einzelnen Bausteinen angesprochen.

Bewusst kurz gehaltene Literaturhinweise sollen den wissenschaftlichen Hintergrund andeuten und dem Benutzer eine Weiterarbeit ermöglichen; auf Verständlichkeit und Praxisnähe für Leserinnen und Leser wurde besonderer Wert gelegt.

Paul Ackermann

Paul Ackermann

Zum Nutzen und zur Nutzung dieses Buches

Mit diesem Buch erhalten Sie unmittelbar nutzbares Grundlagenwissen – ergänzt um viele handlungsorientierte Tipps – zum Thema: wie Sie in unserer Demokratie zu Ihrem Recht kommen und Ihre Interessen durchsetzen bzw. einbringen können.
Nutzen Sie die zahlreichen Erschließungsmöglichkeiten. Sie können sowohl die Kapitel im Gesamtzusammenhang lesen als auch einzelne Handlungsaspekte auf unterschiedliche Art erschließen.

Zur Struktur des Buches

Zehn Bausteine: Die zentralen politischen Handlungsfelder sind in zehn Kapitel unterteilt.
Basisinformation: Jedes Kapitel enthält neben einer Kurzeinführung die wichtigsten Basisinformationen; sie sind in der Kopfzeile der jeweils rechten Seite als „Basisinformation" gekennzeichnet.
Tipps zum Tun: Sie finden in jedem Kapitel Tipps zum Tun, als solche ebenfalls jeweils in der Kopfzeile der rechten Seite gekennzeichnet. Die Tipps zum Tun sind von 1 bis 66 durchnummeriert und können mit Hilfe des Inhaltsverzeichnisses auch einzeln nachgeschlagen werden. In der Randspalte befindet sich das Tipp-Kennzeichen mit der Nummer des Tipps.
Randspalten: Die Randspalten enthalten u.a. Lesestichworte zu den daneben stehenden Abschnitten, das Tipp-Zeichen mit der Nummerierung des Tipps, Begriffserklärungen, Aussagen bekannter Persönlichkeiten, Sprichwörter und Adressenhinweise.
Illustrationen: Anschauung und Anstöße bieten die Karikaturen, Schaubilder, Fotos, Tabellen, Grafiken und Originaltexte.

Zur Erschließung

Inhaltsverzeichnis: Das Inhaltsverzeichnis bietet sowohl über die Basisinformationen als auch über die Tipps zum Tun aller Kapitel einen strukturierten Überblick.
Querverweise: Die Querverweise verweisen auf andere Bausteine (B) und ergänzende Tipps zum Tun.
Stichwortverzeichnis: Das Stichwortverzeichnis am Ende des Buches ermöglicht die gezielte Information zu Einzelfragen.
Literaturhinweise: Literaturhinweise am Schluss jedes Bausteins helfen bei der Vertiefung einzelner Themenfelder.

I. Einführung: Bürgerrolle in der Demokratie

Demokratie hat nur eine Chance, wenn wir Menschen Verantwortungsfähigkeit zutrauen und zumuten. Ich denke, daß wir uns in der Geschichte allzulange damit abgefunden haben, der Eigenverantwortlichkeit des Menschen zu mißtrauen.

*Rita Süssmuth (*1937) 1988-1998 Präsidentin des Deutschen Bundestages*

Kurzübersicht In der Einführung werden die grundlegenden Rechte der Bürgerinnen und Bürger in der Verfassungsordnung und ihre Rolle innerhalb des politischen Systems der Bundesrepublik Deutschland dargestellt, wobei dessen zunehmende Verflechtung mit der Europäischen Union mitberücksichtigt wird. Die verfassungsrechtlichen und politischen Rahmenbedingungen bilden die Grundlage für die Handlungsfelder, die in den Bausteinen dieses Buches aufgezeigt werden.

1.1 Bürger, Staatsangehörigkeit, Staatsbürgerschaft

Der Begriff des Bürgers in historischer Sicht

Der Begriff des Bürgers ist zu einem Sammel- und Allerweltsbegriff geworden. Man spricht von Gemeinde-, Staats- und Weltbürgern, aber auch von Klein-, Groß-, Spieß- und Bildungsbürgern. Das deutsche Wort Bürger kommt von Burg, es wurde bereits im 12. Jahrhundert im Sinne von Stadtbewohner verwendet. Historisch gesehen entwickelte sich das Bürgertum aus dem Stand der Burg- und Stadtbewohner eines Landes. Im ausgehenden Mittelalter bezeichnete der Begriff Bürgertum die städtische Oberschicht, Handwerker und Kaufleute. Mit dem Aufkommen

Der wird als Bürger sich bewähren, der seine Burg zu schirmen weiß.

Ludwig Uhland (1787-1862) Dichter, Den Landständen

der Industrialisierung kämpfte das Bürgertum gegen den Absolutismus, für einen Rechtsstaat und wirtschaftliche Freiheit. Es war im 19. Jahrhundert Träger des wirtschaftlichen und technischen Fortschrittes und vertrat in Deutschland den Gedanken der nationalen Einheit.

Politischer Begriff des Bürgers

Die Bürgerschaft ist „selber ein Staatsorgan, das umfassendste von allen ..."

Dolf Sternberger (1907-1989) Politikwissenschaftler

Der Begriff des Bürgers beschreibt im Deutschen also sowohl politische als auch soziale Eigenschaften. Im Gegensatz dazu bezeichnet im Französischen seit der Französischen Revolution der Begriff citoyen den politisch emanzipierten, aktiven Staatsbürger. Unser Handbuch geht nicht von einem historischen oder soziologischen Begriff des Bürgers aus, sondern wendet sich an alle Bürger im Sinne von „politischen Bürgern", die im demokratischen politischen System der Bundesrepublik Deutschland Verantwortung übernehmen wollen.

Staatsangehörigkeit/ Staatsbürgerschaft

Staatsangehörigkeit
Unter Staatsangehörigkeit ist das Rechts- und Schutzverhältnis zwischen dem Staat und seinen Angehörigen, das mit den besonderen Rechten und Pflichten eines Staatsbürgers verbunden ist, zu verstehen. Hierzu gehören in der Bundesrepublik vor allem die Grundrechte und das Wahlrecht.

Die Staatsangehörigkeit wird entweder nach dem Abstammungsprinzip durch die Staatsangehörigkeit der Eltern oder nach dem Territorialprinzip erworben.

Abstammungs- und Territorialitätsprinzip

Jeder, der von einem Deutschen abstammt, besitzt die deutsche Staatsangehörigkeit. In den USA und den meisten europäischen Ländern ist der räumliche und nicht der personengebundene Aspekt maßgebend. Der Erwerb der deutschen Staatsbürgerschaft durch Geburt setzt voraus, dass im Falle des ehelichen Kindes ein Elternteil Deutscher, im Fall des nichtehelichen Kindes die Mutter Deutsche ist. Der im Grundgesetz verwendete Begriff des „Deutschen" ist weit reichender als der des deutschen Staatsangehörigen. Er umfasst auch diejenigen, die als Flüchtlinge oder Vertriebene deutscher Volkszugehörigkeit oder als deren Ehegatten und Abkömmlinge in dem Gebiet des Deutschen Reiches nach dem Stand vom 31.12.1937 Aufnahme gefunden haben (GG Art. 116).

Begriff des „Deutschen"

Das am 1. Januar 2000 in Kraft getretene Staatsangehörigkeitsrecht bedeutet einen Wendepunkt in der deutschen Rechtsgeschichte. Der bisherige Grundsatz, dass wer keine deutsche Staatsangehörigkeit besitzt, auch keine deutschen Kinder zur Welt bringen kann, ist durchbrochen worden. Kinder ausländi-

scher Eltern, die in Deutschland geboren sind, erhalten mit ihrer Geburt automatisch die deutsche Staatsangehörigkeit, wenn ein Elternteil seit mindestens acht Jahren mit legalem Aufenthalt und Wohnsitz in Deutschland lebt. Allerdings erben diese Kinder auch die Staatsangehörigkeit ihrer Eltern, werden also Doppelstaater. Nach dem Erreichen der Volljährigkeit müssen sie sich bis zum 23. Lebensjahr zwischen ihren beiden Pässen entscheiden. Außerdem haben Ausländer unter anderem unter folgenden Bedingungen das Recht auf Einbürgerung: acht Jahre lang rechtmäßiger Wohnsitz in Deutschland, Bekenntnis zum Grundgesetz, keine Verurteilung wegen größerer Straftaten und ausreichende Deutschkenntnisse. Das neue Staatsbürgerschaftsrecht spiegelt auch die Wandlung Deutschlands von einem Nichteinwanderungsland zum Einwanderungs- bzw. auch zu einem Einbürgerungsland wider.

Neues Staatsangehörigkeitsrecht – Auf dem Wege zum Einwanderungsland?

Unionsbürgerschaft – Europa der Bürger

Die bisherigen Bürgerbegriffe und -bilder hatten weitgehend den Bürger des Nationalstaates im Blick, was der zunehmenden internationalen Verflechtung nicht mehr angemessen ist.
Durch den Vertrag über die Europäische Union (Vertrag von Maasstricht) wird zum ersten Mal der Begriff der „Unionsbürgerschaft" eingeführt mit dem Ziel, ein „Europa der Bürger" zu schaffen. Unionsbürger ist, wer die Staatsangehörigkeit eines Mitgliedstaates der EU besitzt. Die Unionsbürgerschaft löst jedoch die nationale Staatsbürgerschaft nicht ab, sondern

ergänzt sie. Im Unionsvertrag (Art. 8 EGV) sind die Rechte der Unionsbürger, wie z.B. aktives und passives Wahlrecht bei Kommunal- und Europawahlen, Petitionsrecht beim europäischen Parlament oder Niederlassungs- und Aufenthaltsrecht in allen Staaten der Europäischen Union festgelegt. Wir werden in den folgenden Kapiteln auf diese zusätzlichen Rechte der Bürgerinnen und Bürger eingehen.

Auf dem Wege zum Weltbürger?

Bei der zunehmenden Globalisierung von Wirtschaft und Politik stellt sich über die Unionsbürgerschaft hinaus die Frage nach dem Weltbürger, wenn auch Formeln wie „Global denken – lokal handeln" der Komplexität und Unübersichtlichkeit der Internationalen Beziehungen noch nicht gerecht werden. Es wäre sicher auch verfrüht, wenn man von einer Weltgesellschaft spricht, schon eine Form der Weltdemokratie zu denken. Das verstärkte Aufkommen der Nichtregierungsorganisationen zeigt jedoch das Bemühen der so genannten Weltbürger, auch auf internationale Entscheidungsprozesse, die bisher nur Regierungen vorbehalten waren, Einfluss zu nehmen. Bürger-Sein in einer entgrenzten Welt stellt eine neue Herausforderung dar.

Karikatur: Ivan Steiger

1.2 Das Grundgesetz regelt das Verhältnis von Bürger und Staat

Welche grundlegenden Rechte haben die Menschen nach der Verfassung?
Wie werden verbindliche Entscheidungen in Staatsorganen wie Parlament und Regierung, aber auch auf der Gemeindeebene getroffen, und welche Möglichkeiten haben die Bürger und Bürgerinnen, diese zu beeinflussen?
Die wichtigsten Antworten auf diese Fragen gibt uns die Verfassung, die in der Bundesrepublik Deutschland „Grundgesetz" genannt wird.

Der Staat ischt a Rindviech.
Der Staat send wir.
Schwäbisches Sprichwort

Staat
Der Staat ist die politische Organisation eines Volkes. In der Regel wird er durch die Kennzeichen Staatsgebiet, Staatsvolk, Staatsgewalt definiert.

Verfassung
Die Verfassung bestimmt die politische Grundordnung, also das „Wesen" eines Staates, die in der Regel in einer Urkunde niedergelegt ist. In ihr wird das Grundverhältnis des Staates zu seinen Bürgern geregelt, also z.B. ob und wie das Volk sich selbst regieren kann und welche Aufgaben die verschiedenen Staatsorgane wie Parlament und Regierung haben.

Der Staat bildet sich aus dem Grunde, weil kein Mensch sich selber genug ist. Wir alle haben einander nötig.
Platon
(427-347 v.Chr.)
Griechischer Philosoph

Grundgesetz und DDR-Verfassung

Das Grundverhältnis Bürger und Staat wird z.B. im Grundgesetz der Bundesrepublik Deutschland und in der ehemaligen DDR-Verfassung ganz unterschiedlich beschrieben: Die Bundesrepublik Deutschland bezeichnet sich als „demokratischer und sozialer Bundesstaat", in dem „alle Gewalt vom Volke" ausgeht. Nach Art. 1 ihrer Verfassung war die „Deutsche Demokratische Republik ... ein sozialistischer Staat der Arbeiter und Bauern ... unter der Führung der Arbeiterklasse und ihrer marxistisch-leninistischen Partei."

Vom Grundgesetz zur gesamtdeutschen Verfassung

Die Verfassung der alten Bundesrepublik, die den westdeutschen Teilstaat umfasste, trat am 23. Mai 1949 in Kraft. Sie wurde bewusst Grundgesetz genannt, um ihre Vorläufigkeit zu betonen. Die Bezeichnung Verfassung sollte erst dann verwendet werden, wenn die beiden deutschen Staaten wiedervereinigt wären.

Die Vereinigung der DDR mit der Bundesrepublik wurde in der Form des Beitrittes der fünf neu gebildeten Bundesländer zur Bundesrepublik Deutschland vollzogen. Dabei hatten sich die Vertragspartner auch zur „Übernahme der Verfassung in Form des Grundgesetzes" bereit erklärt, das sich in vierzig Jahren bewährt hatte.

Bürger und Entscheidungsprozesse im politischen System

In der Verfassung werden die Beziehungen der verschiedenen Staatsorgane zueinander sowie die Rechte und Pflichten der Bürger festgelegt. Sie kann jedoch nur den allgemeinen politischen Rahmen abstecken. In der politischen Wirklichkeit gibt es vielfältige Wege und Versuche, die Politik zu beeinflussen, die von Einzelnen schwer zu durchschauen sind.

Wo kämen wir denn hin, wenn sich alle auf das Grundgesetz beriefen?

Zeichnung: Kurt Halbritter

Politisches System
Man bezeichnet die Gesamtheit der Beziehungen und Zusammenhänge, in denen verbindliche politische Entscheidungen für alle Bürgerinnen und Bürger getroffen und durchgesetzt werden, als politisches System.

Wenn es um Macht geht, darf man keinem Menschen trauen, sondern muß allen die Fesseln der Verfassung anlegen.

Thomas Jefferson (1743-1826) Präsident der USA

Darin sind die verschiedenen Elemente voneinander abhängig, d.h. wenn ein Element sich verändert, kann dies Auswirkungen auf das Gesamtsystem haben (siehe Schaubild nächste Seite). Wenn z.B. die Bürgerinnen und Bürger bei Bundestags- oder Landtagswahlen anderen Parteien als den in der laufenden Legislaturperiode gewählten die Mehrheit im Parlament geben, wirkt sich dies nicht nur auf die Parteien, sondern auch auf die Besetzung der Staatsorgane, z.B. die Regierung, aus.

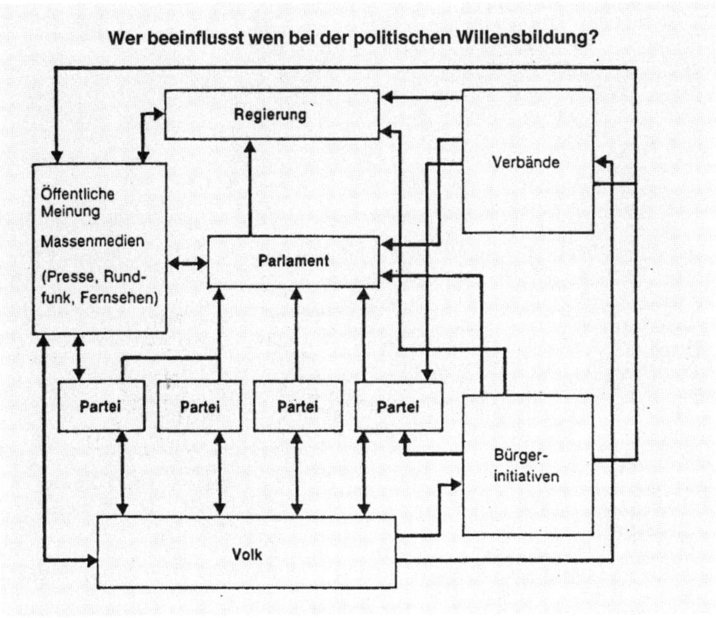

In den folgenden Bausteinen sollen die verschiedenen Handlungsmöglichkeiten und -felder der Bürger innerhalb unseres politischen Systems aufgezeigt werden. Dabei geht es vor allem um die Frage: Wie kann man anstehende Entscheidungen beeinflussen bzw. auf schon getroffene Entscheidungen reagieren?

1.3 Die Grundrechte des Einzelnen haben Vorrang

Am Anfang des Grundgesetzes stehen die Grundrechte. Nach den Erfahrungen der nationalsozialistischen Diktatur, die keine inviduelle Freiheitssphäre des Einzelnen anerkannte und bedingungslosen Gehorsam gegenüber dem „Führer" forderte, sollten die Grundrechte, besonders die Garantie der Menschenwürde, bewusst als Ziel der Politik hervorgehoben werden.

Einem Menschen seine Menschenrechte verweigern bedeutet, ihn in seiner Menschlichkeit missachten.

Nelson Mandela (1918) Südafrikanischer Freiheitskämpfer und Staatspräsident*

Menschenwürde und Grundrechte als Ziel und Maßstab der Politik

> **GG Art. 1 (Schutz der Menschenwürde)**
> (1) Die Würde des Menschen ist unantastbar. Sie zu achten und zu schützen ist Verpflichtung aller staatlichen Gewalt.
> (2) Das Deutsche Volk bekennt sich darum zu unverletzlichen und unveräußerlichen Menschenrechten als Grundlage jeder menschlichen Gemeinschaft, des Friedens und der Gerechtigkeit in der Welt.
> (3) Die nachfolgenden Grundrechte binden Gesetzgebung, vollziehende Gewalt und Rechtsprechung als unmittelbar geltendes Recht.

Neben den Grundrechten, die in Art. 1-19 aufgeführt sind, finden sich in weiteren Artikeln noch Bestimmungen, die eine mit Grundrechten vergleichbare Bedeutung haben, wie z.B. gleicher Zugang zu öffentlichen Ämtern (GG Art. 33) oder der Schutz vor willkürlicher Verhaftung (GG Art. 104).

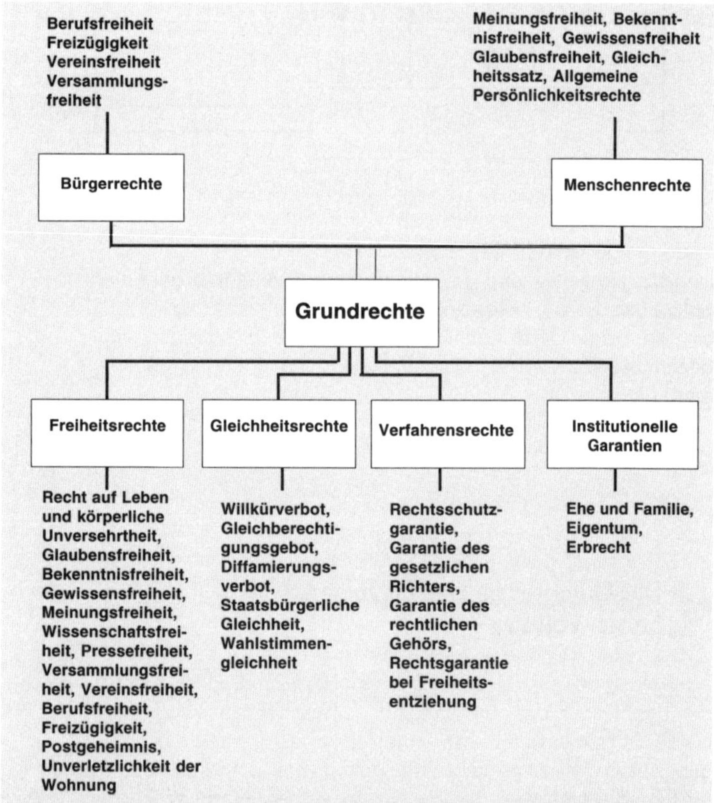

(Typologie nach Schülerduden, Politik und Gesellschaft, 1992^{3}, S. 177)

Typologie der Grundrechte

Bei den Grundrechten kann man unterscheiden zwischen:
- Menschenrechten, die jedem Menschen zustehen und
- Bürgerrechten, Mitwirkungsrechten, die an die deutsche Staatsbürgerschaft gebunden sind;
- Freiheitsrechten, Abwehrrechten gegenüber dem Staat und seinen Organen;
- Gleichheitsrechten, die die rechtliche Gleichheit der Menschen sichern.

Durchsetzung der Gleichberechtigung von Mann und Frau

„Männer und Frauen sind gleichberechtigt", heißt es in Art. 3 des Grundgesetzes. Um der mangelnden tatsächlichen Gleichberechtigung zu begegnen und die noch bestehende Benachteiligung der Frauen in der Gesellschaft zu beseitigen, wurde 1994 durch Verfassungsänderung folgender Satz hinzugefügt: „Der Staat fördert die tatsächliche Durchsetzung der Gleichberechtigung von Frauen und Männern und wirkt auf die Beseitigung bestehender Nachteile hin."

Zeichnung: Peter Leger

An der Stellung, welche die Frauen in einem Land einnehmen, kann man sehen, wie klar und frei die Luft eines Staates ist

Luise Otto-Peters (1819-1895) Frauenrechtlerin

1.4 Verfassungsprinzipien: Demokratie, Rechtsstaat, Sozialstaat, Bundesstaat

Die Rahmenbedingungen des politischen Systems werden in Art. 20 formuliert, der deswegen auch „Kern der Verfassung" oder „Verfassung in Kurzform" genannt wird:

Verfassung in Kurzform

Verfassungskern: GG Art. 20
(1) Die Bundesrepublik ist ein demokratischer und sozialer Bundesstaat.
(2) Alle Staatsgewalt geht vom Volke aus. Sie wird vom Volke in Wahlen und Abstimmungen und durch besondere Organe der Gesetzgebung, der vollziehenden Gewalt und der Rechtsprechung ausgeübt.
(3) Die Gesetzgebung ist an die verfassungsmäßige Ordnung, die vollziehende Gewalt und die Rechtsprechung sind an Gesetz und Recht gebunden.
(4) Gegen jeden, der es unternimmt, diese Ordnung zu beseitigen, haben alle Deutschen das Recht zum Widerstand, wenn andere Abhilfe nicht möglich ist.

Umweltschutz als Staatsziel

Art. 20 ist in Verbindung zu sehen mit Art. 1 des GG, der die Unantastbarkeit der Menschenwürde als oberste Norm des GG erklärt, und ist wie dieser unveränderbar. Neben den genannten Staatszielen wie Demokratie, Rechtsstaat, Sozialstaat, Bundesstaat wurde 1994 auch der Umweltschutz als zentrale staatliche Aufgabe zusätzlich aufgenommen (GG Art. 20a).

Repräsentative Demokratie/Parteiendemokratie

Mit dem Satz „Alle Staatsgewalt geht vom Volke aus" legt das Grundgesetz die Demokratie als Staatsform für die Bundesrepublik fest. Das Wort Demokratie kommt aus dem Griechischen und bedeutet „Herrschaft des Volkes". Nicht ein einzelner Mensch, z.B. ein König, oder eine Gruppe besonders mächtiger Bürger, wie z.B. die Adeligen, sollen die Entscheidungen fällen (Monarchie oder Aristokratie), sondern das Volk, d.h. alle wahlberechtigten Bürgerinnen und Bürger. Allerdings ist die Form der direkten Demokratie, in der alle Wahlberechtigten über alle Gesetze oder die Besetzung von Ämtern entscheiden, in einem so großen und bevölkerungsreichen Staat wie der BRD zumindest auf Bundesebene nur schwer durchzuführen. Das Volk kann durch Wahlen, für die die Parteien jeweils ihre Kandidaten aufstellen, Vertreter (Repräsentanten) in die Parlamente entsenden. Sie treffen in seinem Auftrag politische Entscheidungen. Man spricht daher auch von Parteiendemokratie (siehe B VI). Allerdings gibt es auf Gemeinde- und Länderebene Ansätze zur direkten Demokratie, d.h. dass das Volk Repräsentanten direkt wählen (z.B. Bürgermeister und Landräte) oder über Gesetze oder andere öffentliche Vorhaben abstimmen kann. Auch über Volksabstimmungen auf Bundesebene wird diskutiert (siehe B IV und B V).

Es gibt nicht die Demokratie an sich, es gibt nur Demokraten.
Georges Burdeau

„Wehrhafte" Demokratie

Im Gegensatz zur Weimarer Verfassung wurde im Grundgesetz versucht, die freiheitlich-demokratische Grundordnung stärker zu sichern. Der vorher schon erwähnte Verfassungskern ist unantastbar; Änderungen der Verfassung bedürfen der Zustimmung von zwei Dritteln des Bundestages und des Bundesrates. Außerdem können verfassungsfeindliche Parteien und Vereinigungen verboten werden.

Rechtsstaat

Angesichts der Erfahrungen mit dem nationalsozialistischen Unrechtsstaat hat man im Grundgesetz auf die Ausgestaltung des Rechtsstaates besonderen Wert gelegt. Damit ist vor allem der rechtlich gebundene, in seiner Macht beschränkte, der Willkür entsagende Staat gemeint. Wer sich in seinen Rechten verletzt fühlt, hat die Möglichkeit, Gerichte anzurufen, die dann eine Entscheidung fällen. Diese Rechtssicherheit wird ergänzt durch den Gesichtspunkt der Rechtsgleichheit: Gesetze gelten für alle gleich; alle sind vor dem Gesetz gleich. Wir haben bereits aufgezeigt, dass den Grundrechten, die in ihrem Wesensgehalt unantastbar sind, eine Vorrangstellung eingeräumt wurde.

Das Beste an der Demokratie (ist), daß nur sie geeignet ist, den Rechtsstaat zu schützen.

Gustav Radbruch (1878-1949) Rechtswissenschaftler

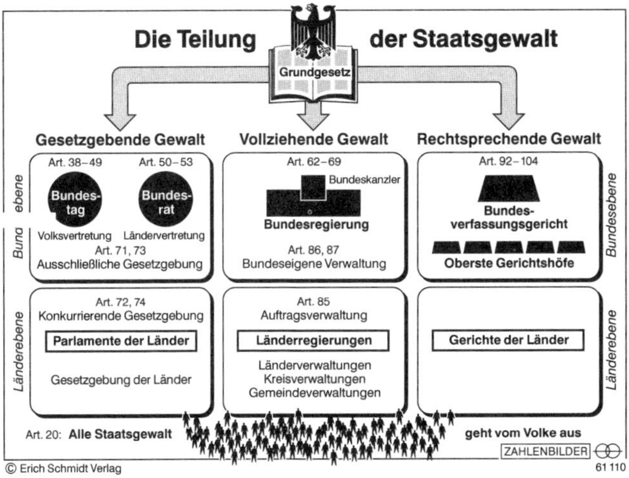

Gewaltenteilung

Damit die staatlichen Organe gegenüber den Bürgern nicht zu mächtig werden und nicht unter die Verfügungsgewalt eines Einzelnen oder einer Gruppe geraten können, geht das Grundgesetz vom Grundsatz der Gewaltenteilung aus. Die gesetzgebende und die vollziehende Gewalt sowie die Rechtsprechung sind auf verschiedene Organe verteilt. Diese sollen sich gegenseitig kontrollieren und beschränken. Allerdings gibt es in der Verfassungswirklichkeit auch Verbindungen und Verschränkungen zwischen Parlament und Regierung.

Sozialstaat

Das Prinzip des „sozialen Staates" (Art. 20 Abs. 1 GG) wird im Gegensatz zu anderen Verfassungsprinzipien im Grundgesetz kaum weiter ausgeführt. Durch das so genannte Sozialstaatsgebot ist der Staat verpflichtet, für ein Höchstmaß an sozialer Sicherheit und Gerechtigkeit zu sorgen. Als politische Maßnahmen in diese Richtung gelten z.B. das Kindergeld, die Ausbildungsbeihilfen für sozial Schwache oder das Wohngeld. Nicht zuletzt hat jede Person, die sich aus eigenen Mitteln nicht helfen kann, Anspruch auf Sozialhilfe. Auch die einzelnen Bürger

Menschliche Geborgenheit und persönliche Freiheit sind ohne soziale Sicherheit nicht denkbar.

Norbert Blüm (CDU) (1935) Ehemaliger Bundesminister für Arbeit und Sozialordnung*

können von staatlicher Seite gezwungen werden, sich vor Lebensrisiken wie z.B. Krankheit, Pflegebedürftigkeit im Alter oder Arbeitslosigkeit zu schützen bzw. zu versichern. Die Fülle der entsprechenden Maßnahmen und Einrichtungen werden als „soziales Netz" bezeichnet, das den Einzelnen in Notlagen auffangen soll.

Soziale Grundrechte?

In der politischen Öffentlichkeit wurde und wird darüber diskutiert, ob soziale Grundrechte wie das Recht auf Arbeit, Bildung oder eine menschenwürdige Wohnung, die u.a. in einigen Länderverfassungen verankert sind und in der DDR-Verfassung enthalten waren, auch in das Grundgesetz aufgenommen werden sollen. Neben der Frage der Durchsetzbarkeit dieser Rechte und der daraus erwachsenden hohen finanziellen Verpflichtungen wird dagegen eingewandt, dass der Staat durch solche Grundrechte zu ständigem Eingreifen in die Marktwirtschaft gezwungen wäre.

Bundesstaat

Der Name Bundesrepublik drückt schon aus, dass es sich um einen Zusammenschluss mehrerer Länder handelt. Nach GG Art. 79 Abs. 3 kann die bundesstaatliche Ordnung unseres Landes nicht geändert werden. Kennzeichen des Bundesstaates ist die Aufteilung der Staatsgewalt zwischen Gesamtstaat und mehreren Gliedstaaten.

Bundesländer und Gemeinden als Handlungsebenen für die Bürger

Auch in den Bundesländern gilt das Prinzip der repräsentativen Demokratie. Sie haben Parlamente, Regierungen und eigene Verwaltungen. Auf Bundesebene sind die Länder durch den Bundesrat vertreten, der zusammen mit dem Bundestag die Aufgabe der Gesetzgebung hat. Staatsrechtlich gehören die Gemeinden und Kreise ebenfalls zur Länderebene. Auch hier können die Bürger durch Wahlen und zum Teil durch Abstimmungen über Sachfragen an politischen Entscheidungen mitwirken.

Deutschland
Schleswig-Holstein
Kiel
Hamburg
Schwerin
Mecklenburg-Vorpommern
Bremen
Niedersachsen
Brandenburg
Sachsen-Anhalt
Berlin
Hannover
Potsdam
Magdeburg
Nordrhein-Westfalen
Düsseldorf
Hessen
Erfurt
Dresden
Thüringen
Sachsen
Wiesbaden
Rheinland-Pfalz
Mainz
Saarbrücken
Saarland
Stuttgart
Bayern
Baden-Württemberg
München
150 km
© Globus 757

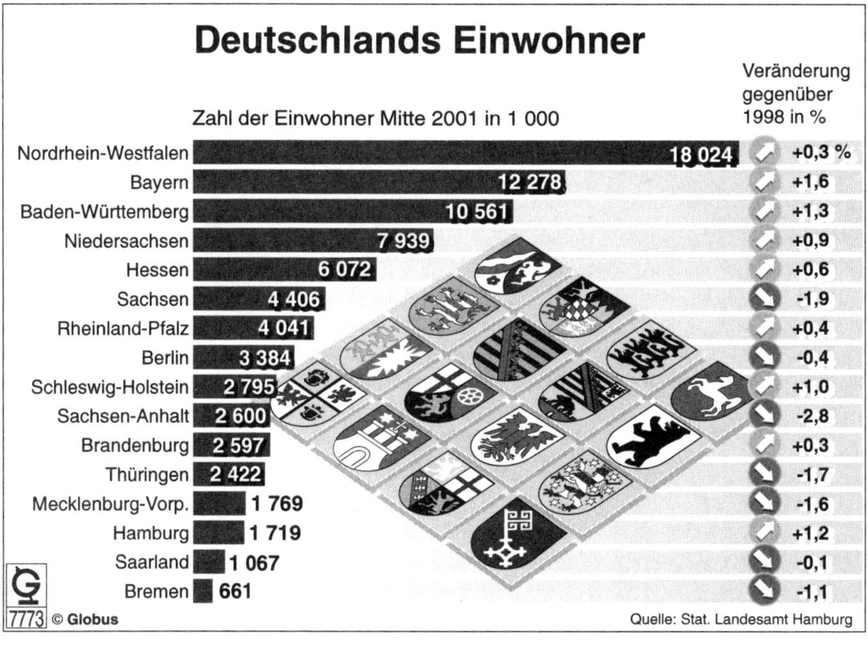
Deutschlands Einwohner
Zahl der Einwohner Mitte 2001 in 1 000
Veränderung gegenüber 1998 in %
Nordrhein-Westfalen 18 024 +0,3 %
Bayern 12 278 +1,6
Baden-Württemberg 10 561 +1,3
Niedersachsen 7 939 +0,9
Hessen 6 072 +0,6
Sachsen 4 406 -1,9
Rheinland-Pfalz 4 041 +0,4
Berlin 3 384 -0,4
Schleswig-Holstein 2 795 +1,0
Sachsen-Anhalt 2 600 -2,8
Brandenburg 2 597 +0,3
Thüringen 2 422 -1,7
Mecklenburg-Vorp. 1 769 -1,6
Hamburg 1 719 +1,2
Saarland 1 067 -0,1
Bremen 661 -1,1
7773 © Globus
Quelle: Stat. Landesamt Hamburg

1.5 Verflechtung mit der Europäischen Union

Europäisierung der Politik auf allen Ebenen

Über wichtige Politikbereiche wie Wirtschafts-, Agrar- und Umweltpolitik wird heute zu 80% in der Europäischen Union entschieden. Die Europäische Union stellt einmal eine zusätzliche Entscheidungsebene dar, auf die die Bürger durch Wahlen zum Europaparlament, aber z.B auch über Parteien und Interessengruppen Einfluss nehmen können. Zum anderen sind auch die nationalen Entscheidungsebenen wie z.B. Gemeinden oder die Bundesebene europäisiert. Man spricht von einem Verflechtungs- oder Mehrebenensystem der EU. So haben die Unionsbürger bei den Kommunalwahlen in allen Ländern der EU aktives

Vereinen wir unsere Kräfte und passen wir uns dem neuen Zustand der Welt an.

Jean Monnet (1888-1979) Französischer Europa-Politiker

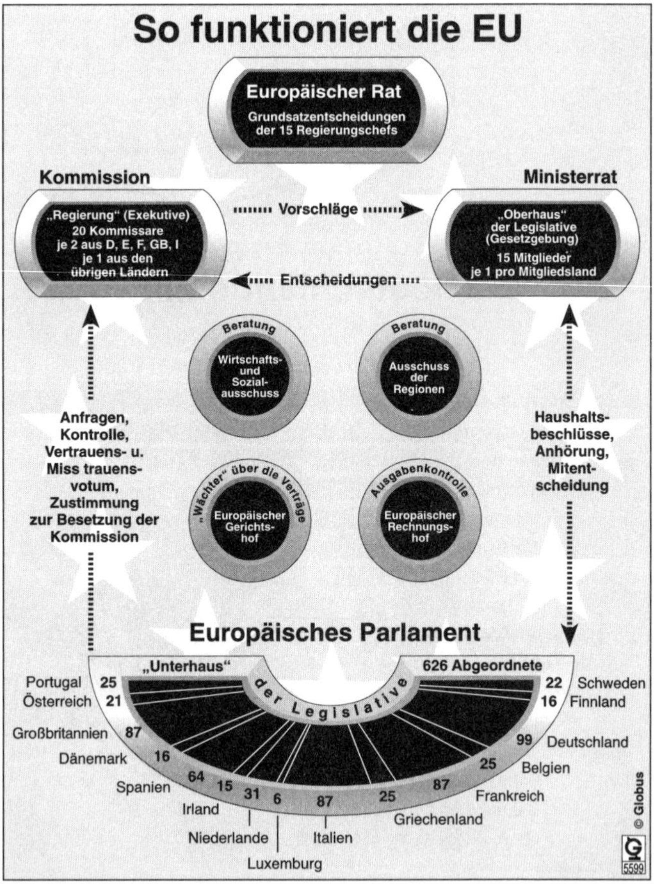

und passives Wahlrecht. Zum Beispiel kann eine Deutsche, die in Frankreich wohnt, dort nicht nur den Gemeinderat wählen, sondern auch Bürgermeisterin werden. Der Bundestag muss den Verordnungen der Europäischen Kommission zustimmen und kann wiederum über den Kanzler und die Bundesminister Einfluss auf Entscheidungen auf der europäischen Ebene nehmen. Dieser Entwicklung wurde durch die Neufassung des Artikels 23 des Grundgesetzes Rechnung getragen. Dabei ging es vor allem darum, die Rechte der Bundesländer zu sichern.

GG Art. 23 (Mitwirkung bei der Entwicklung der Europäischen Union)
(2) In Angelegenheiten der Europäischen Union wirken der Bundestag und durch den Bundesrat die Länder mit. Die Bundesregierung hat den Bundestag und den Bundesrat umfassend und zum frühestmöglichen Zeitpunkt zu unterrichten.

Die Bundesrepublik Deutschland als europäisches Regierungssystem
Die Mitgliedschaft in der EU hat unmittelbare Folgen für alle Dimensionen des Politischen in Deutschland, für die Institutionen des Landes ebenso wie für die politische Willensbildung und die Produktion materieller Politik. Das politische System der Bundesrepublik existiert selbstverständlich weiter, aber verstehen kann man sein Funktionieren heute nur noch, wenn man es als europäisches Regierungssystem betrachtet.
Roland Sturm/Pehle Heinrich 2001

1.6 Grundpflichten oder Angebot an „Verantwortungsrollen"?

Pflichten nach den Verfassungen

Im Grundgesetz ist sehr viel von Grundrechten die Rede, aber relativ wenig von Pflichten. In Art. 33 wird nur allgemein betont, dass jeder Deutsche die gleichen staatsbürgerlichen Rechte und Pflichten hat. Ausdrücklich wird von der „Wehr- und Dienstpflicht" in GG Art. 12a gesprochen. Nach GG Art. 6 Abs. 2 haben die Eltern die Pflicht zur Erziehung und Pflege ihrer Kinder. Art. 14 Abs. 2 spricht von der sozialen Verpflichtung des Eigentums. In den Länderverfassungen ist der Pflichtgedanke zum Teil etwas stärker betont. Die rheinland-pfälzische Verfassung

Jeder hat das Recht! Wenn ich diesen Schwachsinn schon höre! Pflichten hat er, sonst nichts.

Zeichnung: Kurt Halbritter

überschreibt das entsprechende Kapitel mit „Grundrechte und Grundpflichten". In der bayerischen Verfassung heißt es in Art. 118 Abs. 1: „Die Gesetze verpflichten jeden in gleicher Weise".

Steuerpflicht

Hausinschrift im 19. Jahrhundert

Nicht zuletzt ist der Bürger zu Abgaben gegenüber dem Staat, also zur Zahlung von Steuern, Gebühren (z.B. für die Benutzung öffentlicher Einrichtungen) oder Beiträgen (z.B. Straßenanliegerbeiträge) verpflichtet. Nach der Abgabenordnung, dem grundlegenden Steuergesetz, sind gemäß § 3 Abs. 1 Steuern „Geldleistungen, die nicht eine Gegenleistung für eine besondere Leistung darstellen und von einem öffentlich-rechtlichen Gemeinwesen zur Erzielung von Einnahmen allen auferlegt werden."

Entsprechen Grundrechte Grundpflichten?

Es ist schon der Versuch gemacht worden, aus den Grundrechten auch Grundpflichten abzuleiten, wie z.B.

Rechte	**Pflichten**
• Recht auf freie Entfaltung der Persönlichkeit	• Pflicht, die Persönlichkeit des Mitbürgers zu achten
• Meinungs- und Pressefreiheit	• Achtung der Meinung unserer Mitbürger
• Religionsfreiheit	• Religiöse Toleranz
• Wahlrecht	• Wahlpflicht

Eine Verfassung mag noch so schön sein, sie ist immer nur ein Angebot, von ihren Möglichkeiten Gebrauch zu machen.

Carlo Schmidt (SPD) (1896-1979) Politiker

Bei den genannten Beispielen handelt es sich mit Ausnahme der Wahlpflicht um allgemeine, unbegrenzte, innere Pflichten des Gewissens und der Gesinnung. Es würde dem Prinzip der Demokratie und des Rechtsstaates widersprechen, wenn diese

„Melken sollst Du ihn, nicht fressen!"

Karikatur: Walter Hanel

staatlich verordnet und durch Zwang durchgesetzt würden. „Prinzipiell unbegrenzte Pflichten kennt nur der totalitäre Staat, der daher prinzipiell auch nicht unbegrenzte, höchstens durch Gesetz einschränkbare Grundrechte gewähren kann" (Theodor Eschenburg). Die Wehrpflicht oder die Pflicht, Steuern zu zahlen, kann dagegen konkret gefasst werden. Die Wahlpflicht, die in einigen Ländern üblich ist, ist nur schwer durchzusetzen. Die Demokratie geht davon aus, dass die Bürgerinnen und Bürger nicht durch Zwang, sondern kraft Einsicht Pflichten und Verantwortung übernehmen. In der politischen Philosophie ist daher immer wieder von Tugenden gegenüber dem Gemeinwesen die Rede.

Rechtspflichten des einzelnen sollen sich nur auf das notfalls erzwingbare äußere Verhalten beziehen: innere Pflichten der Gesinnung und des Gewissens sollen niemals zu Rechtspflichten werden, weil ihre verpflichtende Kraft nicht durch äußeren Zwang durchgesetzt werden kann.

Ulrich K. Preuß (1939) Staatsrechtler*

Der Soziologe Helmut Klages spricht heute davon, dass man den Bürgern „Verantwortungsrollen" anbieten und entsprechende Werthaltungen in der Erziehung fördern müsse. In den verschiedenen Bausteinen dieses Buches werden solche Verantwortungsrollen vorgestellt.

Karikatur: Erich Rauschenbach, Berlin

1.7 Politische Kultur: Wie stehe ich zum politischen System?

Begriff: Politische Kultur

Mit dem Begriff der politischen Kultur wird in der Politikwissenschaft versucht, die Einstellungen und Meinungen gegenüber dem jeweiligen politischen System zu erfassen. Aus der Geschichte wissen wir, dass die Weimarer Republik unter anderem deswegen gescheitert ist, weil ein großer Teil der Bevölkerung dem demokratischen System skeptisch, wenn nicht sogar ablehnend gegenüberstand.

Vom Untertan zum aktiven Bürger

In verschiedenen empirischen Untersuchungen über die politische Kultur in Deutschland wurde auch das politische Selbstverständnis der Bürgerinnen und Bürger erfasst. Daraus ergibt sich, dass sich in den fünfziger Jahren die meisten Menschen in der Bundesrepublik dem Staat gegenüber mehr als passive Untertanen sahen. Politik wurde und wird zum Teil noch als schmutziges Geschäft angesehen, in das man sich nicht einmischen soll. Auch die Tatsache, dass sich in der Demokratie Parteien und Interessengruppen um die besten Lösungen streiten müssen, wurde und wird zum Teil nicht verstanden.

Es gibt schwierige Vaterländer. Eines davon ist Deutschland. Aber es ist unser Vaterland. Hier leben und arbeiten wir. Darum wollen wir unseren Beitrag für die eine Menschheit mit diesem und durch dieses Land leisten.

Gustav Heinemann (1969-1974) Bundespräsident

Die Frage, ob die Einstellungen der Bürgerinnen und Bürger nach fast 50 Jahren des Bestehens der Bundesrepublik demokratischer geworden sind, lässt sich nicht abschließend beantworten. Wissenschaftliche Untersuchungen deuten darauf hin, dass das politische Interesse und das Vertrauen in die Demokratie als Regierungsform zugenommen haben. Auch die Bereitschaft, sich in die Politik einzumischen, ist gestiegen. Allerdings sind die Bürger eher bereit, sich in Bürgerinitiativen in ihrer lokalen Umgebung zu engagieren als in den politischen Parteien.

Zeichnung: Mester

Unterschiedliche Bewertungen der politischen Einflussnahme in West- und Ostdeutschland

Im Gegensatz zu den Westdeutschen hatten die Bürgerinnen und Bürger der DDR ganz andere politische Erfahrungen gemacht, die sich bei manchen heute noch auf ihre Denk- und Verhaltensweise auswirken. Es ist allerdings schwierig, hier allgemeine Aussagen zu machen. Insgesamt stehen die Ostdeutschen dem neuen politischen System zum Teil noch etwas skeptisch gegenüber. Besonders unterschiedlich werden die Möglichkeiten der einzelnen Bürger, selbst politisch Einfluss zu nehmen, eingeschätzt. Die entsprechenden Einstellungen hat der Sozialwissenschaftler Peter Mohler etwas zugespitzt folgendermaßen formuliert: In Ostdeutschland denkt man: „Die Obrigkeit wird es schon richten, aber denen da oben trauen wir nicht", in Westdeutschland: „Denen da oben trauen wir nicht und deshalb wollen wir selber sehen und entscheiden, was gemacht wird."

Politische Persönlichkeitstypen

Der Soziologe Helmut Klages hat versucht, das unterschiedliche politische Selbstverständnis der Bürgerinnen und Bürger der heutigen Bundesrepublik Deutschland in folgende Typen einzuteilen:

Idealist

Der nonkonforme Idealist betont sehr stark die Selbst- und Mitbestimmung in Bürgerinitiativen, während er bestimmten Werten wie z.B. Ordnungsliebe, Gehorsam, wirtschaftliche Sicherheit oder Bindung an Großorganisationen, etwa Parteien und Kirchen, eher skeptisch gegenübersteht.

Hedonistischer Materialist

Der hedonistische Materialist bzw. Egoist ist ein Persönlichkeitstyp, der überwiegend an Lebensgenuss und an einem hohen Lebensstandard, aber wenig an allgemeinen Problemen der Gesellschaft und Politik interessiert ist.

Aktiver Realist

Der Typ des aktiven Realisten ist am häufigsten anzutreffen; er legt einerseits großen Wert auf Selbstständigkeit und engagiert sich konstruktiv-kritisch in Gesellschaft und Politik, sieht aber andererseits durchaus die Notwendigkeit von Ordnungen und Gesetzen ein.

Diese Typen kommen natürlich in reiner Form in der Wirklichkeit nicht vor, geben aber Anhaltspunkte, um die unterschiedlichen Werthaltungen, die in der Bevölkerung miteinander konkurrieren, zu beschreiben und beurteilen zu können. Nicht zuletzt bieten sie die Möglichkeit, das eigene politische Verhalten zu überdenken.

Merkmale einer demokratischen Persönlichkeit

Die Politikwissenschaftler Martin und Sylvia Greiffenhagen haben in ihrem Buch über die politische Kultur in Deutschland folgende Merkmale einer demokratischen Persönlichkeit herausgearbeitet:

Informiertheit

- Kenntnis der Institutionen, Gesetze und politischen Verfahren;

Politisches Interesse

- Voraussetzung für politische Informiertheit, aber auch kritische Beobachtung und Diskussion der politischen Vorgänge;

Soziales Vertrauen

- Offenheit für andere Menschen bzw. „open ego", Toleranz, Vertrauen in die menschliche Umgebung;

Selbstvertrauen

- Selbstachtung und eine gewisse Selbstsicherheit stehen in Zusammenhang mit der Akzeptanz von demokratischen und rechtsstaatlichen Verfahrensweisen, während geringes Selbstvertrauen, allgemeine Ängstlichkeit, Zynismus autoritäres und antidemokratisches Denken und Handeln fördern können.

Glaube an den eigenen Einfluss

- Dieses Kriterium hängt sehr stark mit den schon genannten Faktoren zusammen. Mit dem steigenden Vertrauen in den Sinn und Erfolg politischer Beteiligung steigt auch die Partizipationsbereitschaft, wozu auch ein höherer Bildungsgrad beitragen kann.

Die Merkmale können nur als Orientierungspunkte dienen. Wie der Einzelne seine Bürgerrolle sieht und ausfüllt, bleibt in der Demokratie ihm selbst überlassen.

Formen politischer Beteiligung

Die aufgezeigten Merkmale können als Bedingungen politischer Beteiligung gewertet werden. Darunter werden die Verhaltensweisen von Bürgern verstanden, mit denen sie allein oder mit anderen auf die politischen Entscheidungsprozesse der verschiedenen Ebenen Einfluss nehmen wollen. Man unterscheidet relativ grob konventionelle (verfasste) Formen wie Wahlen oder Parteimitgliedschaft und unkonventionelle (unverfasste) Aktivitäten wie z.B. Demonstrationen, Sit-ins, Boykotts. Zu einer differenzierteren Einteilung kam am Ende der achtziger Jahre Hans Martin Uehlinger:

- wählen;
- parteienorientierte Partizipation (z.B. in einer Partei ein Amt innehaben);
- problemorientierte Partizipation (z.B. Mitwirkung in einer Bürgerinitiative oder bei einer genehmigten Demonstration);
- ziviler Ungehorsam (z.B. Hausbesetzung);
- Gewalt gegen Personen und Sachen.

Die Politik bedeutet ein starkes langsames Bohren von harten Brettern mit Leidenschaft und Augenmaß.

Max Weber (1864-1920) Soziologe

Bürgergesellschaft

Der Zielbegriff der Bürgergesellschaft wird zur Zeit von unterschiedlichen wissenschaftlichen und politischen Richtungen angewandt. Ohne auf die unterschiedlichen ideologischen Hintergründe einzugehen, lassen sich u.a. folgende Gemeinsamkeiten in den Zielen feststellen:

- Absage an Gewalt als Instrument des politischen Konfliktaustrags;
- Erweiterung des Bürgerdialogs, mehr Bürgereinflussmöglichkeiten auf die politischen Beratungs- und Entscheidungsprozesse, mehr bürgerschaftliche Verantwortungsübernahme;
- mehr Selbsthilfeaktionen, soziales Engagement und Gemeinschaftsinitiativen angesichts des überforderten Sozialstaates.

Fragt nicht, was euer Land für euch tun kann, sondern fragt, was ihr für euer Land tun könnt.

John F. Kennedy (1917-1963) 1961-1963 Präsident der USA

„Hier brauchen wir die Kultur einer Mitmachgesellschaft und keine Zuschauerkulisse. Staatliche Solidarität ist gut; sie sollte aber genügend Raum lassen für Initiativen des Gemeinsinns durch den einzelnen."

Roman Herzog, 1995 bei der Eröffnung der Kampagne Gemeinsinn 1994-1999 Bundespräsident (1934)*

Tipps zum Tun

T 1

Verfassungsbeschwerde

Jeder Bürger kann, wenn er sich durch Gesetzgebung, Verwaltung oder Rechtsprechung in einem Grundrecht verletzt fühlt (vgl. „Beispiel" S. 35), Verfassungsbeschwerde beim Bundesverfassungsgericht erheben, sofern er zuvor den ordentlichen Rechtsweg ohne Erfolg durchlaufen hat. In Art. 93 Abs. 4a des Grundgesetzes heißt es dazu:

> **Das Bundesverfassungsgericht entscheidet:**
>
> über Verfassungsbeschwerden, die von jedermann mit der Behauptung erhoben werden können, durch die öffentliche Gewalt in einem seiner Grundrechte oder in seiner in Art. 20 Abs. 4, 33, 38, 101, 103 und 104 enthaltenen Rechte verletzt zu sein.

Die näheren Bedingungen werden durch das Bundesverfassungsgerichtsgesetz geregelt. Darin heißt es unter anderem: „Ist gegen die Verletzung der Rechtsweg zulässig, so kann die Verfassungsbeschwerde erst nach Erschöpfung des Rechtsweges erhoben werden." Das Bundesverfassungsgericht ist also ausschließlich letzte Instanz des Bürgers. Erst wenn die verschiedenen Gerichtsinstanzen nicht mehr helfen können, ist der Weg zum Verfassungsgericht nach Karlsruhe frei.

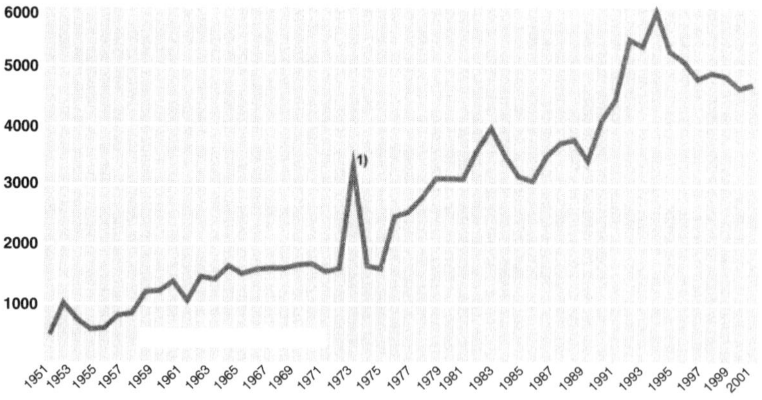

1) davon 1.735 Parallel-Verfahren (Stab. Zuschlag) © 2003 BVerG

Quelle: http://www.bundesverfassungsgericht.de/cgi-bin/link.pl.aktuell

Das Schaubild macht deutlich, dass von dem Recht der Verfassungsbeschwerde immer mehr Gebrauch gemacht wird. Das Bundesverfassungsgericht hat eigens eine Kammer mit drei Richtern eingesetzt, die bei jeder Eingabe prüfen, ob sie zulässig ist. Die meisten Beschwerden werden schon von dieser Instanz als unzulässig abgelehnt. Das Verfahren beim Bundesverfassungsgericht ist kostenfrei. Stellt das Bundesverfassungsgericht auf Grund der Beschwerde eine Grundrechtsverletzung fest, dann wird die angefochtene Gesetzesbestimmung oder Maßnahme für nichtig erklärt. Ähnliche Möglichkeiten der Verfassungsbeschwerde für Bürger gibt es auch in verschiedenen Bundesländern.

Beispiel: Bundesverfassungsgericht schützt Meinungsfreiheit

Eine in der Öffentlichkeit sehr umstrittene Entscheidung des Bundesverfassungsgerichts war das so genannte Soldatenurteil. Ein Kriegsdienstverweigerer hatte während des Golfkrieges 1991 einen Aufkleber mit der Aufschrift „Soldaten sind Mörder" an seinem Auto angebracht. Dass es sich dabei um einen Satz des 1935 verstorbenen Dichters Kurt Tucholsky handelt, wurde durch dessen faksimilierte Unterschrift verdeutlicht. Es befanden sich noch weitere Aufkleber auf dem Auto. Der Kriegsdienstverweigerer war vom Amtsgericht, Landesgericht und Oberlandesgericht u.a. wegen „Volksverhetzung" verurteilt worden. Das Bundesverfassungsgericht gab seiner Verfassungsbeschwerde statt und hob die vorausgegangenen Urteile auf mit der Begründung, die Aussage „Soldaten sind Mörder" sei durch das Grundrecht auf Meinungsfreiheit gedeckt. Dieses Grundrecht sei zwar nicht vorbehaltlos gewährleistet. „Wenn es um Beiträge zum geistigen Meinungskampf in einer die Öffentlichkeit berührenden Frage geht, spricht jedoch die Vermutung für die Zulässigkeit der freien Rede", heißt es in der Urteilsbegründung.

Klagerecht beim Europäischen Gerichtshof in Luxemburg

T 2

Durch den Vertrag von Amsterdam im Jahre 1997 wurden die Rechte der einzelnen Bürgerinnen und Bürger der Europäischen Union gestärkt. Sie bekennt sich darin zu den Grundsätzen der Freiheit, der Demokratie, der Achtung der Menschenrechte und der Rechtstaatlichkeit.

Der einzelne Bürger kann gegen verbindliche Rechtsakte von EU-Organen beim Europäischen Gerichtshof klagen. Für EU-Bürger stehen folgende Klagevarianten zur Verfügung: Nichtigkeitsklage, Schadenersatzklage und Beamtenklage. Er hat auch die Möglichkeit, sofern er zuvor den ordentlichen Rechtsweg im nationalen Bereich ohne Erfolg durchschritten hat, beim Europäischen Gerichtshof zu klagen, wenn er sich in seinen Grundrechten beeinträchtigt fühlt. Im Einzelfall kann das Vorabentscheidungsverfahren von Bedeutung sein: Nationale Gerichte können sich an den Europäischen Gerichtshof mit einer Rechtsfrage wenden, die der Europäische Gerichtshof verbindlich mit einem Urteil beantwortet, wie es im folgenden Fall geschehen ist.

Beispiel: Soldatinnen-Urteil

Im Januar 2000 hatte der Europäische Gerichtshof auf Klage einer Deutschen zu entscheiden, der die Verwendung in der Bundeswehr im Bereich der Instandsetzung (Elektronik) verweigert worden war. Artikel 12a des Grundgesetzes besagt, dass Frauen „auf keinen Fall Dienst mit der Waffe leisten dürfen". Daraus folgte, dass das deutsche Soldatengesetz nur den Zugang zum Sanitäts- und Musikdienst erlaubte. Der Europäische Gerichtshof entschied: Der vollständige Ausschluss von Frauen aus allen bewaffneten Einheiten der Bundeswehr widerspricht der EU-Richtlinie zur Gleichbehandlung von Mann und Frau. Auf Grund des Urteils des Europäischen Gerichtshofs beschlossen die Abgeordneten des Deutschen Bundestages eine Neufassung des Art. 12a. Frauen dürfen jetzt „auf keinen Fall zum Dienste mit der Waffe verpflichtet werden".

T 3

Klage beim Europäischen Gerichtshof für Menschenrechte in Straßburg

Vom Europarat, dem heute fast alle Staaten Europas angehören, wurde 1950 die Europäische Menschenrechtskonvention unterzeichnet. In ihr verpflichten sich alle Mitgliedsstaaten, die Grundrechte zu schützen. Dazu gehören unter anderem das Recht auf Leben und Freiheit, Recht auf freie Meinungsäußerung und Versammlung, Verbot der Folter usw. Zu deren Schutz wurde in Straßburg der Europäische Gerichtshof für Menschenrechte gegründet, der seit 1998 ständig tagt. Hier können auch einzelne Personen Klage führen, wenn sie sich in ihren Grundrechten durch einen oder mehrere Staaten verletzt sehen und alle innerstaatlichen Rechtsmittel im eigenen Land ausgeschöpft worden sind. Sämtliche Beschwerden sind schriftlich auf dem Postweg an nebenstehende Adresse zu richten.

An den Kanzler
Des Europäischen Gerichtshofes für Menschenrechte
Europarat
F - 65075 Strasbourg Cedex

Beispiel: Europäischer Gerichtshof für Menschenrechte schützt Eigentumsrecht

In der ehemaligen sowjetisch besetzten Zone, der späteren DDR, wurde im Rahmen der Bodenreform Hunderttausenden Ostbürgern, darunter vielen Vertriebenen, Land gegen Entgelt zugeteilt. Das Land der so genannten Neubauern wurde vielfach in Landwirtschaftliche Produktionsgenossenschaften eingebracht, blieb jedoch deren Eigentum und konnte vererbt werden. Auf Grund des vom deutschen Bundestag 1992 verabschiedeten Zweiten Vermögensrechtsänderungsgesetzes wurden die Erben von Bodenreformland enteignet, die weder zum 15. März 1990 noch in der Zeit davor mindestens zehn Jahre in der Landwirtschaft tätig waren. Nach dem Urteil des Menschenrechtsgerichtshofes aus dem Jahre 2004 durfte der deutsche Gesetzgeber den Erben der Bodenreformbauern „nicht ihr Eigentum entziehen, ohne sie angemessen zu entschädigen". Die bisherigen Eigentümer hatten den Straßburger Gerichtshof angerufen, nachdem sie vor deutschen Gerichten mit ihrem Anliegen gescheitert waren.

(Zusammengestellt nach: Der Spiegel 4/2004, S. 20-23)

dpa

Beispiel: Öcalan-Prozess war nicht fair

Öcalan-Prozess war nicht fair

Straßburg. (AP) Im Prozess gegen den kurdischen Rebellenführer Abdullah Öcalan hat das türkische Staatssicherheitsgericht in weiten Teilen gegen die Menschenrechte des Angeklagten verstoßen. Der PKK-Führer habe nach seiner Festnahme im Februar 1999 kein faires Verfahren bekommen, urteilte der Europäische Gerichtshof für Menschenrechte in Straßburg am Mittwoch. Zudem beanstanden die Richter die Todesstrafe, die zunächst gegen Öcalan verhängt worden war. Die türkische Regierung kündigte Berufung gegen das Urteil an. Die Verteidiger Öcalans sahen in der Festnahme und Verurteilung ihres Mandanten gleich elf Verstöße gegen die Europäische Konvention für Menschenrechte. In fünf Fällen gaben ihnen die Straßburger Richter Recht. So sei Öcalan nach seiner Festnahme im Februar 1999 nicht unmittelbar einem Richter vorgeführt worden. Auch habe der Haftbefehl zu spät vorgelegen. Zudem seien Öcalans Anwälte nicht rechtzeitig zu ihrem Mandanten vorgelassen worden, so dass sich dieser in Aussagen ohne juristischen Beistand selbst belastet habe.
(Aus: Reutlinger Generalanzeiger v. 13.3.2003)

T 4

Das Petitionsrecht beim Bundestag und den Länderparlamenten

Zu den ältesten verfassungsmäßigen Rechten des Bürgers gehört das Petitionsrecht, das sowohl im Grundgesetz als auch in den Landesverfassungen verankert ist. Es gilt für jedermann, unabhängig von Wohnsitz, vom Alter oder von der Staatsangehörigkeit. Der Adressat der Petition, also der Bundestag, die Landtage oder die Behörden müssen diese entgegennehmen, sachlich prüfen und schriftlich beantworten. Das Schaubild macht das entsprechende Verfahren deutlich.

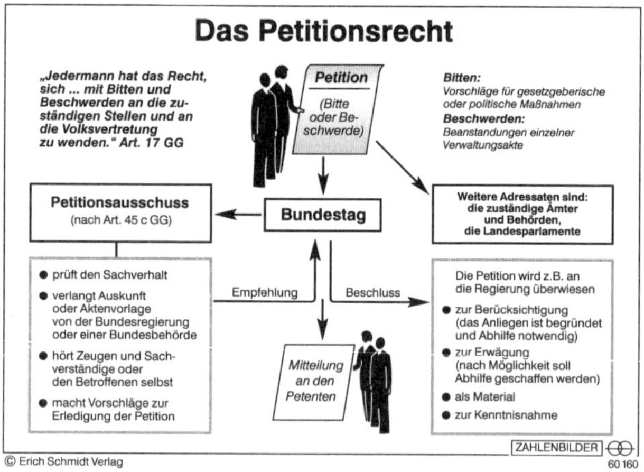

© Erich Schmidt Verlag 60 160

Breite Themenpalette

Aus dem Tätigkeitsbericht, den der Petitionsausschuss des Bundestages jedes Jahr vorlegt, geht hervor, dass dieses Recht intensiv wahrgenommen wird. Der Ausschuss hat im Jahre 2001 gegenüber dem Vorjahr über 30% mehr Petitionen, nämlich 17 550 abschließend behandelt. Die Beschwerden betreffen fast alle Politikbereiche, wobei der Schwerpunkt mit 30% der Eingaben bei sozialpolitischen Problemen liegt. Zu jeder Petition wird die Bundesregierung um Stellungnahme gebeten.

Sammel- und Massenpetitionen

Das Petitionsrecht kann nach Artikel 17 des Grundgesetzes auch „in Gemeinschaft mit anderen" ausgeübt werden. Im Jahre 2002 gingen 1 180 Sammelpetitionen mit insgesamt 107 176 Unterschriften ein. Dabei ging es vor allem um rentenrechtliche Probleme in den neuen Bundesländern, die Sonderstellung des Sonntages, Atomausstieg und Asylfragen.

Petitionsrecht beim Europäischen Parlament

T 5

Die Bürger können auch beim Europäischen Parlament, in allen Angelegenheiten, die die Europäische Union betreffen, Petitionen einreichen. Diese werden vom Petitionsausschuss des Europäischen Parlaments geprüft. In zahlreichen Fällen konnte dieser in Zusammenarbeit mit der Kommission und den Mitgliedstaaten Abhilfe schaffen. Es gab sogar Verfahren gegen einzelne Mitgliedstaaten wegen Vertragsverletzungen auf der Grundlage von Petitionen.

Europäisches Parlament
Abteilung Tätigkeit der Mitglieder
L - Luxemburg

Europäischer Bürgerbeauftragter

T 6

Vom Europäischen Parlament wird seit 1995 ein europäischer Bürgerbeauftragter („Ombudsmann") gewählt, an den sich die EU-Bürgerinnen und -Bürger bei Verstößen gegen das EU-Recht wenden können. Er kann nur Beschwerden über die Tätigkeiten der Organe und Institutionen der EU, nicht aber nationaler oder regionaler Behörden entgegennehmen. Der Bürgerbeauftragte ist berechtigt, eigene Untersuchungen durchzuführen, um die von den Antragstellern genannten Probleme zu durchleuchten. Für die Bürgerinnen und Bürger scheint es schwierig zu sein, die verschiedenen Zuständigkeiten auf der nationalen oder europäischen Ebene genau abzugrenzen. Um die Interessen der Unionsbürger besser zu schützen, ist es dem Bürgerbeauftragten auch gestattet, z.B. mit dem Petitionsausschuss des Bundestages zusammenzuarbeiten.

Der Europäische Bürgerbeauftragte
l'Avenue du President Robert Schuman
B.P.403
F - 67001 Strasbourg Cedex
E-Mail: euro-ombudsman@europarl.eu.int

Literaturhinweise

Gesamtdarstellungen zum politischen System der Bundesrepublik Deutschland

ANDERSEN, UWE/WOYKE, WICHARD (Hrsg.): Handwörterbuch des politischen Systems der Bundesrepublik Deutschland. 5., überarbeitet und aktualisierte Aufl. Opladen 2003

BEYME, KLAUS VON: Das politische System der Bundesrepublik Deutschland. 9. neu bearbeitet und aktualisierte Aufl. Opladen, Wiesbaden 1999

GREIFFENHAGEN, MARTIN U. SYLVIA: Ein schwieriges Vaterland. Zur politischen Kultur im vereinigten Deutschland. München 1993

HESSE, JOACHIM JENS/ELLWEIN, THOMAS: Das Regierungssystem der Bundesrepublik Deutschland. 2. Bd., 7. Aufl. Opladen 1992

RUDZIO, WOLFGANG: Das politische System der Bundesrepublik Deutschland. 5. Aufl. Opladen 2000

SONTHEIMER, KURT/BLEEK, WILHELM: Grundzüge des politischen Systems der Bundesrepublik Deutschland. Aktualisierte Neuaufl. Bonn 2003

STURM, ROLAND/PEHLE, HEINRICH: Das neue deutsche Regierungssystem. Die Europäisierung von Institutionen, Entscheidungsprozessen und Politikfeldern in der Bundesrepublik Deutschland. Opladen 2002

Bürgerrolle und politische Beteiligung

BUCK, RAINER: Bürger machen Politik. Weinheim 1991
HARTUNG, SVEN/KADELBACH, STEFAN: Bürger, Recht, Staat. Frankfurt/M. 1997
HEINZE ROLF G./OLK, THOMAS (Hrsg.): Bürgerengagement in Deutschland. Bestandsaufnahme und Perspektiven. Opladen 2001
HEPP, GERD/SCHIELE, SIEGFRIED/UFFELMANN, UWE (Hrsg.): Die schwierigen Bürger. Schwalbach/Ts. 1994
UEUNGER, HANS-MARTIN: Politische Partizipation in der Bundesrepublik Deutschland. Opladen 1988
TRINKLE, HERMANN: Veränderungen politischer Partizipation. Frankfurt/M. 1997
WOCHENSCHAU-THEMENHEFT: Parlamentarismus (Best.-Nr. 2595)
WOCHENSCHAU-THEMENHEFT: Politikverdrossenheit (Best.-Nr. 293s)

Politisches System der BRD – Einführungen (Auswahl)

ACKERMANN, PAUL: Politisches System Bundesrepublik Deutschland. Stuttgart 2002
HESSELBERGER, DIETER: Das Grundgesetz. Kommentar für die politische Bildung. Neuauflage Bonn1996 (Bundeszentrale für politische Bildung Bestell-Nr. 1.028)
MASSING, PETER (Hrsg.): Das Demokratiemodell der Bundesrepublik Deutschland. Schwalbach/Ts. 1996
MODEL, OTTO/CREIFELDS,CARL/LICHTENBERGER, GUSTAV: Staatsbürger-Taschenbuch. 28. Aufl. München 1995
PÖTSCH, HORST: Die deutsche Demokratie. Bonn 1995 (Bundeszentrale für politische Bildung (Bestell-Nr. 3.901)
INFORMATIONEN ZUR POLITISCHEN BILDUNG. Bonn (Bundeszentrale für politische Bildung) u.a. folgende Hefte:
Demokratie. Nr.165 (Neudruck 1992) Bestell-Nr. 4.165
Der Rechtsstaat. Nr. 200 (Neudruck 1992) Bestell-Nr. 4.200
WOCHENSCHAU-THEMENHEFT: BRD – DDR (Best.-Nr. 23493)
WOCHENSCHAU-THEMENHEFT: Partizipation (Best.-Nr. 1602)
WOCHENSCHAU-THEMENHEFT: Stadt (Best.-Nr. 2602)

II. Sich Informationen beschaffen

Zeichnung: Wolfgang Sischke, ZEIT vom 20.10.1995

Ein unterrichtetes Volk läßt sich leicht regieren.

Friedrich II., der Große (1712-1786) Preußischer König zur Zeit des aufgeklärten Absolutismus

Wer sich nicht frei informieren kann, der ist nicht frei.

Salvador de Madriga Spanischer Diplomat

Wissen ist Macht

Johann Wolfgang von Goethe (1749-1832) Dichter

Kurzübersicht Die Fähigkeit, sich selbstständig zu informieren, ist die Grundvoraussetzung für politisches Urteilen und Handeln und damit auch grundlegend für die folgenden Bausteine. Techniken der Informationsbeschaffung, also die Tipps zum Tun, die je nach Bedarf kombiniert und variiert werden müssen, stehen daher im Vordergrund dieses Kapitels. Um zu wissen, welche Informationen wir brauchen, müssen wir aber auch wissen, woher sie kommen, wer sie macht, bearbeitet, weitergibt (vgl. dazu auch B III).

2.1 Wer in der Politik mitreden und mitmachen will, braucht Informationen

Information

Wer das politische Geschehen verfolgen und beurteilen will, braucht Informationen. Wer an Wahlen und Abstimmungen in der Demokratie teilnehmen oder sich in politischen Organisationen oder vor Ort in der Gemeinde engagieren will, braucht ebenfalls Informationen.

Die Bürgerinnen und Bürger müssen sich selbstständig Informationen beschaffen,

- um zu wissen, welche Probleme gelöst werden sollen und welche Vorschläge dazu gemacht werden;
- um die wirtschaftlichen, gesellschaftlichen und politischen Zusammenhänge zu begreifen;
- um zu erkennen, wo ihre eigenen Interessen liegen;
- um sich ihre eigene Meinung bilden zu können.

Daten zur Geschichte der Informationsvermittlung

Buchdruck	1450
Zeitung	1609
Zeitschrift	1682
Fotografie	1829
Elektrischer Telegraph	1840
Telefon	1875
Film	1895
Drahtloser Telegraph	1897
Rundfunk	1920
Tonbandgerät	1950
Fernsehen	1954
Satelliten-TV	1971
Video und Kabel	1978
Bildschirmtext	1980
Personalcomputer	1981
Bildplattenspieler	1982
CD-Spieler	1983
Digital Audio Tape	1987
Digitaler Mobilfunk	1990
High Definition TV	1991
Minicompact-Disc/CD-Rom	1992
Multimedia	2000

(Nach: DM Nr. 36/1995)

Die Massenmedien als politische Kommunikationsmittel

Wenn wir uns Informationen beschaffen wollen, sind wir auf Kontakte, auf die Kommunikation mit anderen Menschen angewiesen. Neben der Kommunikationsform des direkten Informationsaustausches zwischen Menschen durch Sprache, Gestik und Schrift konnte durch die Erfindung der Buchdruckerkunst um 1450 unser Wissen einer breiten Öffentlichkeit zugänglich gemacht werden. Die Übersicht oben macht deutlich, wie es möglich wurde, durch Perfektionierung der technischen Hilfsmittel Informationen zu beschaffen und zu verbreiten. Da sich politische Entscheidungsprozesse – mit Ausnahme von kleineren Gemeinden – in der Regel nicht im persönlichen Erfahrungsbereich der Bürger abspielen, sind diese fast ausschließlich auf die Massenmedien als Politikvermittler angewiesen.

Massenmedien
Massenmedien sind jene Kommunikationsmittel, die mit Hilfe von Techniken, Einrichtungen und/oder Systemen Informationen und Aussagen gleichzeitig eine große, aber zahlenmäßig nicht genau bestimmbare Anzahl von Menschen erreichen, ohne dass die Kommunikationspartner in direktem Kontakt stehen.

Informations- und Meinungsfreiheit

Die Freiheit, sich zu informieren, wie man will, ist keineswegs selbstverständlich. So war z.B. im Dritten Reich das Hören von ausländischen Radiosendern verboten. Auch in der DDR war es nicht ohne weiteres möglich, westliche Zeitungen zu lesen. Die Informationsfreiheit ist eng verbunden mit der Meinungs- und Pressefreiheit und dem Verbot der Zensur; dies soll die freie Meinungsbildung in der Demokratie garantieren. Die Massenmedien tragen dazu bei, indem sie die unterschiedlichen Meinungen, die in der Öffentlichkeit vertreten werden, übermitteln und selbst dazu Stellung nehmen. Dazu kommt noch die wichtige Aufgabe der Kontrolle und Kritik der politischen Institutionen und Organisationen. (Siehe B III) Die genannten Freiheiten gehören zu den wichtigsten Grundrechten.

GG Artikel 5 (Meinungs-, Informations- und Pressefreiheit)

(1) Jeder hat das Recht, seine Meinung in Wort, Schrift und Bild frei zu äußern und zu verbreiten und sich aus allgemein zugänglichen Quellen ungehindert zu unterrichten. Die Pressefreiheit und die Freiheit der Berichterstattung durch Rundfunk und Film werden gewährleistet. Eine Zensur findet nicht statt.

(2) Diese Rechte finden ihre Schranken in den Vorschriften der allgemeinen Gesetze, den gesetzlichen Bestimmungen zum Schutze der Jugend und in dem Recht der persönlichen Ehre.

2.2 Woher bekommen wir die Informationen? oder: Nachrichten werden gemacht

Informationsflut

Während es in früheren Jahrhunderten – zumindest für einen Großteil der Bevölkerung – nicht leicht war, an Informationen heranzukommen, steht heute den Bürgerinnen und Bürgern eine Fülle von Informationsquellen zur Verfügung. Der amerikanische Medienwissenschaftler Neil Postman hat die Situation folgendermaßen beschrieben: „Aus Millionen von Quellen auf dem ganzen Erdball, aus jedem erdenklichen Kanal und jedem erdenklichen Medium – Lichtquellen, Ätherwellen, Telexstreifen, Datenbanken, Telephondrähten, Fernsehkabeln, Satelliten, Druckmaschinen – sickert Information hervor. Dahinter hält sich in jeder erdenklichen Form von Speicher – auf Papier, auf Video und Audiobändern, auf Platten, Film und Silikon-Chips – eine noch viel größere Masse abrufbarer Information bereit."

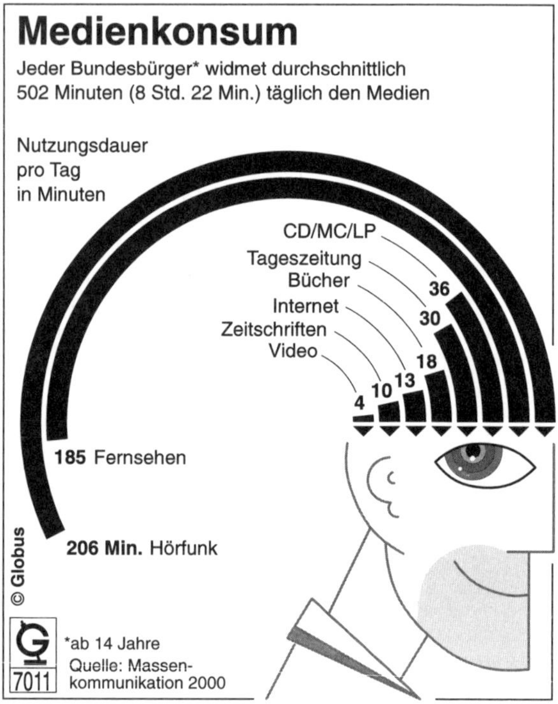

Nachricht und Kommentar

Die Chance eines Bürgers, der wichtige und richtige Nachrichten sucht, ist mit der eines Huhnes zu vergleichen, das nach Körnern Ausschau hält.

Ausspruch einer Journalistin

Nur ein Bruchteil dessen, was den Medien an Informationen und Meinungsäußerungen zur Verfügung steht, kommt beim Leser, Zuhörer und Zuschauer an. Nicht alle Meldungen, die von Nachrichtenagenturen, Korrespondenten und Redakteuren beschafft wurden, können veröffentlicht werden. Man kann daher Journalisten als „Schleusenwärter" oder „Torhüter" bezeichnen, d.h. sie können entscheiden, welche Informationen aus dem Nachrichtenstrom durchgelassen werden. Nachrichten werden also gesiebt, gefiltert, bearbeitet, gemacht. Eine Nachricht kann nie ganz objektiv sein, in ihr steckt –wenn auch in unterschiedlichem Maße– bereits eine Meinung. Neben den Nachrichten bieten die Massenmedien ihren Lesern auch Kommentare an, durch die Journalisten ihre subjektive Meinung zu bestimmten Informationen vermitteln. Verantwortungsvolle Medien versuchen Tatsachen und Meinungen so gut wie möglich auseinander zu halten. Sie unterscheiden daher bewusst z.B. durch Überschrift, Schriftbild, Platz oder beim Fernsehen durch Personenwechsel Nachricht und Kommentar.

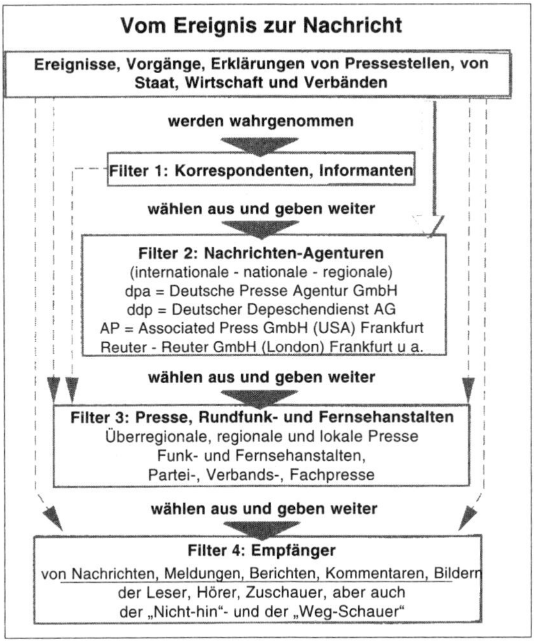

(Nach: H. Becker, J. Feick, H. Uhl: Leitfragen Politik. Stuttgart/Dresden 1993, S. 79)

Manipulation
Es kommt nicht selten vor, dass Informationen, Nachrichten, Kommentare verfälscht werden, indem man Tatsachen verändert oder weglässt oder eine bestimmte Bildauswahl trifft, eine bestimmte Aufmachung wählt, um Leser oder Zuschauer einseitig zu beeinflussen. Man spricht dann von Manipulation.

Da Nachrichten offensichtlich „gemacht" werden, ist es notwendig zu wissen, wer dahinter steht, woher sie kommen, wer sie macht, bearbeitet, weitergibt. Daher wollen wir kurz auf einige wichtige politische Informationsquellen eingehen.

Presselandschaft Deutschland

Im Grundgesetz wird von Pressefreiheit gesprochen, weil die Presse seit dem letzten Jahrhundert das wichtigste politische Informationsorgan bildet. Auch heute sind die Zeitungen noch die wichtigste Informationsquelle. Die Presse ist in Deutschland privatwirtschaftlich organisiert. Eine hohe Zahl von Zeitungstiteln mit starker lokaler Bindung, eine vielfältige überregionale Presse, Wochenzeitungen und Magazine mit akzentuierter politischer Tendenz, ein großes Zeitschriftenangebot und das Fehlen einer nennenswerten Partei- und Hauptstadtpresse sind kennzeichnend für die Presselandschaft in Deutschland.

Die Zeitung ist ... ein Unternehmen, das Anzeigenraum produziert, den es durch einen redaktionellen Teil absetzbar macht.

Karl Bücher 1916 (1847-1930) Volkswirtschaftler

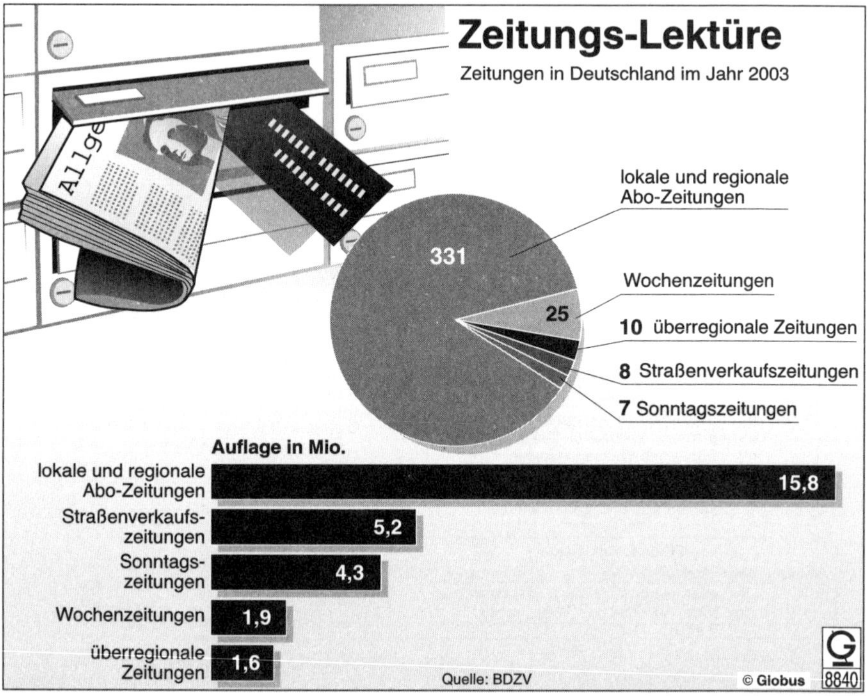

Presse-konzentration

Die einzige wirkliche Gefährdung der Pressefreiheit in westlichen Demokratien ist wirtschaftlicher Natur.

Züricher internationales Presseinstitut 1975

Das Grundproblem der Presse besteht darin, dass sie einerseits ein wirtschaftliches, gewinnorientiertes Unternehmen ist, andererseits aber eine öffentliche Aufgabe hat. Steigende Kosten für Herstellung und Vertrieb, Investitionen für neue Drucktechniken und andere Faktoren führen zu einer Reduzierung der Zahl der Zeitungen (Pressekonzentration). Besonders problematisch ist die Tendenz zu Zeitungsmonopolen und damit auch Informationsmonopolen auf der lokalen Ebene, wo die Gefahr der Abhängigkeit von Inserenten besonders groß ist. Die Zeitungen finanzieren sich in der Regel nur zu 30% aus dem Verkauf, während die Anzeigenerlöse 70% ausmachen.

ARD und ZDF – öffentlich-rechtliche Rundfunk- und Fernsehanstalten

Bei Hörfunk und Fernsehen haben wir in der Bundesrepublik seit den 80er Jahren öffentliche und private Programmanbieter. Bis dahin waren sie, im Gegensatz zu den meisten anderen Staaten, ausschließlich öffentlich-rechtlich organisiert. Entsprechend den Grenzen der Bundesländer, die für den Medienbereich weitgehend zuständig sind, oder mehrere Länder zusammenfassend, wurden Rundfunk und Fernsehanstalten als Anstalten des öffentlichen Rechts organisiert und über Gebühren und Werbeeinnahmen finanziert. Die Länderrundfunkanstalten sind in der Arbeitsgemeinschaft der öffentlichen Rundfunkanstalten zusammengeschlossen (ARD). Durch einen Staatsvertrag der Bundesländer war 1969 das Zweite Deutsche Fernsehen (ZDF) gegründet worden.

> Die Informationsgesellschaft versagt, wenn nicht transparent gemacht wird, wer in welchem Auftrag etwas in den Medien äußert.
>
> *Heiner Geißler (CDU) (*1930) Politiker*

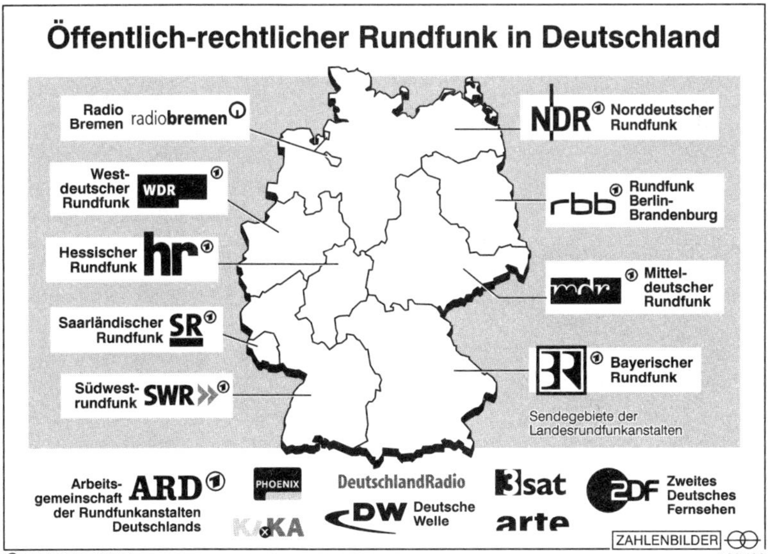

© Erich Schmidt Verlag 538 100

Die öffentlich-rechtlichen Rundfunkanstalten sind unterschiedlich organisiert. Ihren Leitungsgremien gehören Vertreter der „politischen, weltanschaulichen und gesellschaftlichen Gruppen" an. Dabei ist es schwierig, die Repräsentanz der gesellschaftlichen Gruppen auszumachen. Insgesamt ist jedoch eine zunehmende Einflussnahme der Parteien, die gegenüber anders gearteten Meinungen immer empfindlicher reagieren, festzustellen. Im Gegensatz zur Presse sind die Rundfunkanstalten durch Gesetz zur Objektivität und Neutralität verpflichtet, was jedoch in der Praxis schwer zu realisieren und zu kontrollieren ist. Wegen der von den Parteien ständig vorgetragenen Forderung nach „Ausgewogenheit des Programms" besteht die Gefahr, dass engagierte Meinungen einem parteipolitischen Proporzdenken zum Opfer fallen und einer profillosen Berichterstattung weichen.

Ausgewogenheit des Programms

Privater Rundfunk und privates Fernsehen

Sobald der Hörfunk- und Fernsehempfang in den 80er Jahren über Kabel und Satellit möglich wurde, beschlossen die Bundesländer 1987 in einem Staatsvertrag das Nebeneinander von privatem und öffentlichem Rundfunk und Fernsehen, wobei dem öffentlich-rechtlichen Rundfunk und Fernsehen die Aufgabe der Grundversorgung mit politischen Informationen und kulturellem Unterhaltungsangebot zugeschrieben wurde. Im Gegensatz zu den öffentlich-rechtlichen Rundfunkanstalten, die sich zu einem großen Teil aus Gebühren finanzieren, sind die privaten Sender fast ausschließlich von Werbeeinnahmen und damit von Einschaltquoten abhängig. Die Sender werden von Unternehmensgruppen, die meistens schon im Medienbereich tätig sind, getragen.

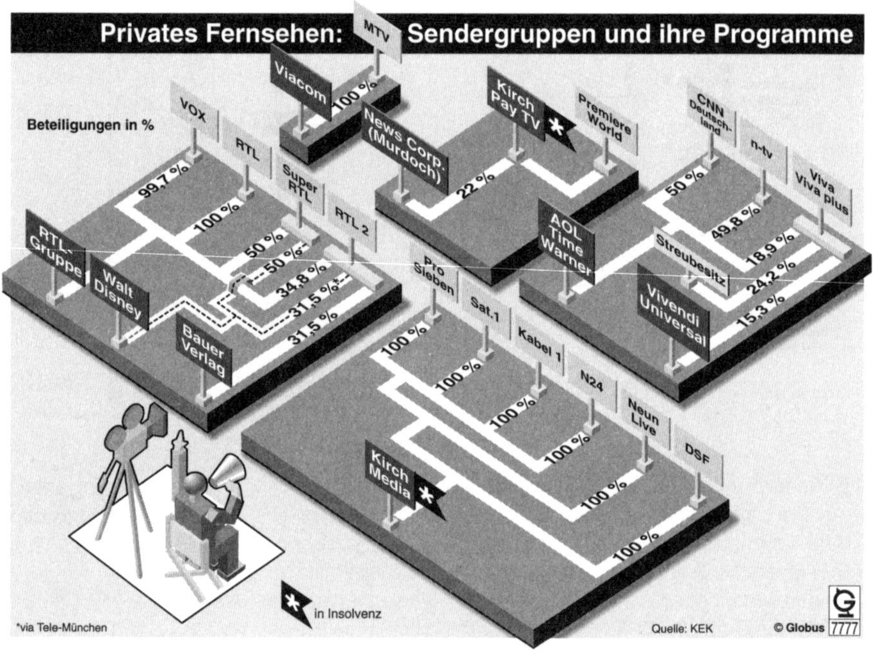

Internationalisierung und Konzentration der Medien

Die internationale Verflechtung der Volkswirtschaften und internationale politische Zusammenarbeit haben auch im Medienbereich die Internationalisierung und Konzentrationsprozesse verstärkt, so dass die „Medienwelt" von einigen multinationalen Konzernen beherrscht wird. Für eine Krise auf dem Medienmarkt sorgte die Insolvenz von Teilen der Kirch-Gruppe, dem zweitgrößten Medienunternehmen in Deutschland. Dass an dessen

Übernahme ausländische Unternehmen wie Rupert Murdochs News Corporation (Australien) oder Silvio Berlusconis Fininvest (Italien) interessiert waren, ist symptomatisch für die Internationalisierung des Medienmarktes. Schließlich übernahm 2003 der amerikanische Medienunternehmer Haim Raban den Kernbereich des ehemaligen Kirch-Konzerns, zu dem neben Pro Sieben und Sat. 1 auch die Fernsehsender Kabel 1 und N24 und der Filmrechtehandel gehören. Den größten Anbieter auf dem deutschen Medienmarkt bildet der Bertelsmann- Konzern mit den Privatsendern RTL, RTLII, Super RTL und Vox. Insgesamt schreitet der Konzentrationsprozess bei den Massenmedien sowohl im nationalen als auch im internationalen Rahmen voran.

Zum Fernsehkonsum kritischer Buchtitel: Wir amüsieren uns zu Tode (1985)
Verfasser: Neil Postmann (Medienpädagoge)

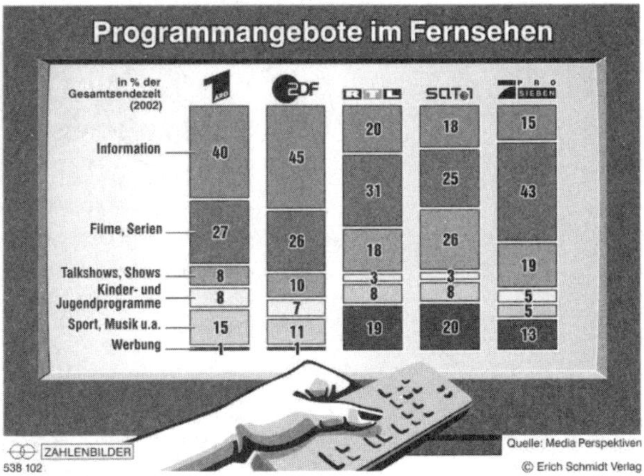

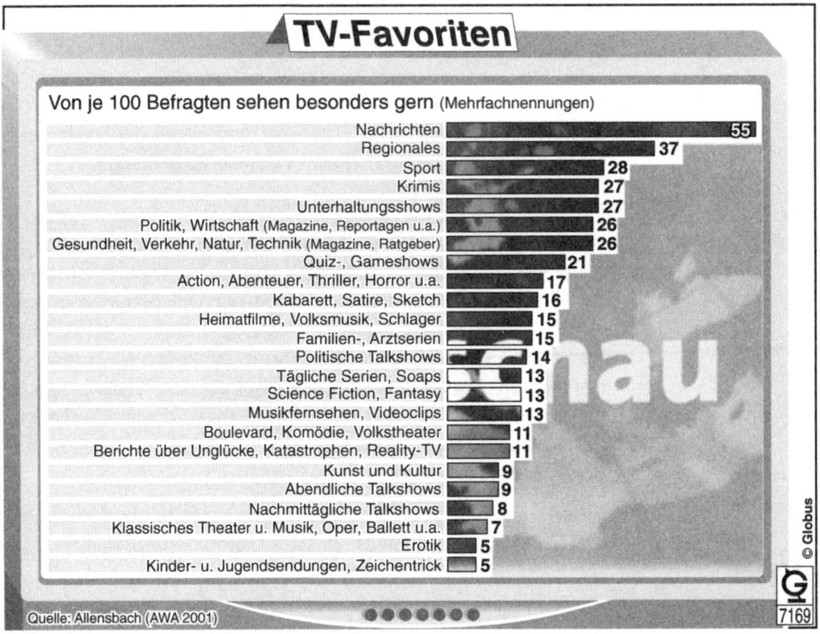

2.3 Auf dem Weg in das Informationszeitalter

Multimedia

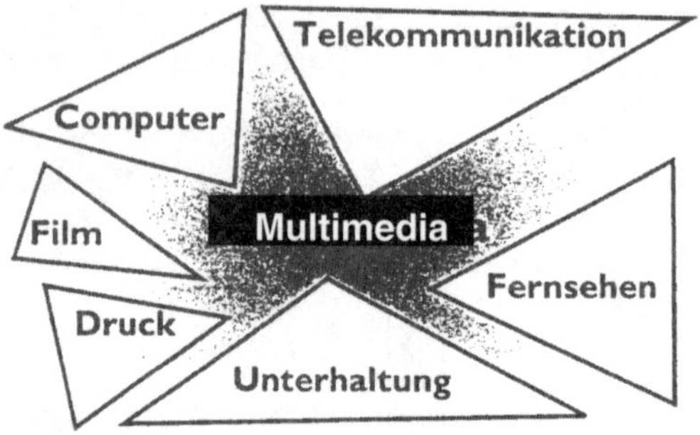

Multimedia verbindet Bereiche, die in der Vergangenheit deutlich voneinander getrennt waren. (Grafik aus: Paul Klimsa: Multimedia. Reinbek bei Hamburg 1995, S. 26)

Die durch die gewachsene Konzentration entstandenen Probleme werden verstärkt durch die zusätzlichen Möglichkeiten der Digitaltechnik (d.h. die elektronische Übertragung, Speicherung, Verarbeitung und Vernetzung von Informationen), die eine Übertragung von zehn oder mehr Programmen über einen Kanal erlaubt. Allerdings ist das werbefinanzierte Fernsehen an seine Grenzen gelangt. Die Veranstalter planen neue Finanzierungsformen: Pay-TV, Pay-per-view oder Video-on-demand. Vom Zusammenwachsen von Computer und Fernsehen sind ganz neue Anwendungen und Medienformen zu erwarten.

Politische Streifzüge durch das Internet

Das weltumgreifende Datennetz Internet und andere Computerdienste, an die zunehmend alle politischen Institutionen, Organisationen, aber auch Zeitungen und Zeitschriften angeschlossen sind, machen es möglich, dass sich die Bürgerinnen und Bürger selbstständig die entsprechenden Informationen beschaffen können. Die Menschen bekommen unmittelbaren Zugriff z.B. auf Regierungserklärungen, Bundestagsreden, Parteiprogramme, Stellungnahmen von Verbänden. Allerdings hat bisher nur ein begrenzter Teil der Bevölkerung Zugang zu den entsprechenden Computerdiensten.

Wer Geld, Bildung und einen Netzwerkanschluß hat, gehört zu den Gewinnern; wer nicht, zählt zu den Verlierern.

Neil Postman
(1931-2003)
Medienpädagoge

Ohne Anspruch auf Vollständigkeit stellt das folgende Schema die Chancen des Internets dessen Gefahren und Risiken stichwortartig gegenüber.

Das Internet

Chancen	*Gefahren und Risiken*
Breites Informationsangebot	Ausgrenzung von geographischen Räumen
Unabhängigkeit von Zeit und Raum	Viel Müll im Netz (Gewalt, Pornographie ...)
Schneller, leichter Informationszugriff	Fehlende Orientierung bzw. Informationsflut
Selbstgesteuerte Lernprozesse	Realität versus virtuelle Realität
Kritischer Umgang mit Informationen	Keine Überprüfbarkeit der Daten
Neue Formen sozialer Interaktion	Rückgang direkt erlebter sozialer Kontakte
Eigene Informationsproduktion	Mangelnder Schutz von Urheberrechten
Förderung aktiven Tuns	Zugangsproblematik/Chancengleichheit

(Prechtl, Christof: Das Internet. Kritische Reflexion und Nutzung des Mediums im Politikunterricht. Schwalbach/Ts. 1998, S. 15)

Auf dem Weg zum Cyberbürger?

Nicht zuletzt werden die demokratiefördernden bzw. -schädigenden Möglichkeiten des Internets diskutiert. Für die so genannte Cyberdemokratie sprechen die vielfältigen Chancen des gegenseitigen Informations- und Meinungsaustausches von Nutzern, die uneingeschränkte Offenheit des Zugangs und die Unabhängigkeit von staatlichen Zugriffen. Auf der anderen Seite besteht bei der absoluten Rede- und Meinungsfreiheit im Netz die Gefahr von Intoleranz und Hassaufrufen, wie es z.B. durch rechtsextremistische Gruppierungen geschieht. Bei den anonymen Diskursen wird die Identität der Teilnehmer nicht deutlich und damit auch nicht die Rechenschaftspflicht und Verantwortung für die gemachten Aussagen.

Informationsgesellschaft
Darunter versteht man eine Gesellschaftsform, die zunehmend bestimmt wird durch neue Informations- und Kommunikationstechniken bzw. -systeme wie z.B. Computer, Datenbanken,Fernsehen, die immer stärker miteinander vernetzt werden. Wissen und Information werden zu den wichtigsten Faktoren des gesellschaftlichen Fortschritts.

„Gläserner Bürger" und das Recht auf informationelle Selbstbestimmung

Die technischen Voraussetzungen der Informationsgesellschaft, vor allem die totale Vernetzung der Daten, machen den „gläsernen Menschen" möglich. Jeder hinterlässt im alltäglichen Leben, bei der Benutzung von Multimedia wie z.B. Online-Diensten, beim Einkauf mit der Kreditkarte, bei Fernbestellungen per Kreditkarte, bei Abrechnungssystemen wie Homebanking oder gar durch Krankendateien Datenspuren, die in Datenbanken gespeichert und zur Erstellung eines Nutzungs- oder gar Persönlichkeitsprofils dienen können. Angesichts der Entwicklung der Datenverarbeitung gewinnt das Recht des Bürgers auf informationelle Selbstbestimmung höchste Aktualität. Gemeint ist die

Datenschutz

Adressenhinweis:
Der Bundesbeauftragte für den Datenschutz
Husarenstraße 30
53117 Bonn
poststelle@bfd.bund.de
www.bfd.bund.de

Auf Länderebene:
Datenschutzbeauftragte der Landesregierungen

Befugnis des Einzelnen, grundsätzlich selbst über die Preisgabe und Verwendung seiner persönlichen Daten zu bestimmen. Es ist daher Aufgabe der Politik, die Informationsgesellschaft auch datenschutzgerecht zu gestalten.

Die Einhaltung des Datenschutzes kontrollieren in den Bundesländern und im Bund jeweils besondere Beauftragte für den Datenschutz, die jedes Jahr einen Datenschutzbericht vorlegen, der auch eventuelle Verstöße gegen den Datenschutz enthält. Jede Bürgerin und jeder Bürger ist berechtigt, sich an diesen Beauftragten zu wenden.

2.4 Werden wir richtig informiert? oder: Die Konstruktion von Wirklichkeit

Alles, was früher unmittelbar gelebt wurde, ist zur bloßen Darstellung verkommen.
Guy Debor

Papa, wenn ein Baum im Wald umfällt und die Medien sind nicht dabei gewesen, um darüber zu berichten, ist der Baum dann wirklich umgefallen?

Konstruierte Wirklichkeit

Unser Bild von der Wirklichkeit erhalten wir nur zu 10% aus eigener Anschauung und Erfahrung. Das gilt insbesondere für die Politik, zu der wir in der Regel über Fernsehen, Radio, Zeitungen, Illustrierte, Zeitschriften und Bücher Zugang haben. Grundsätzlich müssen wir uns klarmachen, dass die Massenmedien für uns eine eigene Wirklichkeit konstruieren. Aus der Vielzahl der Ereignisse, die passieren, und der Meinungen, die geäußert werden, müssen sie auswählen, weglassen, hervorheben. Dazu kommt noch, dass die Massenmedien, vor allem das Fernsehen, durch bestimmte journalistische Präsentationsformen die Informationen lebendiger, lockerer, farbiger, also unterhaltender machen wollen, so dass der Informationskern schwer zu erkennen ist. Man spricht von Infotainment.

Infotainment = Kunstwort aus den englischen Wörtern „information" und „entertainment", das die entsprechende Mischform ausdrücken soll.

Eine der wunderbaren Eigenschaften der Informationstechnik ist, daß virtuelle Gleichheit viel leichter erreichbar ist als wirkliche Gleichheit.

*Bill Gates (*1955) Medienunternehmer (Microsoft-Chef)*

Virtuelle Realität

Das Problem der Konstruktion von Wirklichkeit wird noch offensichtlicher durch die neuen technischen Voraussetzungen, eine so genannte virtuelle Realität (auch cyberspace = künstlicher Raum) zu schaffen. Mit diesem Begriff wird eine mittels Computer simulierte Wirklichkeit oder künstliche Welt – z.B. dreidimensionale Räume – bezeichnet, in der sich der Mensch wie in der realen Umgebung bewegen kann. Virtuelle Realität wird nicht nur von Architekten zum Simulieren von baulichen Veränderungen oder auch von Medizinern zum Simulieren von Operationen genutzt, sondern auch von den Massenmedien in Fernsehstudios. Kulissen werden von Computern simuliert, so dass es für den Mediennutzer immer schwieriger wird, zwischen „virtueller" und „echter" Realität zu unterscheiden.

Ich glaube nicht, daß die weltweite Vernetzung kulturelle Unterschiede einebnen wird. Sie wird im Gegenteil zunehmend von Gruppen mit speziellen Interessen genutzt.

Neil Postman (1931-2003) Medienpädagoge

Tipps zum Tun

T 7

Sich informieren aus erster Hand – Interview und Expertenbefragung

Interview

Durch ein Interview möchte man Informationen, Meinungen oder Material zu einem Thema bei Experten, Betroffenen oder bei politischen Entscheidungsträgern sammeln. Dazu einige Hinweise: Wenn die Ergebnisse in einer Dokumentation oder in der Presse festgehalten werden sollen, empfiehlt es sich, eine Aufzeichnung schriftlich oder durch einen Tonträger vorzunehmen.

Gründliche Vorbereitung

- Die Qualität eines Interviews hängt von der gründlichen Vorbereitung, vor allem vom Aussagewert der Fragen ab. Nur so können Sie feststellen, ob Ihr Gesprächspartner wichtige Gesichtspunkte oder Fakten – sei es absichtlich oder unabsichtlich – weglässt.

In Zusammenhängen denken

- Aus der Fülle der Informationen müssen Sie Zusammenhänge, Wechselwirkungen, Bedeutsamkeiten herausarbeiten. Wenn Sie vorher schon Vermutungen darüber haben – man nennt dies Hypothesen –, müssen Sie Fragen stellen, von denen Sie annehmen können, dass deren Beantwortung anzeigt, ob Ihre Hypothesen zutreffen oder nicht.
- Erarbeiten Sie ein Konzept, in welcher Reihenfolge Sie die Fragen stellen wollen. Formulieren Sie die wichtigsten Fragen schriftlich.

Gesprächsführung

- Vermeiden Sie es, die Antworten in einer Ihnen genehmen Richtung zu deuten. Bleiben Sie offen, aber lassen Sie sich auch nicht von Ihren Fragen abbringen.
- Sollten Sie die Ergebnisse des Interviews veröffentlichen, vergewissern Sie sich, dass die von Ihnen bearbeitete Endfassung vom Gesprächsteilnehmer gebilligt wird.

Expertenbefragung

Da es sich bei Expertenbefragungen um eine Sonderform des Interviews handelt, gelten für sie auch die oben aufgeführten Hinweise. Experten sind Fachleute, die sich intensiv mit einem Problem beschäftigt haben und über praktische Erfahrungen verfügen.

Ort und Form genau überlegen

Sie müssen sich genau überlegen, wann und wo die Befragung stattfinden und wer sie durchführen soll. Sie können z.B. einen Experten allein oder mit einer Gruppe in seinem Büro aufsuchen oder auch öffentlich in einer Versammlung oder einer Gruppe (z.B. Bürgerinitiative, Arbeitskreis einer Partei) befragen. Im letzteren Fall sollten Sie einen Gesprächsleiter bestimmen, der wie der Experte durch die Sitzordnung deutlich als solcher zu erkennen sein sollte. Natürlich ist es auch möglich, Fachleute mit unterschiedlichen Standpunkten – z.B. Vertreter von Gewerkschaften und Unternehmerverbänden – gemeinsam zu befragen. Neben den oben genannten Formen der Dokumentation eines Interviews ist es auch möglich, zu der Expertenbefragung die Presse einzuladen.

Staatliche Behörden müssen Auskunft geben – Parteien und Verbände treiben Öffentlichkeitsarbeit

T 8

In der Bundesrepublik gibt es bei Bundes-, Landes- und Gemeindebehörden Pressestellen, die den Journalisten und den Bürgern Auskunft geben. Die Bundesländer haben die Behörden gesetzlich zur Auskunftserteilung verpflichtet. Allerdings neigen diese Pressestellen dazu vor allem angenehme Nachrichten zu verbreiten und unangenehme zurückzuhalten, so dass ihre Informationen mit Vorsicht zu genießen sind. Auch hier muss man jeweils fragen: Welche Interessen stehen dahinter? Dasselbe gilt auch für die Informationsmaterialien der Parteien und Verbände, die in der Regel bereitwillig zur Verfügung gestellt werden (Adressen siehe B VI, B VII). Doch lassen sich aus dem Vergleich der verschiedenen Standpunkte wichtige Erkenntnisse gewinnen.

Mit Vorsicht zu „genießen"

Sachbücher – Je komplizierter die Sache, desto intensiver die Beschäftigung

T 9

Da politisch-gesellschaftliche Probleme in der Regel sehr komplex sind, ist zur intensiven Beschäftigung immer noch die Lektüre von Büchern und Zeitschriften zu empfehlen. Erste Informationen bekommen Sie in Lexika, in denen zum Teil auch die wichtigste Literatur angegeben ist. Wenn Sie Bücher zu bestimmten Themen suchen, ist es durch die moderne Computertechnik relativ leicht, in Buchhandlungen und in Bibliotheken die entsprechenden Titel zu finden. Aus dem Inhaltsverzeichnis oder der Einleitung können Sie entnehmen, ob das Buch für Ihre Zwecke geeignet ist. Dabei ist zu beachten, dass auch Bücher in der Regel einen ganz bestimmten Standpunkt vertreten und nie völlig objektiv sein können.

Für den Bereich der Politik bieten die Bundeszentrale für politische Bildung und die Landeszentralen für politische Bildung – für Personen, die sich politisch engagieren, in der Regel kostenlos –

Bücher und Informationsmaterialien an (siehe Adressenverzeichnis S. 187 ff.). Die genannten Institutionen sind zur Überparteilichkeit verpflichtet. Allerdings gibt es bei der Darstellung gesellschaftlich-politischer Probleme keine absolute Objektivität.

T 10

Anweisung für Zeitungsleser

I

Prüft jede Zeile
vergeßt niemals
man kann
mit einem Satz
auch den Gegensatz
ausdrücken

II

Mißtraut den Überschriften
den fettgedruckten
sie verbergen
das Wichtigste
mißtraut den Leitartikeln
den Inseraten
den Kurstabellen
den Leserbriefen
und den Interviews am
Wochenende
auch die Umfragen der
Meinungsforscher sind
manipuliert
die Vermischten Nachrichten
von findigen Redakteuren
erdacht
mißtraut dem Feuilleton
den Theaterkritiken
die Bücher sind meistens
besser als die Rezensenten
lest das was sie
verschwiegen haben
mißtraut auch den Dichtern
bei ihnen hört sich alles
schöner an auch zeitloser
aber es ist nicht wahrer
nicht gerechter

III

Übernehmt nichts ohne es
geprüft zu haben
nicht Worte nicht Dinge

Zeichnung: Marie Marcks

(Auszug aus: Horst Bienek, Gleiwitzer Kindheit. München 1976, S. 122)

Den Inhalt von Presse- und Fernsehberichten/-reportagen erfassen

T 11

Bericht und Reportage

Berichte in der Presse und im Fernsehen erheben den Anspruch, die Adressaten relativ umfassend und objektiv zu informieren. Eine besondere Form des Berichts stellt die Reportage dar. Sie ist ein tatsachenbetonter, aber persönlich gefärbter Erlebnisbericht, der erkennen lässt, was der Reporter denkt, empfindet, erlebt. Sie beginnt meistens mit einer anregenden Überschrift und einem das Interesse weckenden Vorspann und endet gewöhnlich mit einer Pointe oder Folgerung. Zum Hauptteil einer Reportage gehören Bilder, Personen, Situationen, um die es geht.

Mit den folgenden Fragen können sowohl die Berichterstattung über Fakten (a) als auch über das Ereignis selbst (b) und dessen Hintergründe und Zusammenhänge (c) erfasst und analysiert werden. Dieses Frageschema bietet sich auch an, wenn man die Berichte in verschiedenen Medien vergleichen will.

Analyseschema

Der Bericht will mitteilen

A.
- was sich ereignet hat,
- wo,
- wann,
- wie,
- weshalb etwas passiert ist,
- wer an dem Ereignis beteiligt war.

Also Faktenberichterstattung

B.
- wie das Ereignis verlaufen ist,
- wie die einzelnen Aspekte des Ereignisses zusammenhängen,
- welche Folgen das Ereignis hat,
- was dem Ereignis vorausgegangen ist.

Also Ereignisberichterstattung

C. in welchem
- sozialen,
- historischen,
- politischen und
- kulturellen Zusammenhang das Ereignis steht.

Also Hintergrundberichterstattung

(Zusammengestellt nach: H. J. Bucher: Pressekommunikation. Tübingen 1986)

Fragen

Zur Analyse können auch die folgenden weniger komplizierten und vereinfachten Fragen benutzt werden:

- Was geschieht?
- Wer ist beteiligt?
- Wann und wo haben die Ereignisse stattgefunden?
- Wie ist das Ereignis abgelaufen?
- Warum hat es stattgefunden?
- Was interessiert mich persönlich?

T 12

Karikaturen interpretieren

In allen Massenmedien, vor allem in den Zeitungen, finden Sie Karikaturen. In ihnen werden Menschen, ihre Handlungen oder Probleme bewusst verzerrt und überspitzt – wohlwollend oder kritisch – zeichnerisch dargestellt. Politische Karikaturen nehmen in der Regel politische Zustände, Probleme, Personen und Anliegen aufs Korn.

Bei der Interpretation einer Karikatur sollten folgende Gesichtspunkte beachtet werden:

Genauer hinschauen lohnt sich

Welche Personen und Sachverhalte werden dargestellt? Was fällt Ihnen besonders auf? Welche zeichnerischen Mittel hat der Karikaturist angewandt? Was kritisiert er? Was lobt er?

Welche Botschaft?

Wichtig ist, die Hauptaussage der Karikatur zu erkennen. Sammeln Sie alle Gedanken, die Ihnen zu dem dargestellten Problem einfallen. Versuchen Sie, das Thema der Karikatur mit eigenen Worten zu beschreiben.

T 13

Diagramme und Schaubilder analysieren

Da es durch die Computertechnik relativ einfach geworden ist, Informationen und Zusammenhänge in Diagrammen und Schaubildern aufzuarbeiten, werden diese in den Massenmedien verstärkt eingesetzt.

Diagramme

Diagramme sind graphische Umsetzungen von Statistiken und Tabellen, um eine bessere Veranschaulichung zu erreichen. Man unterscheidet verschiedene Formen von Diagrammen, so z.B. Blockdiagramme, Kreisdiagramme oder Kurvendiagramme, die je nach Eignung für die Darstellung eines Zusammenhangs eingesetzt werden.

Vorsicht bei der Interpretation

Durch die meist gekonnte graphische Umsetzung der Zahlen erwecken die Grafiken den Anschein von Objektivität. Zunächst ist es notwendig, deren formale Grundlagen zu betrachten:

Formale Grundlagen

- Auf welchen Zeitraum bezieht sich das Diagramm?
- Auf welche Bezugsgröße ist das Diagramm ausgelegt?
- Beginnt die Darstellung bei Null?
- Ist die Darstellung durchgehend linear oder werden Überhöhungen vorgenommen?
- Welche Vergleichsgrößen werden genannt?

Nicht zuletzt werden in den Überschriften oder im Begleittext Interpretationshilfen gegeben, in denen eine ganz bestimmte Tendenz zu erkennen ist.

Schaubilder

In einem Schaubild werden Zusammenhänge graphisch veranschaulicht. Um eine gute Anschaulichkeit zu gewährleisten, werden diese auf das Wichtigste reduziert.

Was steht im Zentrum?

Für die Deutung eines Schaubildes ist es unerlässlich herauszufinden, wo sich das oder ein Zentrum befindet. Von ihm bzw. von ihnen aus lassen sich die verschiedenen Verflechtungen und gegenseitigen Abhängigkeiten erschließen. Eine Hilfe dazu können auch die schriftlichen Informationen bieten, die meistens hinzugefügt sind. Zur genauen Interpretation ist es notwendig, auf die Vielfalt von Formen, Farben, Linien und Symbolen zu achten, z.B.:

- Was bedeutet ein Pfeil, in welche Richtung gehen die meisten, wo kommen sie her?
- Was bedeuten die Farben und Symbole? Muss man das Schaubild von unten nach oben, von links nach rechts oder umgekehrt lesen?

Kleinigkeiten wichtig

Außerdem ist zu überlegen: Welche Einflussfaktoren oder Informationen wurden im Interesse der Übersichtlichkeit weggelassen? Wurde dadurch der Zusammenhang zu sehr vereinfacht oder gar verfälscht?

T 14 Lügen Bilder nicht? – Die visuellen Gestaltungsmittel der Massenmedien durchschauen

Der Fotoapparat und die Filmkamera haben den Ruf der Objektivität und Unbestechlichkeit, weil sie die Dinge angeblich so aufnehmen, wie sie sind. Wer sich mit dem dokumentarischen Wert von Fotos oder Filmen beschäftigt, erkennt bald, dass mit der Kamera nicht nur Bilder unterschiedlicher Qualität geschaffen werden, sondern auch Manipulationen möglich sind.

Das Foto – ein objektives Dokument?

Ein Foto ist nichts Starres, sondern ein Werk, das bei näherem Hinsehen eine wertende Vorstellung seines Gegenstandes wiedergibt. Es kommt darauf an, diese vom Fotografen angestrebte Bewertung zu erkennen und festzustellen, mit welchen Mitteln ihm dies gelungen ist. Zu achten ist also auf Vordergrund, Hintergrund, Weiteneinstellung, Lichteffekte, Perspektive und deren jeweilige Auswirkungen auf das Bild.

Bilder, die lügen – Fälschungen

Fälschungen von Bildern gibt es, seit es die Fotographie gibt. So ließ z.B. Stalin aus einem Foto seinen Rivalen Trotzki herausretuschieren, um die Erinnerung an ihn auszulöschen. Die Techniken der Retusche sind inzwischen so verfeinert worden, dass sie oftmals selbst von Fachleuten nicht mehr festgestellt werden können.

Durch die Computertechnik ist es heute möglich geworden, Bilder selbst zu komponieren und dabei Personen zusammenzubringen, die sich nie gesehen oder sie in Situationen zu versetzen, die sie nie erlebt haben. Hat Helmut Kohl Madonna geküsst? hieß eine Fernsehsendung, in der ein konstruiertes Bild des Bundeskanzlers mit dem Popstar gezeigt wurde.

Wie Kameraeinstellungen Bildaussagen verändern – einige Beobachtungshinweise und Beispiele

dpa

dpa

Eine Großeinstellung, eine Detailaufnahme, die z.B. den Kopf oder die zitternden Hände eines Menschen oder den Teil eines Gegenstandes zeigt und damit als besonders wichtig herausstellt, kann eine starke emotionale Wirkung haben.

Totale

Eine Totale, die den bildwichtigen Teil in seiner weiteren Umgebung umfasst, will vor allem den größeren Handlungsraum darstellen und kann so Atmosphäre wiedergeben. Beispiel: Totalaufnahme des Bundestages.

Kamerabewegung

Über die Kamerabewegung kann eine bestimmte Stimmung vermittelt werden. Das Heranfahren an das Objekt kann suggestiv wirken. Schnelle Schwenks sind geeignet, eine Handlung zu dramatisieren.

dpa

dpa

Kameraperspektive

Wenn die Kamera über Augenhöhe ein wenig geneigt wird wie etwa bei der Nachrichtensprecherin, wirkt dies meistens sympathisch und fast vertraut. Die Froschperspektive bewirkt eine starke Verzerrung und lässt Personen übermächtig erscheinen, wogegen der Mensch aus der Vogelperspektive recht klein und schwach wirkt.

Belichtung und Farbe

Mit diesen gestalterischen Elementen können bestimmte Stimmungsfelder geschaffen werden. Nicht ohne Grund wird die Beleuchtung als Handschrift des Regisseurs bezeichnet.

Paint Box

Sie erlaubt, vorhandenes Bildmaterial digital nachzuarbeiten, um es zu intensivieren oder Unterhaltungseffekte zu erzielen. Es wird daher immer schwerer, zwischen Abbildung, Ästhetisierung und Verfälschung der „Wirklichkeit" zu unterscheiden.

Um Politik für möglichst viele interessant zu machen, stellen Journalisten Details aus dem Privatleben der Politiker, die man

Trivialisierung und Parzellierung

zeigen kann, Kurioses, über das man schmunzeln kann, in den Mittelpunkt eines Presse-, aber auch verstärkt eines Fernsehberichts. So werden z.B. Hobbies von Politikern wie Joggen, Radfahren oder ein Haustier wegen ihres Unterhaltungswertes herausgestellt.

dpa

dpa

T 15 Sprechersendung, Nachrichtenjournal, News-Show: Wie werden Nachrichten im Fernsehen präsentiert?

Wer verschiedene Nachrichtensendungen im Fernsehen miteinander vergleicht, stellt Unterschiede im Erscheinungsbild fest. Man spricht von Nachrichtenformaten. Die unterschiedlichen Konzepte der Sendungen werden nicht nur von Journalisten, sondern vor allem auch von Psychologen sowie Werbe- und Marketingexperten entwickelt, mit dem Ziel, möglichst viele Zuschauerinnen und Zuschauer an den Fernsehschirm zu locken.

Die Typologie soll deutlich machen, wie Nachrichten unterschiedlich „verkauft" werden. In der Wirklichkeit werden Elemente der drei Grundformate vermischt. Mit Hilfe der Typologie ist es uns leichter möglich, die Machart der Sendung zu durchschauen und deren Nachrichten- bzw. Informationswert festzustellen.

Fernsehnachrichten zwischen Information und Unterhaltung

	Sprechersendung	Nachrichtenjournal	News Show
Präsentation	**Sprecher:** Neutral, formell, seriös, emotionslos	**Moderator(en) eventuell ergänzt um Sprecher:** Erläuternd, kommentierend, ansatzweise dialogisch	**Moderatorenteam:** Im Studio agierend, miteinander kommunizierend, salopper Umgangston
Journalistische Präsentationsformen	**Ereignis- und Ergebnisberichterstattung:** Konzentration auf Meldung (Sprechermeldung, Nachrichtenfilm) und Bericht; Verzicht auf experimentelle Formen	**Vertiefung und Interpretation der Nachrichtenlage:** Traditionelle journalistische Präsentationsformen, ergänzt um (Studio)interview, (Schalt)gespräch, Kommentar	**Ausweitung des journalistischen Handlungsrepertoires:** Größere Gewichtung von dialogischen und experimentellen Präsentationsformen (z.B. Schalt- und Studiointerviews, Streitgespräch, Phone-in, Quiz, Live-Reportage)
Dramaturgie	**Reihenfolge der Themen nach abfallender Wichtigkeit**	**(beschränkte) dramaturgische Strukturierung:** Setzen von Zwischenhöhepunkten	**Bewußte dramaturgische Spitzen und Ruhepunkte**
Inhalt	**Primat von Hard News (Politik, Wirtschaft)**	**Größere Gewichtung von gratifikationsbezogenen Inhalten** (z. B. Human Interest, Kultur, Sport)	**Achten auf Zuschauerrelevanz; stärkere Ausprägung von Spot und Soft News** (v. a. Human Interest, Wetter und Sport)

(Wittwen, Andreas: Infotainment. Fernsehnachrichten zwischen Information und Unterhaltung. Bern 1995)

Vision: zentraler Kommunikationsapparat

T 16

Aus der Fülle der Möglichkeiten, sich Informationen zu beschaffen, können hier nur einige aufgeführt werden. Schon 1932 hat Bert Brecht davon gesprochen, dass der Rundfunk sich zum „denkbar größten Kommunikationsapparat" entwickeln werde. „Alle können dann miteinander sprechen", meinte Brecht damals. Die aktuelle Medienentwicklung gibt ihm Recht. Ein zentraler Kommunikationsapparat vereint demnächst Buch, Zeitung, Radio, Fernsehen, Telephon – alles in einem Gerät. Auch dafür gelten die bisher genannten Hinweise, und es stellt sich wiederum das Problem der Auswahl, um das Wichtige vom Unwichtigen unterscheiden zu können.

INDEXFUNK 8637

T 17

Internetrecherche

Durch das Internet sind eine Fülle von Informationen, auch politischer und gesellschaftlicher Art weltweit abrufbar. Das Problem für den Nutzer besteht darin, die geeigneten Informationen zu beschaffen, zu verarbeiten und auszuwerten. Hilfen dazu bieten die automatischen Suchmaschinen, die alle im World Wide Webe enthaltenen Informationen (Texte, Schaubilder usw.) nach den Suchbegiffen durchkämmen. Alle politischen Institutionen und Organisationen bieten Anschriften an, unter welchen Informationen besorgt werden können. Im Gegensatz zu Zeitungen und Zeitschriften finden sich im Internet auch Informationen und Dokumente über zurückliegende Ereignisse und Probleme. So kann das Internet in Grenzen auch eine Bücherei oder ein Archiv ersetzen. Allerdings kann nie garantiert werden, dass wichtige Informationen ins Netz gestellt worden sind.

Es bieten sich folgende Suchstrategien ein:

1. Vorbereitungsphase
   Mit Hilfe von Lexika und Fachtexten werden grundlegende Begriffe zu dem Thema zusammengestellt. Das Thema kann mittels eines Begiffsbaumes weiter strukturiert werden. Es

können auch Namen der für das Thema relevanten Institutionen, Organisationen und Experten gesammelt werden.

2. Suchphase
   Es bieten sich grundsätzlich folgende Suchstrategien an:
   Intuitive Suche aufgrund von Namen von Personen, Institutionen und Organisationen.
   Strukturierte Suche mit systematischen Begriffskatalogen zu dem Thema.
3. Auswertungsphase
   Die gefundenen Informationen müssen unbedingt nach Kriterien wie Richtigkeit, Objektivität, Vollständigkeit, Aktualität usw. überprüft werden. Vor allem ist es wichtig festzustellen, woher die Informationen stammen. Organisationen, Institutionen, aber auch Einzelpersonen verbreiten oft nur Informationen, die in ihrem Interesse sind. Häufig handelt es sich schlicht und einfach um Werbung.

Schere im Netz?

Zeichnung: Thomas Plaßmann, Frankfurter Rundschau, 16.1.2001

Literaturhinweise

BERTELSMANN STIFTUNG (Hrsg.): Politik überzeugend vermitteln. Gütersloh 1996

BUNDESZENTRALE FÜR POLITISCHE BILDUNG (Hrsg.): Medien und Kommunikation als Lernfeld. Bonn 1986

HIEGEMANN, SUSANNE/SWOBODA, WOLFGANG (Hrsg.): Handbuch der Medienpädagogik. Theorieansätze – Traditionen – Praxisfelder – Forschungsperspektiven. Opladen 1994

KLIMSA , PAUL: Multimedia. Reinbek bei Hamburg 1995

MEYN, HERMANN: Massenmedien in Deutschland. Konstanz 2001

RIEHM, ULRICH/WINGERT, BERNT: Multimedia. Mythen, Chancen und Herausforderungen. Mannheim 1995

RUPRECHT, GISELA: Politische Bildung im Internet. Mit Tipps und Tricks. Schwalbach/Ts. 2000

SCHICHTA, CHRISTIAN u.a. (Hrsg.): Politikvermittlung in Unterhaltungsformaten. Münster 2002

SOZIALWISSENSCHAFTLICHE INFORMATIONEN. 3/2002 (Mediendemokratie – Mediokratie)

WITTWEN, ANDREAS: Infotainment. Fernsehnachrichten zwischen Information und Unterhaltung. Frankfurt/M. 1995

III. Die Meinungsbildung beeinflussen, an die Öffentlichkeit gehen

Kurzübersicht Die Freiheit der Meinungsbildung, die Möglichkeit, an die Öffentlichkeit zu gehen, bildet die zentrale Voraussetzung für politische Beteiligung auf allen Ebenen und damit eine unverzichtbare Ergänzung für die folgenden Bausteine. Die Tipps zum Tun beziehen sich sowohl auf das politische Handeln des Einzelnen als auch von Gruppen und Organisationen. Sie sind in engem Zusammenhang mit der Informationsbeschaffung (B II) zu sehen.

Ich hasse wie die Pest, was Du vertrittst, aber ich setze mein Leben dafür ein, daß Du es vertreten darfst.

Voltaire (1694-1778) Französischer Dichter und Philosoph

Zeichnung: Markus, „stern"

3.1 Freie Meinungsbildung, Öffentlichkeit – Grundlagen der Demokratie

Die Massenmedien bieten die Möglichkeit, dass möglichst viele Bürgerinnen und Bürger an den Auseinandersetzungen über politische und soziale Probleme teilnehmen. Durch sie erfahren die Politikerinnen und Politiker, welche Probleme die Bürgerinnen und Bürger beschäftigen. Durch sie erfährt die Bevölkerung wiederum, welche Entscheidungen von Parlament und Regierung getroffen werden. Die Massenmedien machen die Diskussion über diese Fragen, an der sich in der Regel Regierung, Opposition, politische Parteien, Verbände und andere Gruppen beteiligen, publik, öffentlich. Mit dem Begriff der Öffentlichkeit ist gemeint, dass jedermann Zutritt hat, dass sie für jedermann zugänglich ist, dass sich jedermann an der Diskussion beteiligen kann.

Öffentlichkeit herstellen heißt ... Vertraulichkeit aufheben durch Publizität, also durch die prinzipielle Erfahrbarkeit für jedermann.

Axel Görlitz (1935) Politikwissenschaftler*

Öffentliche Meinung
Unter öffentlicher Meinung versteht man die in der Bevölkerung eines Ortes oder Gebietes vorherrschenden Ansichten über die Angelegenheiten von allgemeinem (öffentlichen) Interesse.
Martin Löffler, Presserechtler, 1991

Öffentliche Meinung – Veröffentlichte Meinung

Der Personenkreis, der die Möglichkeit, an die Öffentlichkeit zu gehen, nutzt, äußert sich in „öffentlicher Meinung". Allerdings besteht diese in Wirklichkeit nicht aus einer Meinung, sondern aus einem Spektrum von Meinungen. Die von den Staatsorganen, Parteien, sonstigen Gruppierungen oder Einzelpersonen in den Massenmedien publizierten Meinungen könnte man eher als „veröffentlichte Meinung" bezeichnen. Diese Freiheit der Meinungsbildung, die in Art. 5 GG garantiert ist, bildet die Voraussetzung für die Beteiligung der Bürgerinnen und Bürger am politischen Leben, die unter anderem im Wahlrecht und der Versammlungs- und Vereinigungsfreiheit konkretisiert wird (vgl. B IV, B VII).

Wo Gewalt regiert, gibt es nur zwei Parteien. Die eine schreit öffentlich ja, die andere knirscht ingrimmig nein. Wo Freiheit waltet, gibt es tausend Meinungen.
Charles Tschopp (1899-1982) Schweizer Aphoristiker

3.2 Funktionen der Massenmedien

Information und Meinungsbildung

Die Massenmedien haben nicht nur die Aufgabe der Information (siehe B II), sondern sie tragen auch selbst zur Meinungsbildung bei. Sie bieten den Bürgerinnen und Bürgern ein breites Spektrum von Meinungen an und nehmen selbst dazu Stellung.

Aufgaben der Massenmedien
Das Bundesverfassungsgericht hat diese in einem Urteil verbindlich formuliert: „Eine freie, nicht von der öffentlichen Gewalt gelenkte, keiner Zensur unterworfene Presse ist ein Wesenselement des freiheitlichen Staates ... Soll der Bürger politische Entscheidungen treffen, muß er umfassend informiert sein, aber auch die Meinungen kennen und gegeneinander abwägen können, die andere sich gebildet haben. Die Presse hält diese Diskussion in Gang ... In ihr artikuliert sich die öffentliche Meinung; die Argumente klären sich in Rede und Gegenrede, gewinnen deutliche Konturen und erleichtern so dem Bürger Urteil und Entscheidung." Entsprechendes gilt auch für Rundfunk und Fernsehen. (BVerf GE 12, S. 205)

Kontrolle und Kritik

Daneben haben die Massenmedien in der Demokratie noch die Aufgabe der Kritik und Kontrolle der Machtträger wie Regierung, Verwaltung, aber auch Parteien und Verbände. Sie können dadurch nicht nur dazu beitragen, dass politische Missstände nachträglich aufgedeckt, sondern auch verhindert werden. Die

Massenmedien wirken bei ihrer Kontrollfunktion mit anderen politischen Organen wie der Opposition im Parlament oder den Gerichten mittelbar zusammen. Sie können nur auf Missstände aufmerksam machen. Die Konsequenzen daraus müssen die staatlichen Organe selbst ziehen. Wegen ihrer Bedeutung für die demokratische Meinungsbildung werden die Massenmedien neben Parlament, Regierung und Justiz auch als vierte Gewalt bezeichnet.

Massenmedien als vierte Gewalt

3.3 Wer bestimmt die politischen Themen und Meinungen?

Die Massenmedien beschränken sich nicht darauf, Informationen und Meinungen zu vermitteln. Sie bestimmen weitgehend mit, welche Themen in der Öffentlichkeit diskutiert werden, also ob und welche Umweltprobleme oder ob und welche politischen Skandale im Mittelpunkt der Diskussion stehen. In den Massenmedien wird also mit entschieden, welche Themen behandelt werden und in welcher Rangfolge. Sie legen gewissermaßen mit fest, was auf die Tagesordnung der öffentlichen Diskussion kommen soll.

Öffentlichkeitsarbeit

Regierung, Opposition, Parteien, Verbände und andere politische Gruppen versuchen diesen Prozess der Themenfindung und der Meinungsbildung zu beeinflussen. Öffentlichkeitsarbeit gehört zu den wichtigsten Aufgaben dieser Träger der politischen Willensbildung. Alle staatlichen Organe und politischen Organisationen unterhalten technisch und personell gut ausgestattete Pressestellen, die unter anderem mit Presseerklärungen und Pressekonferenzen die öffentliche Meinungsführerschaft in bestimmten Bereichen erlangen wollen: „Praktisch wird eine auf Medienresonanz angelegte allgemeine Presse- und Medienarbeit betrieben. Durch Thematisierung und Dethematisierung wird versucht, die durch Medienberichterstattung geprägte gesellschaftliche Tagesordnung zu ‚besetzen' und damit eine positive Verknüpfung mit einer Person oder einer Organisation zu ermöglichen (Gewinn an Zustimmung, Image)" (Otfried Jarren).

Politikerkunst besteht darin, im Gespräch zu bleiben, ohne ins Gerede zu kommen.

Paul Renner
*(*1925)*
Deutscher Jurist

Themenkarrieren

Die Bearbeitung politischer Themen erfolgt in verschiedenen Phasen. In der Anfangsphase können durchaus einzelne Bürger oder kleinere Gruppen, denen es gelingt, auf ein Thema zu setzen und es zu verbreiten, Einfluss auf die Medien ausüben. Wenn durch sie ein Thema in den Blickpunkt der Öffentlichkeit gerückt ist, dann können es die politischen Gruppierungen nicht mehr ignorieren; es wird zum Gegenstand der öffentlichen Auseinandersetzung. Es gibt natürlich auch für Themen in der Öffentlichkeit Ermüdungsphasen, vor allem wenn es nicht gelingt, diskussionswürdige Lösungsansätze zu finden.

Symbolische Politik

„Mediatisierung" der Politik

Um das Interesse und Echo der Massenmedien zu erreichen, neigen die Politiker immer mehr dazu, sich den Eigengesetzlichkeiten der Massenmedien zu unterwerfen. Der Politikwissenschaftler Heinrich Oberreuter spricht von einer „Mediatisierung der Politik". Die Politik wird als Schauspiel inszeniert, um von den Massenmedien wahrgenommen zu werden. An die Stelle von realem Handeln oder von konkreten Lösungsvorschlägen treten symbolische Handlungen bzw. symbolische Politik. Wenn z.B. der ehemalige Umweltminister Töpfer in den Rhein steigt, um dessen Sauberkeit zu demonstrieren, oder wenn er ein Bäumchen pflanzt, um das Waldsterben zu bekämpfen, dann finden diese Handlungen zwar das Interesse der Massenmedien, weil es etwas zu fotografieren oder zu filmen gibt; diese symbolischen Handlungen tragen aber nichts zur Lösung der Umweltprobleme bei.

Politainment
Ähnlich wie durch die Bezeichnung „Infotainment" die Mischung von Information und Politik deutlich gemacht werden soll, soll der Begriff Politainment auf die Tendenz aufmerksam machen, dass in dem Massenmedien Politik unterhaltend dargeboten wird, d.h. dass Politiker immer mehr auf Präsentationsformen der Unterhaltung zurückgreifen, um ihre Politik populär zu machen. Auf der anderen Seite bemühen sich auch die Unterhaltungssendungen wie z.B. „Wetten dass" auf Politiker und ihre Themen zurückzugreifen, um möglichst hohe Einschaltquoten zu erreichen. Durch die Darstellung der Politik im Unterhaltungsformat besteht die Gefahr, dass komplexe politische Probleme auf Personen, einfache Erzählungen, Anekdoten oder Parolen reduziert werden.

Inszenierung der Politik

SZ-Zeichnung: Marie Marcks

3.4 Chancen der Bürgerbeteiligung an der öffentlichen Meinungsbildung

Tue Gutes und rede darüber
Buchtitel von Georg-Volkmar Graf von Zedtwitz-Arnim

In der Praxis sind die Chancen, an der Meinungsbildung der Öffentlichkeit mitzuwirken, recht unterschiedlich verteilt. Regierungen, Parteien, Kirchen, Gewerkschaften, Unternehmerverbände und andere Großorganisationen haben hier weitaus mehr Möglichkeiten als einzelne Bürger oder kleinere Gruppen. Es ist heute – im Gegensatz zum 19. Jahrhundert – ohne erhebliche finanzielle Mittel nicht mehr machbar, mit Gleichgesinnten eine Zeitung zu gründen, um seine Standpunkte zu veröffentlichen. Paul Sethe, ein angesehener Journalist in der Nachkriegszeit, hat einmal etwas provokativ geschrieben: „Die Pressefreiheit ist die Freiheit von zweihundert reichen Leuten, ihre Meinung zu verbreiten". Um zu verhindern, dass die Interessen der so genannten „Kleinen" unter den Tisch fallen, wird zum Teil ein „anwaltschaftlicher Journalismus" gefordert, der die Standpunkte der „Machtlosen" in die Diskussion einbringen soll.

Anwaltschaftlicher Journalismus

Schindlerfoto

Auch Bürger können Themen bestimmen

Trotz dieser Einschränkungen gibt es für einzelne Bürgerinnen und Bürger, vor allem wenn sie sich in Gruppen und Initiativen zusammenschließen, Möglichkeiten, den Prozess der öffentlichen Meinungsbildung zu beeinflussen. Dies gilt vor allem für die lokalen und regionalen politischen Initiativen. Überregionalen Bürgerinitiativen oder sozialen Bewegungen wie Friedensbewegung oder Frauenbewegung ist es sogar gelungen, auch auf Bundesebene den Meinungsbildungsprozess zu beeinflussen. Dabei geht es vor allem darum, Themen, die uns besonders dringlich erscheinen, in die öffentliche Diskussion einzubringen.

dpa

dpa

Zu Beginn dieses Prozesses können durchaus Einzelne stehen, wie der Soziologe Niklas Luhmann formuliert hat: Am Anfang „finden sich mutige Leute, denen die Kreation eines politischen Themas gelingt, die auf das Thema setzen, ihm Zeit, Ressourcen und Kontakte widmen und es verbreiten. Oft sind es Außenseiter, die nur an diesem Thema interessiert sind und politisch nicht viel zu verlieren haben; oft sind es Neulinge, die, auf dem Thema reitend, eine eigene Karriere beginnen."

Wer an die Öffentlichkeit tritt, hat keine Nachsicht zu erwarten und keine zu fordern.

Marie von Ebner-Eschenbach (1830-1916) Österreichische Schriftstellerin

Internet als Instrument des politischen Protestes

Das Internet eröffnet den Bürgerinnen und Bürgern neue Möglichkeiten, die öffentliche Meinungsbildung mitzubestimmen. In der Fachliteratur wird es als „modernes Gegenstück zur Vervielfältigungsmaschine im Hinterzimmer" bezeichnet, nur mit größerem Potenzial. Vor allem Protestgruppen bietet es die Möglichkeit, Einzelpersonen zu mobilisieren und unterschiedliche Gruppen miteinander organisatorisch über einen weiten geographischen Raum hin zu verknüpfen, was so nicht zuletzt ohne allzu große Kosten möglich ist. Bei der Verbreitung ihrer Anliegen und Themen sind die Protestgruppen auf diesem Wege nicht auf die traditionellen Medien wie Zeitungen und Fernsehen angewiesen, können ihre eigenen Nachrichten verbreiten und so eine Art „Gegenöffentlichkeit" schaffen. Bei Protestaktionen erlaubt es organisatorische Flexibilität und schnelle Reaktionen. Vor allem bei Protestdemonstrationen gegen den Irakkrieg, an denen besonders viele Jugendliche teilnahmen, wurde das Internet als Kommunikationsinstrument verstärkt eingesetzt.

Internet als „Gegenöffentlichkeit"

Tipps zum Tun

Die folgenden Hinweise gelten sowohl für Einzelne als auch für Gruppen und Organisationen, die auf die politische Meinungsbildung Einfluss nehmen. Voraussetzung ist die Informationsbeschaffung. Nur wer gut informiert ist, kann andere von seinem Anliegen überzeugen (B II).

T 18

Mit einem Leserbrief öffentlich Stellung nehmen

Da Leserbriefe häufig gelesen werden, bieten sie dem Einzelnen oder mehreren Bürgerinnen und Bürgern besonders die Möglichkeit, ihre Meinungen zu bestimmten Problemen einem größeren Publikum kundzutun und auf diese Weise auch auf die politische Meinungsbildung Einfluss zu nehmen.

Wenn Sie einen Leserbrief schreiben wollen, sollten Sie folgende Hinweise beachten:

- Fassen Sie sich kurz, damit Ihr Brief nicht von der Redaktion, die dazu berechtigt ist, gekürzt wird.
- Konzentrieren Sie sich auf wenige Argumente, die dazu noch gut begründet und gegliedert sein sollten.
- Schlagen Sie selbst eine Überschrift vor und setzen Sie die stärksten Argumente an den Schluss.
- Geben Sie Ihre Anschrift an und unterschreiben Sie den Leserbrief handschriftlich.

T 19

Mit einem „offenen Brief" an die Öffentlichkeit appellieren

Mit einem offenen Brief wenden sich ein oder mehrere Bürgerinnen und Bürger an politische Gremien wie z.B. Gemeinderat, Bundestag oder an Persönlichkeiten des öffentlichen Lebens, um auf ein Problem aufmerksam zu machen oder sich für eine Sache einzusetzen. Oft steht ein offener Brief am Beginn einer gemeinsamen Initiative. Offen wird der Brief deswegen genannt, weil sein Text zugleich den Massenmedien, vor allem der Presse angeboten wird. Dadurch wird einmal „öffentlicher Druck" auf den Adressaten des Briefes ausgeübt, zum anderen wird die Leserschaft zur Solidarität mit den Unterzeichnern aufgefordert.

In der Regel empfiehlt sich folgender Aufbau:
- Anlass des Briefes, Darstellung der Dringlichkeit des Problems
- Stellungnahme und Kritik der Unterzeichner
- Vorschlag zur Lösung des Problems, Forderungen, Appell an die Öffentlichkeit
- Unterschriften mit Anschrift und gegebenenfalls mit Angabe des Berufs und der öffentlichen Ämter der Unterzeichner

Hörer- und Zuschauerbriefe

T 20

Neben den Zeitungen und Zeitschriften, die ständige Leserbriefspalten haben, ermuntern zunehmend öffentliche und private Rundfunk- und Fernsehanstalten ihre Kunden, anzurufen oder sogar an Fernsehsendungen teilzunehmen, ihre Meinung zu bestimmten Fragen oder Wünsche zu äußern, Rätsel zu raten oder sich an Gewinnspielen zu beteiligen. Die Programm-Macher möchten auf diese Weise ihre Klientel fester an ihre Sendungen und Sender binden. Es handelt sich also zum Teil um eine Pseudobeteiligung aus kommerziellen Interessen.

Pseudobeteiligung?

Trotz dieser Einschränkungen werden Hörer- und Zuschaueräußerungen bzw. Briefe durchaus wahrgenommen. Je besser die Argumente und Anregungen, um so eher haben sie bei den Programm-Machern Einfluss.

Je besser die Argumente, desto besser die Wirkung

Es gibt auch Hörer- und Zuschauerbriefe, die Interessen und Anliegen von einer Gruppe vertreten und von dieser organisiert werden. Allerdings wird von den Programmverantwortlichen besonders gründlich geprüft, ob die Proteste und Anregungen zu einseitig interessenbestimmt sind.
Für die Form der Briefe gelten die gleichen Regeln und Hinweise wie bei den Leser- und offenen Briefen.

Mit einem Flugblatt und einem Informationsstand einen bestimmten Personenkreis erreichen

T 21

Wozu ein Flugblatt?

Sind Flugblätter im Zeitalter der Massenmedien überhaupt noch zeitgemäß? Diese Frage wird zu Recht gestellt. Mit den Massenmedien erreiche ich möglichst viele – eine Masse – Leute. Abgesehen davon, dass ich nicht mit jedem Anliegen in die Zeitung oder gar ins Fernsehen komme, gibt es Probleme, von denen nur ein bestimmter Personenkreis betroffen ist; wenn zum Beispiel eine bestimmte Straße verkehrsberuhigt werden soll oder in einem Viertel ein Kindergarten fehlt; oder wenn ich für

Wie soll es aussehen?

R. Matthies

„Aktion Baumpatenschaft"
am Freitag, 12. 1. 1996, 15.00 Uhr,
vor dem Schulhof der Bonifatius-Schule

Liebe Bürgerinnen und Bürger,

zur Erhaltung der 82 Bäume und der Grünfläche in der Hamburger Allee treffen sich alle interessierten Kinder und Erwachsenen zu einer Protestkundgebung vor der Bonifatius-Schule.

Sie werden gemeinsam an jedem Baum, der gefällt werden soll, ein selbstgemaltes Plakat befestigen und symbolisch die Patenschaft übernehmen.

Die Stadt Frankfurt/Main plant eine neue Straßenbahn zwischen Hauptbahnhof und Kuhwald – Siedlung/Rebstock über City – West direkt durch die Hamburger Allee.

Die Entscheidung im Ortsbeirat 2 und Verkehrsausschuß soll im Januar '96 fallen.

- Mit dem geplanten Ausbau der Straßenbahn in der Hamburger Allee würden 82 Bäume gefällt und der Grünstreifen zerstört. Das Kleinklima im südlichen Bockenheim würde sich verschlechtern.
- Fast 400 Grundschulkinder der anliegenden Bonifatiusschule und 60 Kinder der „Kinderinsel" würden einem weiteren Lärm- und Verkehrsrisiko ausgesetzt.
- Der seit über 15 Jahren vorgesehene Spielplatz könnte nicht verwirklicht werden.

Statt dessen könnte die Straßenbahn an den Westbahnhof angebunden werden.

Damit hätten auch die Anwohner und Pendler der City – West, Kuhwald – und geplanter Rebstocksiedlung eine bessere Straßenbahnanbindung nach Bockenheim und darüber hinaus. Wir fordern daher die Prüfung der Alternativplanung (*vgl. hierzu den Entwurf auf S. 93*).

(Text: Flugblatt der Bürgerinitiative „Hamburger Allee")

Ausgewählte Adressaten

Anliegen deutlich machen

Absenderangabe

eine bestimmte Bevölkerungsgruppe etwas erreichen will. Dann bietet sich ein Flugblatt als Informationsmittel an. Es steht oft am Anfang einer Initiative, bei der sich mehrere Bürgerinnen und Bürger für eine Sache einsetzen. Deswegen muss neben der Zielgruppe auch das Anliegen, um das es geht, klar und schnell erkennbar sein. Schließlich sollten der oder die Absender sehr deutlich sagen, was ihrer Meinung nach unbedingt geschehen sollte. Ein Flugblatt kann also durchaus Anlass sein, sich mit gesellschaftlich-politischen Fragen auseinander zu setzen und dazu Stellung zu nehmen, also politisch zu denken und zu handeln. Die Absenderangabe ist nicht nur aus presserechtlichen Gründen erforderlich, sondern weil die Leute wissen wollen, wen sie unterstützen bzw. an wen sie sich wenden sollen.

Die meisten Flugblätter werden achtlos weggeworfen, weil sich die Empfänger sowohl von dem Anliegen als auch von der Form des Flugblattes nicht angesprochen fühlen. Wenn Sie mit einem Flugblatt an die Öffentlichkeit gehen, stellen Sie es nach der AIDA-Regel her.

Selbst Gott braucht die Werbung. Er hat die Glocken.

Aurélien Scholl (1833-1902) Französische Autorin und Journalistin

AIDA-Regel
- *Adressaten* klar und auffordernd ansprechen.
- *Informationen* und *Daten*, die zum Verständnis des Problems wichtig sind, angeben.
- *Appell* zur Unterstützung klar formulieren.

Denken Sie daran, nicht der Text, sondern die Aufmachung entscheidet in der Regel, ob Ihr Flugblatt gelesen wird. Daher ist es sinnvoll, den Inhalt durch Bilder, Zeichnungen oder Symbole zu ergänzen.

Informationsstand

Oft ist es sinnvoll, Flugblätter an einem Informationsstand anzubieten, den Sie mit Plakaten schmücken können, um größeres Aufsehen zu erregen. Es genügt dazu ein Tapeziertisch, der in jedem Baumarkt erhältlich ist. Darauf können Sie noch anderes Informationsmaterial bereitlegen. Ein Informationsstand muss von der örtlichen Verwaltung genehmigt werden.

Mit einem Plakat auf ein politisches Anliegen aufmerksam machen

T 22

Das Plakat stellt eines der ältesten politischen Werbemittel dar. Bevor Sie einen Entwurf vorbereiten, müssen Sie sich genau überlegen, was Sie mitteilen wollen. Das Hauptproblem besteht darin, dass Sie dabei die oft sehr komplizierten gesellschaftlichen oder politischen Sachverhalte vereinfachen müssen. Sie müssen Ihr Anliegen gewissermaßen auf den Punkt bringen. Der erste Blick muss genügen, um Aufmerksamkeit zu wecken (siehe auch Tipp 25 mit Hinweisen zur Analyse von Wahlplakaten).

Das Plakat

(Ackermann, Paul/Gaßmann, Reinhard: Arbeitstechniken politischen Lernens. Stuttgart 1991, S. 31)

Hinweise zur Produktion

- Verschaffen Sie sich zuerst Klarheit über die angestrebte Botschaft.
- Holen Sie sich Informationen über das Anstoß erregende Problem und diskutieren Sie mit anderen darüber.
- Entwickeln Sie Ideen zur Umsetzung des Themas, machen Sie Entwürfe, erwägen Sie Alternativen.
- Entscheiden Sie sich für eine Plakatidee.
- Legen Sie dann Format, Technik, Farben, Schrift fest.

T 23

Die öffentliche Meinung ist wie ein Gaul, man kann ihm die Sporen geben, man kann ihn zügeln und man kann sich auf ihm auch den Hals brechen.

Henry Palmerston (1784-1865) Britischer Politiker

Eine Pressekonferenz veranstalten

Aus bestimmten Anlässen kann es durchaus sinnvoll sein, eine Pressekonferenz durchzuführen, da mit einem Pressebericht natürlich mehr Leute erreicht werden können als mit einem Leserbrief. Allerdings muss gesichert sein, dass das Anliegen von allgemeinem Interesse ist, und dass dieses von mehreren Personen bzw. einer schon organisierten Gruppe vertreten wird. Bei der Vorbereitung der Pressekonferenz müssen folgende Gesichtspunkte berücksichtigt werden:

Einladung

Welche Zeitungen oder Rundfunkanstalten sollen eingeladen werden? Liste der journalistischen Ansprechpartner z.B. in der Stadt zusammenstellen.

Termin

Bitte vorher klären, ob der vorgesehene Termin nicht schon anderweitig belegt ist.

Raum

In der Regel bietet sich ein Nebenzimmer eines zentral gelegenen Gasthauses an.

Gegenstand

In dem Einladungsschreiben sollte nur der Anlass der Pressekonferenz genannt werden. Für deren inhaltliche Vorbereitung ist es sinnvoll, wenn Sie Ihre wichtigsten Argumente und eventuelle Daten schriftlich zusammenfassen und den Journalisten zur Verfügung stellen. Die zentralen Argumente sollten dann in dem Gespräch mündlich erläutert werden. Falls mehrere Personen – höchstens fünf – beteiligt sind, teilen Sie genau ein, wer welche Argumente darstellt. Geben Sie den Journalisten Gelegenheit für Rückfragen.

Auswertung

Sammeln Sie die erschienenen Zeitungsbeiträge, um zu kontrollieren, ob Ihr Anliegen richtig aufgenommen wurde. Außerdem können die Presseberichte zukünftigen Gesprächspartnern als Informationsgrundlage dienen.

Pressemitteilungen – Interviews

T 24

Eigener Pressebericht

Vor allem für lokale Initiativen kann es durchaus sinnvoll sein, selbst Berichte zu verfassen und diese der Presse (Liste der Journalisten siehe Pressekonferenz) anzubieten. In der Art der Formulierung sollten Sie sich an die gängigen Berichte der Journalisten anlehnen. Die Einleitungssätze, mit denen Sie das Interesse der Leser wecken wollen, fassen die wichtigsten Aussagen des Artikels zusammen. Beim Bericht selbst beachten Sie die Anforderungen bzw. die W-Fragen, die sonst an einen Zeitungsartikel gestellt werden (siehe Tipp 11).
Neben einem Bericht über das Anliegen einer Gruppe gibt es noch andere Gelegenheiten für Presseverlautbarungen: z.B. Kommentierung (Begrüßung oder Kritik) eines Vorschlags der Verwaltung, einer anderen Gruppe, z.B. einer Partei, oder Solidarisierung mit bzw. Distanzierung von anderen Initiativen.

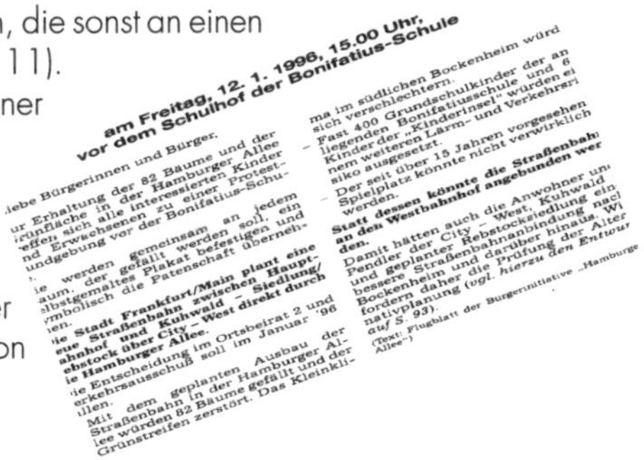

am Freitag, 12. 1. 1996, 15.00 Uhr,
vor dem Schulhof der Bonifatius-Schule

iebe Bürgerinnen und Bürger,

ur Erhaltung der 82 Bäume und der
rünfläche in der Hamburger Allee
reffen sich alle interessierten Kinder
nd Erwachsenen zu einer Protest-
undgebung vor der Bonifatius-Schu-
.

ie werden gemeinsam an jedem
aum, der gefällt werden soll, ein
elbstgemaltes Plakat befestigen und
ymbolisch die Patenschaft überneh-
ien.

ie Stadt Frankfurt/Main plant eine
eue Straßenbahn zwischen Haupt-
ahnhof und Kuhwald – Siedlung/
ebstock über City – West direkt durch
ie Hamburger Allee.

ie Entscheidung im Ortsbeirat 2 und
erkehrsausschuß soll im Januar '96
illen.

Mit dem geplanten Ausbau der
Straßenbahn in der Hamburger Al-
lee würden 82 Bäume gefällt und der
Grünstreifen zerstört. Das Kleinkli-
ma im südlichen Bockenheim würd
sich verschlechtern.

– Fast 400 Grundschulkinder der an
liegenden Bonifatiusschule und 6
Kinder der „Kinderinsel" würden ei
nem weiteren Lärm- und Verkehrsri
siko ausgesetzt.

– Der seit über 15 Jahren vorgesehen
Spielplatz könnte nicht verwirklich
werden.

Statt dessen könnte die Straßenbah
an den Westbahnhof angebunden wer
den.

Damit hätten auch die Anwohner un
Pendler der City – West, Kuhwald
und geplanter Rebstocksiedlung ein
bessere Straßenbahnanbindung nacl
Bockenheim und darüber hinaus. Wi
fordern daher die Prüfung der Alter
nativplanung (*vgl. hierzu den Entwur*
auf S. 93).

(Text: Flugblatt der Bürgerinitiative „Hamburge
Allee")

Interviews

Da die lokalen Rundfunkanstalten an Bedeutung gewinnen, besteht zunehmend die Möglichkeit, in Form von Interviews sein Anliegen vorzubringen. Es kann durchaus auch vorkommen, dass Sie von Redakteuren zu mündlichen Stellungnahmen aufgefordert werden.
Bitte überlegen Sie genau, was Sie sagen wollen. Machen Sie sich Stichworte oder formulieren Sie zentrale Aussagen eventuell sogar schriftlich vor. Knappe und präzise Antworten kommen immer am besten an.
Insgesamt sind gute Kontakte zu Journalistinnen und Journalisten eine wichtige Grundlage für die Öffentlichkeitsarbeit.

Mitteilsamkeit ist die Fundgrube der Journalisten und die Fallgrube des Politikers

Heinz Kühn
(1912-1992)
Ehemaliger Ministerpräsident von Nordrhein-Westfalen

Gegendarstellungen

T 25

In der politischen Arbeit lässt sich nicht ausschließen, dass Ihre Stellungnahme oder Ihr Bericht in den Massenmedien nicht so wiedergegeben werden, wie Sie es sich vorgestellt haben. Überlegen Sie zunächst selbst, was Sie falsch gemacht haben: War alles verständlich und interessant genug? Habe ich das Wichtigste herausgestellt?
Es kann durchaus auch vorkommen, dass ein Sachverhalt völlig falsch dargestellt wurde. Versuchen Sie zunächst, dies z.B. durch ergänzende Informationen richtig zu stellen. Gegendarstellun-

gen dürfen sich nie auf tendenziöse Berichterstattung oder auf einen Kommentar beziehen, sondern nur auf falsche Tatsachenbehauptungen. In den einzelnen Pressegesetzen ist das Recht auf Gegendarstellung genau geregelt:

> **§ 11 Gegendarstellungsanspruch**
>
> (1) Der verantwortliche Redakteur und der Verleger eines periodischen Druckwerkes sind verpflichtet, eine Gegendarstellung der Person oder Stelle zum Ausdruck zu bringen, die durch eine in dem Druckwerk aufgestellte Behauptung betroffen ist. Die Verpflichtung erstreckt sich auf alle Neben- oder Unterausgaben des Druckwerks, in denen die Tatsachenbehauptung erschienen ist.
>
> (2) Die Pflicht zum Abdruck einer Gegendarstellung besteht nicht, wenn
> a) die betroffene Person oder Stelle kein berechtigtes Interesse an der Veröffentlichung hat oder
> b) die Gegendarstellung ihrem Umfang nach nicht angemessen ist oder
> c) es sich um eine Anzeige handelt, die ausschließlich dem geschäftlichen Verkehr dient.
>
> *(Auszug aus dem Pressegesetz für Nordrhein-Westfalen; die anderen Bundesländer haben ähnliche Pressegesetze erlassen)*

T 26

Mit einer Dokumentation Forderungen belegen

Mit einer Dokumentation können Dokumente – also wichtige Schriftstücke, Statistiken, Grafiken, Zeitungsausschnitte, Fotos, Zeichnungen, Flugblätter – zusammengestellt werden, um der Öffentlichkeit ein Problem – z.B. fehlende Kinderspielplätze, mögliche Auswirkungen einer geplanten Straße – vor Augen zu führen. Sie kann darüber hinaus die Aufgabe haben, die bisherigen Bemühungen eines Einzelnen oder einer Gruppe zusammenzufassen.

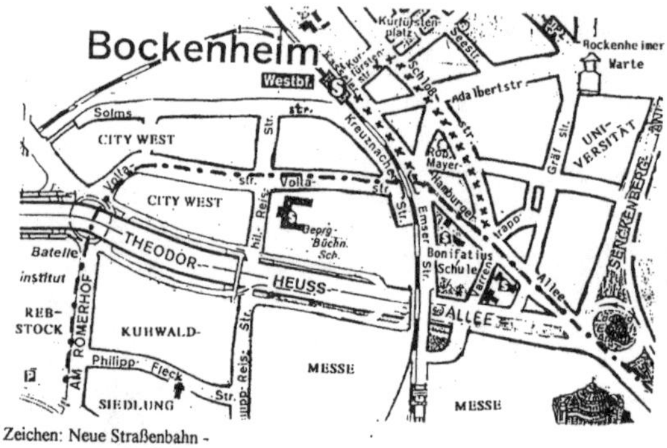

Zeichen: Neue Straßenbahn -
—·—·—· = durch die Hamburger - Allee.
xxxxxx = Alternative über Westbahnhof.

Bevor das Material gesammelt und erstellt wird, sollten Sie sich folgende Fragen genau überlegen:

- Wen wollen Sie erreichen?
- Was möchten Sie damit erreichen?
- Welche Form soll die Dokumentation haben und wie soll sie finanziert werden?
- Welche Personen, eventuell Experten, stehen Ihnen bei der Erstellung der Dokumentation zur Verfügung?

Wie gestalte ich einen Redebeitrag?

T 27

Sowohl bei der Öffentlichkeitsarbeit als auch bei der Tätigkeit in Organisationen wie z.B. Parteien, Verbänden, Vereinen oder Bürgerinitiativen (B VI-VIII) ist es notwendig, seine Meinung durch Redebeiträge zum Ausdruck zu bringen. Hierzu ein Rede-Modell, das je nach Adressat, Situation und Anlass modifiziert werden kann.

Die Rede berührt die Frage: Warum spreche ich, was veranlasst mich dazu?

Der Redner/die Rednerin geht

1. auf die Zustände ein, die herrschten und augenblicklich zu beobachten sind, also auf das „Was war" und das „Was ist"; man setzt sich auseinander mit:
2. „was sein müsste" und schlägt
3. praktisch vor, wie die herrschenden Zustände geändert werden können.

Der Redner/die Rednerin fordert zur Tat auf, den von ihm/von ihr gewiesenen Weg zu beschreiten und so die Zustände zu ändern.

*(Nach: Schweinsberg-Reichart, Ilse: Rednerschulung. Heidelberg 1972, S. 69
Weitere Hinweise in: Allhoff, Dieter-W. und Waltraud: Rhetorik und Kommunikation. 11. Auflage Regensburg 1996)*

Besser kurz und bündig
als Geschwätz vielstündig.
Jüdische Spruchweisheit

Präsentationen

T 28

Sowohl in Organisationen wie Parteien, Verbänden, Vereinen, aber auch bei Öffentlichkeitsarbeit im Rahmen von Bürgerinitiativen stehen wir vor der Frage: Wie bringe ich ein Problem, ein Anliegen meinen Zuhören nahe? Neben den Hinweisen zu einem Redebeitrag (Tipp 27) sind folgende Kriterien zur Bewertung einer Präsentation zu beachten. Sie können auch als Konstruktionsprinzipien angewandt werden (siehe Tabelle S. 80).

Dabei kommen der Einleitung und dem Schluss besondere Bedeutung zu. Beachten Sie daher entsprechende Hinweise auf S. 81.

(Zusammengestellt nach Alexander Siegmund: Die Präsentation und ihre Bewertung. In: Politik & Unterricht 3/2002, S. 29-39)

Der Anfang prägt,
das Ende haftet.
Wilfried Possin

Bewertungskriterien für Präsentationen

		15-13 sehr gut ++	12-10 gut +	09-07 sollte verbessert werden 0	06-04 muß verbessert werden -	03-00 gravierende Mängel --	NP
Blickkontakt	jeder fühlt sich angesprochen, Vortrag möglichst frei						fehlt, unsicher, einseitig, stur vom Blatt abgelesen
Gestik/Haltung	unterstreicht die Aussage, offen, freundlich						blockiert, verschlossen, abgewandt, steif; übertrieben
Sprechweise	deutlich, angemessen in Lautstärke und Betonung, variiert						undeutlich, zu leise oder zu laut, monoton
Sprechtempo	ausgeglichen, dynamisch, gute Pausentechnik						zu schnell, keine Pausen; stockend, Blackouts
Sprache	Verständlich in Satzbau und Wortwahl, sicher im Ausdruck, angemessene Fachsprache						unverständlich, umständlich, unsicher, unangemessen
Struktur	klar erkennbar, zielgerichtet; hilfreich für Zuhörer						kaum erkennbar, ungeschickt
Inhalt	sachlich richtig, angemessene Gewichtung von Haupt- u. Nebenpunkten						sachliche Fehler, wichtige Punkte zu kurz, nebensächliche Punkte zu ausführlich
Adressatenorientierung	Interesse der Zuhörer geweckt, anregende, spannend, du-orientiert						langweilig, unpassende Beispiele, Nutzen für die Zuhörer nicht erkennbar
Glaubwürdigkeit	Präsentator steht hinter seiner Sache, überzeugt Zuhörer						persönliche Distanz zwischen Präsentator und Zuhörer
Visualisierung	aussagekräftige Schaubilder, übersichtliche Tabellen						keine oder überladene Schaubilder, Tabellen ohne Aussagewert, Medieneinsatz unangemessen
Teamarbeit	partnerschaftliches Präsentieren, reagiert flexibel, stimmige Übergänge						Koordination zwischen den Partners schlecht, reagiert unflexibel, Brüche

Besondere Stärken: ________________________________

Notenpunkte:

(Amman, Kegel/Rausch, Sigmund: Erfolgreich präsentieren. Ein Leitfaden für den Seminarkurs. Landesinstitut für Erziehung und Unterricht, Berufliche Schulen, Reihe: Sonstige Veröffentlichungen H 99/16, Stuttgart 1999, S. 102)

Der Einstieg

Aufbau und Struktur einer Präsentation

Was alles in den Einstieg einer Präsentation gehört ...

1. Begrüßung
   ... und das Lächeln nicht vergessen
2. Eigene Vorstellung
   „Mein Name ist Martin Mustermann."
3. Hinleitung zum Thema
   Zitat, interessanter Fall, ungewöhnliche Statistik
4. Das Thema nennen
   möglichst kurzer und prägnanter Titel
5. Einführung in das Thema
   Relevanz, Eingrenzung etc.
6. Überblick zur Orientierung
   Inhaltsübersicht und Zeitplan vorstellen, Modalitäten für Fragen klären

Der Schluss

Aufbau und Struktur einer Präsentation

... auf die gekonnte „Landung" kommt es an, deshalb:

- Ankündigung des bevorstehenden Abschlusses
  - dies erhöht nochmals die Aufmerksamkeit des Publikums
- Zusammenfassen wichtiger Kernaussagen der Präsentation
- Bezug zur Einleitung herstellen
- Einen möglichen Ausblick in die Zukunft geben
- Einen prägnanten Schlusspunkt setzen:
  - Apell an die Zuhörer
  - Stimulation durch eine (rhetorische) Frage
  - Verwendung eines (passenden) Zitats
- Eine Brücke zur anschließenden Diskussion schlagen

Kundgebungen und Demonstrationen

T 29

Um gesellschaftlich-politische Ziele in der Öffentlichkeit zu vertreten, können Demonstrationen und Kundgebungen veranstaltet werden. Im Grundgesetz ist diese Möglichkeit ausdrücklich gesichert.

> **Grundgesetz Art. 8**
> (1) Alle Deutschen haben das Recht, sich ohne Anmeldung oder Erlaubnis friedlich und ohne Waffen zu versammeln.
> (2) Für Versammlungen unter freiem Himmel kann dieses Recht durch Gesetz oder auf Grund eines Gesetzes beschränkt werden.

Das Versammlungsgesetz, das die Bestimmungen des Grundgesetzes näher ausführt, unterscheidet zwischen Versammlungen in geschlossenen Räumen und Versammlungen unter freiem Himmel, denen Demonstrationen gleichgestellt sind.
Für alle Veranstaltungen ist es untersagt, ohne behördliche Ermächtigung Uniformen und Waffen zu tragen. Außerdem ist es verboten, an Versammlungen und Demonstrationen in einer Aufmachung teilzunehmen, die geeignet und unter Umständen darauf gerichtet ist, eine Feststellung der Identität zu verhindern (Vermummungsverbot). Öffentliche Versammlungen unter freiem

Himmel und Demonstrationen müssen 48 Stunden vor Bekanntgabe bei der Ordnungsbehörde unter Angabe ihres Gegenstandes angemeldet werden.
Die Ordnungsbehörde – das Rathaus oder auch die Polizei – kann eine Demonstration durch Auflagen einschränken oder bei Gefahr für die öffentliche Sicherheit sogar ganz verbieten. Diese Entscheidung kann aber vor Gericht angefochten werden.

dpa

Literaturhinweise

Ackermann, Paul/Gaßmann, Reinhard: Arbeitstechniken politischen Lernens. Stuttgart 1991

Akademie für Publizistik Hamburg (Hrsg.): Kleines 1x1 des Journalismus. Hamburg 1995

Bauer, Gernot: Wege in die Öffentlichkeitsarbeit. 4. überarb. Auflage. Konstanz 2002

Econ-Handbuch der Öffentlichkeitsarbeit. Düsseldorf/Wien/New York/Moskau 1993

Faulstich, Werner: Grundwissen Öffentlichkeitsarbeit. Bardowik 1992

Marchal, P./Spura, U.: Öffentlichkeitsarbeit im sozialen Bereich. Weinheim 1981

Meyer, Thomas: Mediokratie, die Kolonisierung der Politik durch die Medien. Frankfurt/M. 2001

IV. Durch Wahlen mitbestimmem

Wer die Wahl hat,
hat die Qual.
Sprichwort

Kurzübersicht Im folgenden Baustein werden die unterschiedlichen Möglichkeiten der Bürgerinnen und Bürger, durch Wahlen politisch Einfluss zu nehmen, aufgezeigt. Der Zusammenhang mit dem Baustein VI „Politische Parteien" drängt sich auf. Für die Analyse des Wahlkampfes empfiehlt es sich, auch Baustein III über Öffentlichkeitsarbeit heranzuziehen.

4.1 Worüber entscheiden die Wähler?

Das Volk wählt:
Gemeinderat/z.T. Bürgermeister
Kreistag/z.T. Landrat
Landtag, Bundestag, Europaparlament

Nach dem Grundgesetz stellen die Wahlen die wichtigste Möglichkeit des Bürgers dar, an der politischen Meinungsbildung teilzunehmen. Die Wähler bestimmen Vertreter bzw. Repräsentanten (daher: Repräsentative Demokratie), die an ihrer Stelle politisch handeln. So werden Gemeinde- oder Kreisräte, die Abgeordneten der Landtage, des Bundestages und des Europäischen Parlaments gewählt.

Wähler entscheiden keine Streitfrage; sie entscheiden nur, wer sie entscheiden wird.
*George F. Will (*1941) Amerikanischer Publizist*

Trotz mancher Ähnlichkeiten in den Wahlprogrammen der Parteien gibt es Unterschiede zwischen den Parteien und Gruppen, die sich zur Wahl stellen. Mit seiner Stimme kann der Wähler aber zumindest über die Richtung der Politik mitentscheiden.
Die gewählten Abgeordneten bestimmen auf Landes- und Bundesebene den Bundeskanzler oder den Ministerpräsidenten, der

die jeweiligen Minister bestimmt. Damit ist der Wähler zumindest indirekt an der Regierungsbildung beteiligt. In den meisten Bundesländern können die Bürgerinnen und Bürger den Bürgermeister bzw. die Bürgermeisterin oder den Landrat direkt wählen.

Wahlen in Organisationen und gesellschaftlichen Bereichen

Wahlen als Möglichkeit, über Personen, die im Auftrag anderer handeln, zu bestimmen, spielen auch in Organisationen wie Parteien, Verbänden, Vereinen und Bürgerinitiativen eine wichtige Rolle.

4.2 Wahlrecht und Wahlverfahren

Der Kampf um das Wahlrecht

Demokratie ist Herrschaft auf Zeit – Wahlen sind das Mittel, die Macht auf friedlichem Wege anderen Personen zu übertragen.

Frauenwahlrecht

Die Möglichkeit, durch Wahlen politisch Einfluss zu nehmen, ist keineswegs selbstverständlich, sondern wurde in lang andauernden politischen Auseinandersetzungen erkämpft. In Deutschland wurde die Forderung nach allgemeinen und freien Wahlen zu Beginn des 19. Jahrhunderts zuerst von liberal und demokratisch orientierten Politikern erhoben – und von den herrschenden Fürsten und Königen als Ausgeburt der Französischen Revolution von 1789 und demokratischer Gleichmacherei zurückgewiesen. So gab es in Preußen von 1849 bis 1918 noch ein Dreiklassenwahlrecht. Die männlichen Wähler wurden nach den von ihnen zu entrichtenden Steuern in drei Gruppen eingeteilt. Die Wähler mit großem Vermögen, deren Stimmen mehr zählten, hatten einen unverhältnismäßig höheren Einfluss auf die Bildung des Parlaments als die übrigen Wähler. Auch die Frauen waren in vielen Ländern vom Wahlrecht ausgeschlossen; in einigen Kantonen der Schweiz wurde erst in den letzten Jahrzehnten das Stimmrecht für Frauen eingeführt. Der endgültige Durchbruch für das allgemeine und gleiche Wahlrecht – also auch für Frauen – gelang in Deutschland durch die Weimarer Verfassung im Jahre 1919. Wahlberechtigt waren danach alle Bürgerinnen und Bürger, die das 21. Lebensjahr vollendet hatten.

Wahlgrundsätze

Art. 38 GG legt für die Wahlen folgende fünf Grundsätze fest. Danach ist die Wahl
- allgemein: Alle Bürgerinnen und Bürger ab dem 18. Lebensjahr sind wahlberechtigt;
- unmittelbar: Die Wahl geschieht ohne Zwischenmänner;
- frei: Sie muss ohne Zwang und Kontrolle durchgeführt werden können;
- gleich: Jede Stimme zählt gleich;
- geheim: Die Abgabe der Stimmen erfolgt verdeckt; niemand darf nachprüfen, wie einzelne Personen gewählt haben.

Diese Grundsätze gelten auf Bundes-, Länder- und kommunaler Ebene und natürlich auch bei den Wahlen zum Europäischen Parlament.

Mit diesem Plakat warb die SPD während der „Roten Woche" vom 8.-15. März 1914 für die Einführung des Frauenwahlrechts. In Berlin verbot die Polizei das Plakat mit der Begründung, die Schlagzeile sei beleidigend für die Obrigkeit.

Ausländerwahlrecht

Das Wahlrecht für ausländische Mitbürgerinnen und Mitbürger ist umstritten. Seit einigen Jahren dürfen Bürgerinnen und Bürger, die aus den Staaten der Europäischen Union stammen, an Wahlen und Abstimmungen auf kommunaler Ebene teilnehmen.

Wahlrecht schon für 16-Jährige

Auch über die Ausweitung des Wahlrechtes auf 16-Jährige wird diskutiert. Inzwischen sind junge Menschen ab 16 in Niedersachsen, Schleswig-Holstein und Sachsen-Anhalt bei kommunalen Wahlen wahlberechtigt.

Wahlverfahren

Es gibt verschiedene Wahlverfahren, nach denen gewählt werden kann. Die beiden Hauptarten sind das Mehrheitswahlrecht und das Verhältniswahlrecht.

Mehrheitswahlrecht

Beim einfachen Mehrheitswahlrecht wird der Kandidat gewählt, der in einem Wahlkreis die meisten Stimmen erhält. Die Stimmen, welche die Wähler für die anderen Kandidaten abgegeben haben, bleiben somit ohne Einfluss auf die Zusammensetzung des Parlaments. Nach diesem Verfahren wird in Großbritannien gewählt.

Verhältniswahlrecht

Beim einfachen Verhältniswahlrecht geht man dagegen von dem Grundsatz aus, dass jede Partei entsprechend ihrem Anteil an Wählerstimmen – also im Verhältnis der für sie abgegebenen Stimmen – Abgeordnete in das Parlament entsenden kann. Nach diesem Verfahren wurde in der Weimarer Republik gewählt.

4.3 Besonderheiten des kommunalen Wahlrechts

Größerer Einfluss der Bürger bei der Gemeinderatswahl

Das Wahlsystem für die Gemeindevertretung, die in den Bundesländern unterschiedliche Bezeichnungen hat, ist im Grundsatz ein Verhältniswahlsystem. In den Bundesländern Brandenburg, Hessen, Mecklenburg-Vorpommern, Nordrhein-Westfalen, Saarland, Sachsen-Anhalt und Schleswig-Holstein haben wir starre Listen, die in der Regel von den Parteien oder Wählergruppen aufgestellt werden. Der Wähler kann also die Reihenfolge der Kandidatinnen und Kandidaten auf der Liste nicht verändern. Je besser der Listenplatz, desto größer die Chancen für den Kandidaten.

Kumulieren und Panaschieren

Ausgehend von Baden-Württemberg und Bayern wurde in verschiedenen Bundesländern den Wählerinnen und Wählern die Möglichkeit eröffnet, die vorgegebenen Listen zu modifizieren. Dem Bürger, der so viele Stimmen hat, wie es im Gemeinderat Sitze gibt, stehen verschiedene Möglichkeiten zur Verfügung, diese zu vergeben:

- Er kann einen Wahlvorschlag unverändert annehmen, indem er die ganze Liste ankreuzt.
- Er gibt innerhalb einer Liste einem Bewerber bis zu drei Stimmen (Kumulieren).
- Er verteilt seine Stimmen auf mehrere Wahlvorschläge (Panaschieren).
- Er verbindet die Möglichkeit des Kumulierens und Panaschierens.

Persönlichkeitswahl

Dieses System bietet mehr Einflussmöglichkeiten für den Wähler. Er ist nicht an Listen gebunden und kann seine besondere Sympathie für einzelne Bewerber kundtun, indem er ihnen zwei oder drei Stimmen gibt. Dadurch bekommt die Gemeinderatswahl eher den Charakter einer Persönlichkeitswahl. Außerdem wird dadurch erleichtert, dass neben den Parteien auch freie Wählergruppen in die Gemeindevertretung gewählt werden.

Neben Parteien auch freie Wählergruppen

Direktwahl der Bürgermeisterin/ des Bürgermeisters

Außer in den Stadtstaaten wird spätestens ab 1999 in allen Bundesländern der Bürgermeister/die Bürgermeisterin direkt vom Volk gewählt und zwar in der Regel nach dem Mehrheitswahlrecht. Erreicht ein Kandidat im ersten Wahlgang nicht die Mehrheit der Stimmen, so findet in der Regel eine Stichwahl zwischen den beiden Kandidaten mit den meisten Stimmen statt. Allerdings hat der Bürgermeister in den Gemeindeverfassungen der Bundesländer eine unterschiedliche Stellung. Die Parteien haben sich zum Teil gegen die Direktwahl gesträubt, weil dadurch ihr Einfluss eingeschränkt wird und unabhängige Kandidaten bessere Chancen bekommen. Auch befürchtet man eine Schwächung der Gemeindevertretung.

Direktwahl des Landrats

Auch auf der Ebene der Landkreise hat sich bis auf Baden-Württemberg und Brandenburg die Direktwahl des Landrates durchgesetzt.

Argumente für die Direktwahl

Michael Deubert fasst die positiven Elemente der Urwahl des Bürgermeisters, die auch für den Landrat gelten, folgendermaßen zusammen:
„Mittel gegen die Politik-, besser: Parteienverdrossenheit; Aktivierung der Gemeindebürger; Schwächung des Einflusses der politischen Parteien, Sicherheit über die Person des Bürgermeisters; offener Wettbewerb; bessere Kandidatenauslese/höhere Qualität der Bewerber etc."

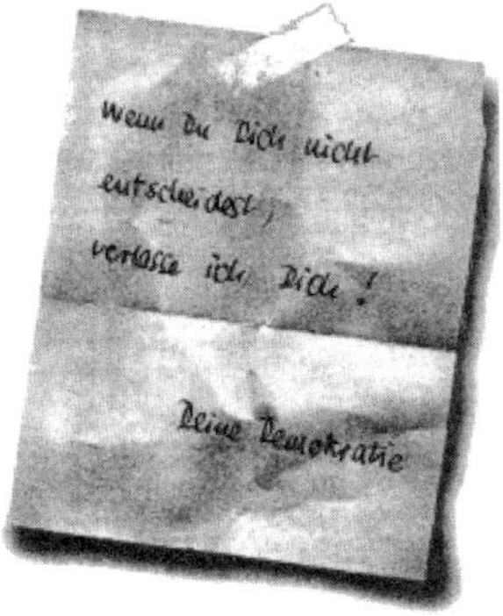

„Wählen gehen": eine Aktion der Zeitungen in Deutschland 1994

4.4 Wahlsysteme auf Bundes- und Landesebene

© Erich Schmidt Verlag

Für die Wahl der Landtage, die für vier oder fünf Jahre erfolgt, haben wir modifizierte Formen des Verhältniswahlrechts, wobei zum Teil regionale Gesichtspunkte bei der Aufstellung der Listen oder der Auszählung eine Rolle spielen. Auch für die Wahl zum Europaparlament ist das Verhältniswahlrecht maßgebend.

Pro und Contra Fünf-Prozent-Klausel
In das Bundesparlament können nur Parteien einziehen, die mindestens fünf Prozent der Zweitstimmen erhalten haben oder drei ihrer Bewerber in den Wahlkreisen direkt durchbrachten.

Pro:
Mit dieser Klausel wird verhindert, dass viele kleinere Splitterparteien mit wenigen Abgeordneten in das Parlament einziehen, wodurch die Bildung einer arbeitsfähigen Regierung erschwert werden könnte.

Contra:
Durch die 5%-Klausel gehen die Stimmen der Wähler von kleinen Parteien, die an dieser Klausel scheitern, verloren. Außerdem begünstigt sie die Parteien, die bereits im Parlament vertreten sind, und erschwert das Aufkommen neuer Parteien.

Personalisiertes Verhältniswahlrecht für die Bundestagswahl

Der Bundestag wird nach dem so genannten personalisierten Verhältniswahlrecht gewählt. Wie es funktioniert, können Sie dem obigen Schaubild entnehmen.

Zu Überhangmandaten (mehr als 656 Mandate) kommt es, wenn eine Partei mehr Direktmandate errungen hat, als ihr aufgrund ihres Anteils an Zweitstimmen zustünden.

Überhangmandate

4.5 Wer wählt warum welche Partei?

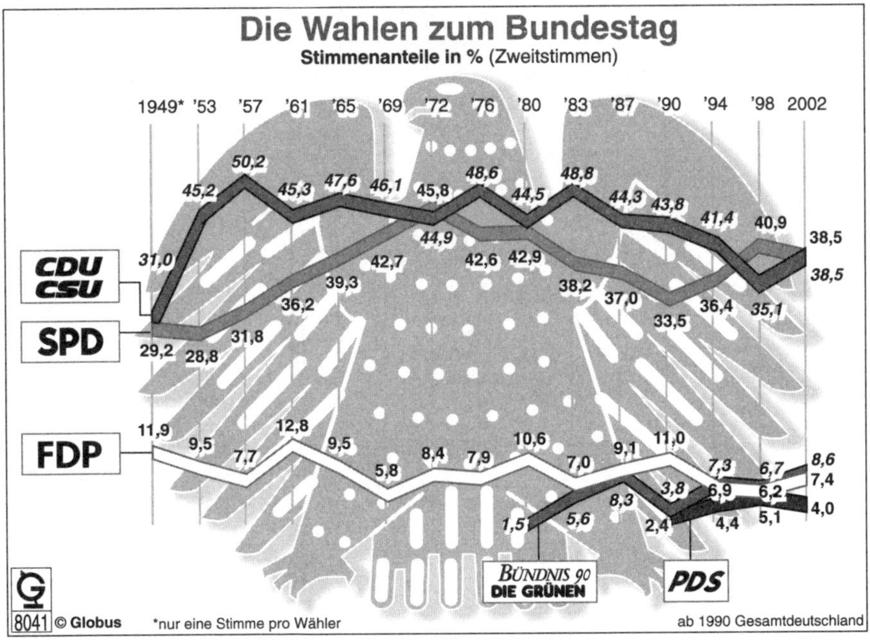

Auf diese Frage gibt es keine sicheren Antworten, denn meistens sind für die Wahlentscheidung mehrere Gesichtspunkte maßgebend. In der Wahlforschung unterscheidet man folgende Ansätze:

Soziologischer Ansatz

Der soziologische Gruppenansatz sieht das Wählerverhalten bestimmt durch sozialen Status, Beruf, Konfession, Stadt- oder Landzugehörigkeit sowie durch die Gruppenbindungen in Primär- und Sekundärumwelten. Man unterscheidet die Primärumwelt wie Familie, Freunde, Kollegen am Arbeitsplatz und die Sekundärumwelt wie Vereine und Verbände, denen der potenzielle Wähler angehört.

Konfliktlinien innerhalb der Gesellschaft

Innerhalb dieses soziologischen Erklärungsansatzes wird das Wählerverhalten auch auf Konfliktlinien in der Gesellschaft zurückgeführt (siehe Schaubild).
In den ersten 30 Jahren der Bundesrepublik waren vor allem die konfessionelle und die wohlfahrtsstaatliche Konfliktlinie wahlentscheidend. In den achtziger Jahren ist die ökologische hinzugekommen, die in den Neunzigern noch an Bedeutung gewann. Zu einer neuen Konfliktlinie könnte sich der Gegensatz zwischen Ost- und Westdeutschland herausbilden. Die Bindungen an Schichten, Organisationen, Konfessionen und soziale Milieus scheinen dagegen an Bedeutung zu verlieren.

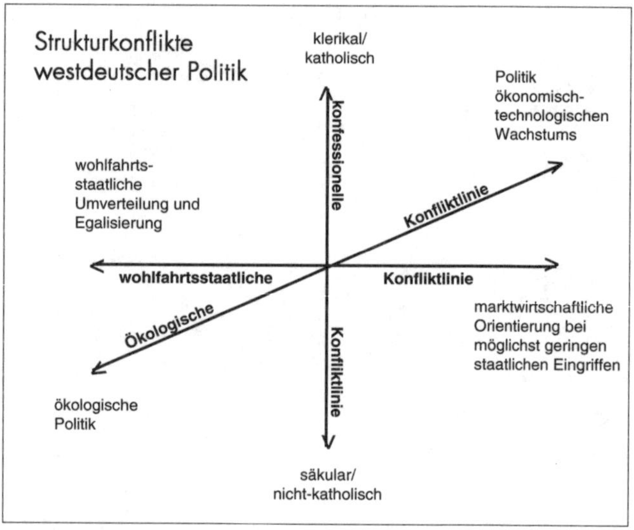

(Wichard Woyke: Stichwort Wahlen. Opladen 1994⁸, S. 214)

Sozialpsychologischer Ansatz

Der sozialpsychologische Ansatz sieht die Wahlentscheidung eher als Reaktion auf die politischen Aspekte der Umwelt. In diesem Zusammenhang spielt die affektive Bindung an eine Partei, besonders an deren personelles Angebot und Stellungnahme zu bestimmten aktuellen politischen Problemen, eine zentrale Rolle. Die Wähler richten sich bei ihrer Entscheidung danach, welche Partei oder welche Politiker Probleme wie Vollbeschäftigung, Umweltschutz oder soziale Gerechtigkeit ihrer Meinung nach am besten lösen können (Problemlösungskompetenz).

Der nationalökonomisch orientierte Ansatz stellt das Kosten-Nutzen-Kalkül des Wählers in den Vordergrund. Er bzw. sie wählt in der Regel die Partei, von der er/sie sich die meisten Vorteile erwartet. Dabei sind vor allem wirtschaftliche Faktoren entscheidend.

National-ökonomisch orientierter Ansatz

Typen von Wählerinnen und Wählern

Die unterschiedlichen Arten von Wählerinnen und Wählern werden mit folgenden Begriffen beschrieben:

Stammwähler
Sie entscheiden sich regelmäßig für dieselbe Partei. Ihre Wahlentscheidung ist, wie oben erläutert, durch Bindungen an bestimmte Großgruppen bestimmt.

Nichtwähler
Die Zahl der Bürgerinnen und Bürger, die nicht zur Wahl gehen, hat in den letzten Jahren zugenommen. Dabei spielen, neben technischen Gründen, Unzufriedenheit mit den Parteien oder dem System und Protest gegen aktuelle politische Entscheidungen eine Rolle.

Wechselwähler
Sie geben ihre Stimme von Wahl zu Wahl verschiedenen Parteien und sind nicht einer Partei fest zuzuordnen. Man schätzt ihren steigenden Anteil auf zehn bis dreißig Prozent der Wähler.

Protestwähler
Sie wollen mit ihrem Stimmzettel – zum Teil aus einer augenblicklichen Stimmung heraus – vor allem den etablierten Parteien einen Denkzettel geben, indem sie so genannte Protestparteien oder auch links- oder rechtsextreme Gruppierungen wählen.

Bewertungen und Tendenzen

Die angedeuteten Ansätze zur Erklärung und Beschreibung des Wählerverhaltens widersprechen sich nicht unbedingt, sondern ergänzen sich. Außerdem entscheiden sich die Wählerinnen und Wähler je nach Systemebene unterschiedlich, indem sie bei den Bundes-, Landtags- oder Kommunalwahlen zum Teil anderen Parteien ihre Stimmen geben. Insgesamt scheinen die gesellschaftlichen Gruppenbindungen an Bedeutung zu verlieren: Das Wahlverhalten wird individueller und rationaler.

Muss Wahlkampf sein?

Man könnte sich fragen, ob der Wahlkampf überhaupt notwendig ist, wenn sich ein großer Teil der Wähler schon vorher entschieden hat. Natürlich richtet er sich zunächst an die unentschlossenen Wechselwähler, die von den Parteien durch Werbemittel beeinflusst werden sollen. Auch diejenigen, die ursprünglich gar nicht wählen wollten, sollen gewonnen werden. Nicht zuletzt wollen die Parteien alle ihre Stammwähler mobilisieren und für die Mitarbeit im Wahlkampf gewinnen.

Mediatisierung und Amerikanisierung der Wahlkämpfe?

Bei der Wahlwerbung in Deutschland spielen die Massenmedien, vor allem das Fernsehen, eine immer wichtigere Rolle. Da sich die Wahlkämpfe dabei weitgehend am Beispiel der USA orientieren, wo die Massenmedien schon früher eine zentrale Rolle spielten, spricht man von einer „Amerikanisierung" der

„LIEBE WÄHLERINNEN UND WÄHLER, WIR DANKEN IHNEN FÜR DAS VERTRAUEN, DAS WIR IN UNS GESETZT HABEN!"

© Dieter Hanitzsch

Wahlkämpfe, die durch folgende Kriterien gekennzeichnet sind:

Kriterien für „Amerikanisierung" der Wahlkämpfe

Professionalisierung: Die Parteien bedienen sich professioneller Werbeagenturen und politischer Berater, die außerhalb der Parteien stehen, deren Apparat zunehmend an Bedeutung verliert.

Personalisierung und Privatisierung: Der Wahlkampf wird immer stärker auf die Leistung, Kompetenz und Glaubwürdigkeit der Spitzenkandidaten zentriert, deren Privatleben bewusst miteinbezogen wird.

Kandidatenwettstreit: Obwohl bei Bundestagswahlen eigentlich die Abgeordneten des Parlaments gewählt werden, die danach den Kanzler bestimmen, werden diese immer mehr zu „Kanzlerwahlen" stilisiert. Der Wettstreit der Kandidaten rückt immer stärker in den Vordergrund des Interesses. Durch die beiden Fernsehduelle der Spitzenkandidaten Schröder und Stoiber im Bundestagswahlkampf 2002 wurde diese Tendenz, die neuerdings auch bei den Landtagswahlen zu beobachten ist, verstärkt.

Wähler = Von der Wahllokomotive in Fahrt gebrachte Anhänger.

Ron Kritzfeld
*(*1921)*
Deutscher Aphoristiker

Pseudoereignisse anstatt politischer Themen: Im Mittelpunkt des Wahlkampfes stehen nicht mehr in erster Linie politische Sachfragen, über die es zu entscheiden gilt, sondern Ereignisse, Präsentation von Personen und Themen, welche von den Wahlkampfmanagern bewusst inszeniert werden, damit darüber berichtet wird.

Mediatisierung: Die wichtigste Grundlage für diese Entwicklung bildet die Mediatisierung der Wahlkämpfe. Die Öffentlichkeitsarbeit der Parteien richtet sich immer stärker danach, was in den Medien ankommt.

Für die einzelnen Wählerinnen und Wähler wird es immer schwieriger, diese Wahlkampfstrategien zu durchschauen.

Tipps zum Tun

Checkliste für bewusste Wähler, oder: Was man sich vor einer Wahl alles überlegen sollte

T 30

- Nach welchem Wahlsystem wird gewählt?
- Wie viele Stimmen habe ich und wie werden die Stimmen nach der Wahl verrechnet?
- Welche Parteien waren bisher im Parlament vertreten?
- Wer bildete die Regierung bzw. die Opposition?
- Wie kann sich meine Stimmabgabe auf die Zusammensetzung des Parlaments und die Regierungsbildung auswirken?
- Welche Programmpunkte der Parteien sprechen mich besonders an?
- Welche politischen Streitfragen stehen im Mittelpunkt des Wahlkampfes?
- Von welchen Themen bin ich besonders betroffen?
- Welche Kandidatinnen und Kandidaten stehen zur Wahl?
- Welche Erfahrungen und Kompetenzen haben sie vorzuweisen?
- Welche Spitzenkandidatinnen- bzw. -kandidaten werden angeboten?
- Zu wem habe ich das meiste Vertrauen?
- Welche Partei habe ich das letzte Mal gewählt?
- Aus welchen Gründen bleibe ich bei der bisherigen Partei bzw. wechsle ich?

Hausaufgaben gemacht?

Wie können wir Wahlwerbung durchschauen und beurteilen?

T 31

W-Fragen

Sie kennen die verschiedenen Werbemittel, die von den Parteien im Wahlkampf eingesetzt werden wie z.B. Plakate, Anzeigen in Zeitungen und vor allem Fernsehspots. Es gibt einfache Fragen, mit deren Hilfe man die Wahlwerbung der Parteien untersuchen kann. Wir wenden diese Methode hier beispielhaft auf Plakate an. Sie können mit diesen W-Fragen auch andere Werbemittel von Parteien untersuchen.

dpa

Wer will etwas mitteilen?

Wer steht hinter dem Plakat? Kurze Charakterisierung der Partei und ihrer derzeitigen Lage, z.B.: Gehört sie der Regierung an oder der Opposition?

Was will die Partei mitteilen?

Welche Aussage, welche Botschaft für die Wähler enthält ein Plakat?
Welche Wahlversprechen werden gemacht? (Mehr Arbeitsplätze, innere Sicherheit usw.)
Welche zentralen Wertvorstellungen werden angesprochen? (Parteien versuchen bestimmte Werte und Themen wie Frieden und Umweltschutz für sich zu besetzen.)

Wem will sie etwas mitteilen?

Welche Gruppen werden besonders angesprochen, z.B. Jugendliche, Frauen, Rentner ...?

Wie wird etwas mitgeteilt?

Welche Form hat die Werbung? Welche Bilder, welche Schrift und Farbe werden mit welcher Absicht verwendet? Welche Gefühle werden angesprochen? (Es werden zum Beispiel geheime Ängste wie Angst vor Inflation, Terror, Krieg ... bewusst wachgerufen, um dann Wähler davon zu überzeugen, dass die Rettung nur von einer bestimmten Partei kommen kann.)
Wie wird der Gegner dargestellt? (Parteien neigen dazu, den Gegner herabzusetzen, um sich selbst ins bessere Licht zu stellen.)
Wie werden die eigenen Politiker vorgestellt? Welche Eigenschaften werden ihnen zugeschrieben? Wie wird z.B. der Kanzlerkandidat präsentiert? (Oft gelten Personen als Programmersatz.)

Welche Absicht wird damit verfolgt?

Will die Partei Stammwähler mobilisieren? Sollen bestimmte Gruppen angesprochen werden? Wird der Gegner angegriffen, um dessen Wähler zu gewinnen?

T 32

Was können Parteianhänger und politisch Engagierte im Wahlkampf tun?

Sie können nicht nur ihre eigene Wahlentscheidung genau überdenken, sondern auch als Anhänger einer Partei oder eines bestimmten politischen Zieles im Wahlkampf mit folgenden Aktionen auf die Entscheidung anderer Einfluss nehmen:

- An Wahlveranstaltungen teilnehmen.
- In Wahlversammlungen mitdiskutieren und sich dabei für bestimmte politische Ziele und Personen einsetzen.
- Werbematerial an Informationsständen verteilen.
- Mit Passanten diskutieren.
- Für die Wahlkampfkasse spenden.
- Plakate kleben.
- Einen Aufkleber ans eigene Auto machen.
- Für eine Partei demonstrieren.
- Leserbriefe schreiben.
- Durch Hausbesuche bei Fremden für eine Partei werben.

T 33

Nach den Wahlen: Kontaktmöglichkeiten mit den Abgeordneten

Versammlungen

Die Abgeordneten aller Parteien bieten auch während der Legislaturperiode Versammlungen an, in denen man sich informieren und aktuelle Tagesfragen diskutieren kann.

Sprechstunden

Bei wichtigen persönlichen Anliegen empfiehlt es sich, die Sprechstunden der Abgeordneten zu nutzen, die sie zum Teil in ihrem Wahlkreisbüro oder auch telephonisch anbieten. Ort und Termin erfahren Sie in der Parteigeschäftsstelle.

Briefe

Die Abgeordeten reagieren in der Regel sehr sensibel auf sachliche Briefe. Auch wenn Sie damit nicht immer Ihr Ziel erreichen, eine Antwort bekommen Sie in jedem Fall.

Literaturhinweise

Bürklin, Wilhelm/Klein, Markus: Wahlen und Wählerverhalten. Eine Einführung, 2. Aufl., Opladen 1998

Bundestagswahlen in Deutschland: Der Bürger im Staat H. 1/2 /2002

Korte, Karl-Rudolf: Wahlen in der Bundesrepublik Deutschland. Bundeszentrale für politische Bildung. Überarbeitete und aktualisierte Aufl., Bonn 2000

Nohlen, Dieter: Wahlrecht und Parteiensystem. 3. Aufl., Opladen 2000

V. Abstimmungen: an Sachentscheidungen mitwirken

Kurzübersicht Im folgenden Baustein werden die verschiedenen Möglichkeiten der BürgerInnen, direkt an politischen Sachentscheidungen mitzuwirken, aufgezeigt. Dabei geht es vor allem darum, die entsprechenden rechtlich-politischen Rahmenbedingungen auf der Ebene der Bundesländer und Gemeinden aufzuzeigen. Für das politische Handeln selbst, das meistens zusammen mit anderen erfolgt, sind vor allem die Bausteine über Öffentlichkeitsarbeit (B III) und politische Organisationen (B VI-VIII) mit heranzuziehen.

Demokratie = Regierung des Volkes durch das Volk und für das Volk

Abraham Lincoln (1809-1865) 16. Präsident der USA

Grundgesetz: Artikel 20, Abs. 2
Alle Staatsgewalt geht vom Volke aus. Sie wird vom Volke in Wahlen und Abstimmungen und durch besondere Organe der Gesetzgebung, der vollziehenden Gewalt und und der Rechtsprechung ausgeübt.

Neben Wahlen, in denen Repräsentanten beauftragt werden, für das Volk Entscheidungen zu fällen, gibt es auch die Möglichkeit, dass die Bürgerinnen und Bürger selbst in Abstimmungen über Sachfragen entscheiden. Im Grundgesetz sind Abstimmungen vom Grundsatz her vorgesehen, wenn auch diese Möglichkeit auf den verschiedenen Ebenen des politischen Systems der Bundesrepublik Deutschland unterschiedlich ausgeprägt ist.

5.1 Beispiele im Ausland

Schweiz

Als Vorbild für Abstimmungen wird in diesem Zusammenhang immer wieder die Schweiz dargestellt. Nach der dortigen Verfassung kann jede Bürgerin und jeder Bürger nicht nur wählen, sondern auch seine eigenen politischen Vorschläge in Form von Gesetzesinitiativen vorlegen und eine Volksabstimmung verlangen. Ansätze zur „Volksgesetzgebung" auf Bundesebene finden sich schon in der Schweizer Verfassung von 1848. Dazu kommen die noch vielfältigeren Möglichkeiten der Volksentscheide auf Gemeinde- und Kantonsebene. Damit ein Referendum (Abstimmung) auf Bundesebene zustande kommt, müssen innerhalb von 18 Monaten mindestens 100 000 Unterschriften dafür gesammelt werden. Bekannte Streitfragen, über die auf Bundesebene abgestimmt wurde, waren die Einführung des Frauenwahlrechts auf Bundesebene 1971, die Ablehnung des Beitritts zur UNO im Jahre 1978 oder der Transitverkehr.

Österreich und skandinavische Länder

In Österreich gab es unter anderem Volksabstimmungen über den Bau von Kernkraftwerken. Dort und in den skandinavischen Ländern konnte die Bevölkerung auch über den Beitritt zur Europäischen Union entscheiden.

5.2 Volksabstimmungen auf Bundesebene

Spezialfall: Neugliederung des Bundesgebietes

Im Bonner Grundgesetz sind solche Abstimmungen auf Bundesebene bewusst auf die Frage der Neugliederung des Bundesgebietes in Bundesländer beschränkt worden (GG Art. 29). So wurde das Land Baden-Württemberg, für dessen Zusammenschluss in Art. 118 GG ein vereinfachtes Verfahren vorgesehen war, 1952 auf dem Wege eines Volksentscheides gegründet. Auch die Neugliederung von Berlin und Brandenburg konnte nach GG Art. 118a „abweichend" von den Vorschriften des Artikels 29 unter Beteiligung der Wahlberechtigten durch Vereinbarung beider Länder erfolgen. Allerdings hat die Bevölkerung von Brandenburg 1995 in einer Volksabstimmung – im Gegensatz zu den Berlinern – dem Zusammenschluss mit Berlin nicht zugestimmt.

Vorbehalte gegen Volksabstimmungen auf Bundesebene

Außer für die Neugliederung des Bundesgebietes sind nach dem Grundgesetz keine Volksabstimmungen auf Bundesebene möglich. Dagegen konnte nach der Weimarer Verfassung das Volk über innen- und außenpolitische Fragen entscheiden. Die Verfas-

Briefmarke: Demokratie verwirklichen, Volksentscheid ermöglichen

ser des Grundgesetzes sahen diese Möglichkeiten bewusst nicht vor, weil Volksabstimmungen aus ihrer Sicht in der Weimarer Republik von extremen Kräften zu Agitationszwecken missbraucht worden waren. Weiter wird argumentiert, die Volksabstimmungen im Dritten Reich – nach dem Anschluss Österreichs und nach dem Austritt aus dem Völkerbund – hätten nur der Akklamation des bestehenden Unrechtssystems gedient. Insgesamt wollte man verhindern, dass die junge Demokratie der Bundesrepublik unter den „Druck der Straße" gerate.

Diskussion nach der Vereinigung Deutschlands

Die Demokratie darf nicht so weit gehen, daß in der Familie darüber abgestimmt wird, wer der Vater ist.

Willy Brandt (SPD) (1913-1992) 1969-1974 Bundeskanzler

Vor allem nach dem Zusammenbruch der DDR, zu dem das Volk durch seine Demonstrationen unter dem Motto „Wir sind das Volk" beigetragen hatte, und nach der folgenden Vereinigung Deutschlands im Jahre 1990 wurde die Frage der Volksabstimmungen auf Bundesebene in Öffentlichkeit und Wissenschaft intensiv diskutiert. Bundestag und Bundesrat bildeten eine „Gemeinsame Verfassungskommission", in der unter anderen Änderungsvorschlägen des Grundgesetzes auch über eine stärkere Beteiligung des Volkes an politischen Entscheidungen beraten wurde. Entsprechende Anträge fanden jedoch nicht die erforderliche Zweidrittelmehrheit im Bundestag.

Demonstrationen in Leipzig: „Wir sind das Volk"

Foto: Sven Simon

Die folgenden Texte geben wichtige Argumente dieser Diskussion wieder:

Pro: Wichtige Veränderungen kamen von unten

Der Journalist Heribert Prantl prüft zunächst die Argumente der Kritiker: Das Volk sei anfällig für Aufwiegler, für politische Stimmungen und in vielen Fragen überfordert. Sein Argument dagegen: „Im Osten und im Westen haben die Menschen gezeigt, daß sie politisch handeln und entscheiden können. Im Osten hat dieses Volk ein diktatorisches Regime abgeschüttelt: Wer aber mündig ist, den Staat aus dem Sozialismus in die Demokratie zu führen, der braucht sich mangelnde Reife nicht vorwerfen zu lassen und wer es, wie die Menschen im Westen, fertiggebracht hat, seinen Repräsentanten ökologische Verantwortung beizubringen, der ist auch reif genug, sich ab und zu in einer Volksabstimmung äußern zu dürfen."

Heribert Prantl in: Süddeutsche Zeitung Nr. 142, 22./23.6.1991 (Beilage)

Contra: Politische Entscheidungen zu schwierig für das Volk

In überschaubaren kommunal geprägten Bereichen sind Formen unmittelbarer Demokratie sicher nützlich. Der Einbau von Elementen unmittelbarer Demokratie in die Verfassung (des Bundes) bedeutet eine Schwächung der Entscheidungsfähigkeit des Parlaments. Das Volk kann nur auf vorgelegte Fragen antworten, nicht selbst differenzierte Lösungen erarbeiten. Das Volk kann zu diesen Fragen nur ja oder nein sagen: Die Entscheidungsmacht fällt dabei eben jenen zu, die die Fragen formulieren.

Fritz Ossenbühl, Staatsrechtler an der Universität Bonn, in: Die Welt 114, 18.5.1991

5.3 Volksentscheide in den Bundesländern

In den Verfassungen der Bundesländer sind Volksbegehren und Volksabstimmungen vorgesehen. Allerdings sind die Hürden für deren Zustandekommen (z.B. Zahl der Unterschriften für ein Volksbegehren) relativ hoch gesetzt. Auch sind nicht alle Gegenstände – z.B. Finanzfragen – für eine Volksabstimmung geeignet. Nicht zuletzt ist zu beachten, wie viele der Wahlberechtigten zustimmen müssen, damit ein Volksentscheid wirksam wird. Beispielhaft die wichtigsten Regelungen aus drei Bundesländern:

Baden-Württemberg

Die Landesverfassung Baden-Württemberg sieht die Möglichkeit der Volksabstimmung vor. Im Folgenden fassen wir die Bestimmungen der Artikel 43, 59, 60 und 64 zusammen:

Volksbegehren

Das ist ein mit Begründung versehener Gesetzentwurf. Er muss von „mindestens einem Sechstel der Wahlberechtigten" gestellt und von der Regierung unverzüglich dem Parlament zugestellt werden. Stimmt der Landtag nicht unverändert zu, muss das Volksbegehren (der Gesetzentwurf) zur

Volksabstimmung

gebracht werden; in diesem Fall kann der Landtag auch einen eigenen Gesetzentwurf mitvorlegen, es entscheidet die Mehrheit der abgegebenen gültigen Stimmen. Das Gesetz ist beschlossen, wenn mindestens ein Drittel allerStimmberechtigten (= Wahlberechtigten) zustimmt.

Worüber kann das Volk nicht direktabstimmen?

Über Gesetze, die die Besoldung der Arbeiter, Angestellten und Beamten im öffentlichen Dienst regeln; über Gesetze, in denen Abgaben (z.B. Steuern und Gebühren) festgelegt werden, sowie über den Haushaltsplan des Landes Baden-Württemberg.

Nordrhein-Westfalen

Verfassung des Landes vom 28. Juni 1950, Art. 2:
Das Volk bekundet seinen Willen durch Wahl, Volksbegehren und Volksentscheid.
Art. 68
(1) Volksbegehren können darauf gerichtet werden, Gesetze zu erlassen, zu ändern oder aufzuheben. Dem Volksbegehren muss ein ausgearbeiteter und mit Gründen versehener Gesetzentwurf zugrunde liegen. Das Volksbegehren ist nur auf Gebieten zulässig, die der Gesetzgebungsgewalt des Landes unterliegen. Über Finanzfragen, Abgabengesetze und Besoldungsordnungen ist ein Volksbegehren nicht zulässig. Über die Zulässigkeit entscheidet die Landesregierung. Gegen die Entscheidung ist die Anrufung des Verfassungsgerichtshofes zulässig. Das Volksbegehren ist nur zulässig, wenn es von mindestens einem Fünftel der Stimmberechtigten gestellt ist.
(2) Das Volksbegehren ist von der Landesregierung unter Darlegung ihres Standpunktes unverzüglich dem Landtag zu unterbreiten. Entspricht der Landtag dem Volksbegehren nicht, so ist binnen zehn Wochen ein Volksentscheid herbeizuführen. Entspricht der Landtag dem Volksbegehren, so unterbleibt der Volksentscheid ... In Abs. 5 des entsprechenden Artikels heißt es u.a.: „Weitere Einzelheiten regelt ein Gesetz über das Verfahren bei Volksbegehren und Volksentscheid"

Volksgesetzgebung in Sachsen

Gemäß Artikel 71 (der Landesverfassung) können 40 000 Stimmberechtigte einen **Volksantrag** stellen, also dem Landtag einen Gesetzentwurf unterbreiten, über dessen Zulässigkeit der Landtagspräsident und im Streitfall der Sächsische Verfassungsgerichtshof entscheidet. Stimmt der Landtag nicht innerhalb von sechs Monaten dem unveränderten Volksantrag zu, so können in einer Frist von mindestens sechs Monaten 450 000 Stimmberechtigte im Zug eines **Volksbegehrens** verlangen, dass über den Gesetzentwurf in frühestens drei und spätestens sechs Monaten ein **Volksentscheid** stattfinden soll. Bei ihm genügt die Mehrheit der abgegebenen Stimmen. Über Abgaben-, Besoldungs- und Haushaltsgesetze finden Volksantrag, Volksbegehren und Volksentscheid nicht statt. Auch die Verfassung kann durch Volksentscheid geändert werden, wenn mehr als die Hälfte der Mitglieder des Landtags dies verlangt oder die Verfassungsänderung in der beschriebenen Weise durch einen Volksantrag begehrt wird.

Werner Patzelt, Sachsen; in: Hartmann, J. (Hrsg.): Handbuch der neuen Bundesländer, Bonn 1994, S. 510

5.4 Bürger- oder Einwohnerantrag auf der kommunalen Ebene

Auf der kommunalen Ebene gibt es für die Bürgerinnen und Bürger die meisten Chancen und Möglichkeiten, Sachfragen mitzuentscheiden. Es wird ihnen zugetraut, sich in ihrer Gemeinde ein eigenes Urteil darüber zu bilden, da die Verhältnisse relativ überschaubar sind.

Bürgerantrag

Das einfachste und wohl auch schwächste Instrument, auf Sachentscheidungen in der Gemeinde Einfluss zu nehmen, ist der Bürgerantrag, den es in den allermeisten Bundesländern gibt. Dieser Antrag ist zum Teil zum Einwohnerantrag erweitert worden, um in der Tendenz schon 14-Jährigen diese Möglichkeit zu eröffnen. Mit dem Bürgerantrag kann eine Mindestzahl von BürgerInnen die Gemeindevertretung verpflichten, sich mit einer Angelegenheit zu befassen, eventuell sogar darüber zu entscheiden.

Voraussetzungen und Grenzen des Bürgerantrages

Bei diesem Bürgerantrag ist besonders zu beachten, dass er von relativ vielen Bürgerinnen und Bürgern durch Unterschriften unterstützt werden und es sich dabei um eine Gemeindeangelegenheit handeln muss. Schließlich ist der Antrag an bestimmte formale Voraussetzungen wie z.B. Schriftform, Begründung und Finanzierungsvorschlag gebunden. Mit dem Bürgerantrag kann man nur erreichen, dass eine Selbstverwaltungsangelegenheit beraten und eventuell entschieden wird, auf die Entscheidung selbst hat man keinen Einfluss. Sie bleibt dem Gemeinderat vorbehalten. Allerdings können die Bürger damit erreichen, dass ein Problem in der Öffentlichkeit zumindest diskutiert wird. Es ist durchaus auch möglich, dass eine Fraktion der Gemeindevertretung sich dieses Antrages annimmt und ihn selbst einbringt. In bestimmten Fällen muss man daher überlegen, ob der Weg über die Fraktionen nicht der einfachere ist, weil dadurch die aufwendige Arbeit, Unterschriften zu sammeln, vermieden wird.

Wirkungsmöglichkeiten

5.5 Bürgerbegehren – Bürgerentscheid

Mit einem Bürgerbegehren können Bürgerinnen und Bürger einer Gemeinde erreichen, dass sie selbst durch einen Bürgerentscheid in einer Gemeindeangelegenheit entscheiden dürfen. Bürgerbegehren und Bürgerentscheid bilden das Kernstück direkter Demokratie auf Gemeindeebene. Diese Möglichkeit der Bürgerbeteiligung gibt es in fast allen Bundesländern, wenn auch mit sehr unterschiedlichen Bedingungen und Formen.

Voraussetzungen für ein Bürgerbegehren

Die gesetzlichen Regelungen, die in den Bundesländern unterschiedlich ausgefallen sind, enthalten besondere Verfahrensvoraussetzungen für Bürgerbegehren, auf die zu achten ist:

- Der Antrag muss klar sein und in der Regel mit Ja oder Nein beantwortet werden können.
- Der Antrag muss begründet sein.
- Wenn der Antrag finanzielle Auswirkungen hat, muss ein detaillierter Kostendeckungsvorschlag vorgelegt werden.
- Es sind bestimmte Fristen einzuhalten. Wenn sich z.B. ein Bürgerbegehren gegen einen Beschluss des Gemeinderats richtet, muss es innerhalb eines bestimmten Zeitraumes eingereicht werden.
- Nicht zuletzt sind für den Erfolg eines Bürgerbegehrens – d.h. die daraus folgende Durchführung eines Bürgerentscheides – die Unterschriften eines genau bestimmten Teils der Bevölkerung notwendig.

Worüber darf entschieden werden?

Die Bürgerbegehren und die folgenden Bürgerentscheide können in der Regel nur über wichtige Selbstverwaltungsangelegenheiten der Gemeinden durchgeführt werden.
Was wichtig ist, steht zum Teil in den gesetzlichen Bestimmungen; es gibt auch so genannte Negativkataloge, in denen die Gegenstände – z.B. Finanz-, Haushalts- und Personalangelegenheiten – aufgeführt sind, über die kein Bürgerbegehren oder -entscheid stattfinden darf.

Bürgerentscheid und Gemeindevertretung

Der Bürgerentscheid, also dass die Bürgerinnen und Bürger über eine Gemeindeangelegenheit selbst entscheiden, kann einmal, wie eben dargestellt, durch ein erfolgreiches Bürgerbegehren erreicht werden. Es kann jedoch auch die Gemeindevertretung selbst der Bürgerschaft eine strittige Sache zur Entscheidung vorlegen. In der Regel ist dazu eine qualifizierte Mehrheit (z.B. zwei Drittel der Stimmen des Gemeinderats) notwendig. Unabhängig davon, ob ein Bürgerentscheid durch Bürgerbegehren oder durch Ratsbegehren durchgeführt wurde, hat er die Wirkung eines Ratsbeschlusses. Der Bürgermeister und die Verwaltung muss ihn vollziehen.

5.6 Zur Diskussion über Bürgerentscheide

Franz-Ludwig Knemeyer fasst die entsprechenden Argumente schlagwortartig folgendermaßen zusammen:

Argumente Pro

- Volksbegehren populistisch gut vermittelbar, hohe Erfolgschancen;
- Stimmung in der Bevölkerung wohl vielfach für größere Bürgerbeteiligung;
- keine negativen Erfahrungen in anderen Ländern, freilich nur geringe Akzeptanz der Einrichtung mit Hinweis auf die Zahlen in Baden-Württemberg

Argumente Contra

- Abkehr von langjähriger Grundsatzposition;
- Aushöhlung des kommunalen Mandates;
- Erschwerung kommunaler Verwaltungstätigkeit;
- Tummelplatz für Agitatoren;
- Gefahr permanenten Wahlkampfes in Kommunen;
- bereits vorhandene Mitgestaltungsmöglichkeiten.

(Knemeyer, Franz- Ludwig: Bürgerbeteiligung und Kommunalpolitik. München 1995, S. 113)

Bürgerentscheid als Instrument gewaltfreien Konfliktaustrags

Der Politikwissenschaftler Hans-Georg Wehling kam 1994 zur folgenden abschließenden Bewertung:
„Ein Bürgerbegehren ist durchweg die letzte Stufe in einem umfassenderen Partizipationsgeschehen. Vorausgegangen sind zuvor andere Partizipationsformen, konventionelle wie auch nichtkonventionelle, erlaubte und manchmal auch unerlaubte. Mit Hilfe von Bürgerbegehren und Bürgerentscheid können Bürgerinitiativen nicht nur Aufmerksamkeit auf sich lenken und ihren Forderungen Nachdruck verleihen, sie können sogar eine Entscheidung erzwingen, können einen Gemeinderatsbeschluß ‚kippen'. Insofern trägt die Existenz des Instruments dazu bei, Bürgerinitiativen zu kanalisieren in dem Sinne, daß für sie ein effektiver Einflußkanal zur Verfügung steht, sicher aber auch im Sinne von domestizieren: Denn die Wut, die aus der Ohnmacht folgt, kann hier nicht so leicht entstehen. Insofern fördert das Instrument den gewaltfreien Konfliktaustrag."

Die Befürworter von Volksbefragungen ermuntern die Wähler, nur kräftig an sich zu denken: mehr Egoismus statt Demokratie

Hans Werner Kilz 1997 (1943) Journalist*

Erfahrungen in Bayern

Der Bürger wird König. Mit diesem Motiv warb die Aktion „Mehr Demokratie in Bayern"

(Seipel, Michael/Mayer, Thomas: Triumph der Bürger. München 1997, S. 57)

In Bayern wurde 1995 durch einen Volksentscheid auf Landesebene die Möglichkeit eines kommunalen Bürgerentscheids eingeführt. Dabei hatten die Wählerinnen und Wähler über zwei Gesetzesentwürfe zu entscheiden. Angenommen wurde die Vorlage der Bürgeraktion „Mehr Demokratie in Bayern". Nach Angaben der Bürgeraktion haben in Bayern vom Herbst 1995 bis August 1997 ungefähr 200 Bürgerentscheide stattgefunden, denen jeweils Bürgerbegehren vorausgingen.

Diese weitreichendste Form der direkten Bürgerbeteiligung in der Bundesrepublik wurde von verschiedenen Seiten kritisiert und hat zu Klagen beim Bayerischen Verfassungsgerichtshof geführt. Dieser erklärte im August 1997 vor allem das Fehlen jeglichen Zustimmungsquorums für verfassungswidrig. Im Gegensatz zu Regelungen in anderen Bundesländern war in Bayern nicht festgelegt, wieviel Wahlberechtigte bei Abstimmungen mindestens einem Antrag zustimmen müssen. Es genügte bisher die einfache Mehrheit der abgegebenen Stimmen. Ferner wurde die so genannte Sperrwirkung beanstandet, die besagt, dass die gewählten Stadt- und Gemeinderäte nichts beschließen dürfen, was den Intentionen eines Bürgerbehrens zuwiderliefe. Das Gericht betonte, dass die Kombination der beiden Elemente die Rechte der Selbstverwaltungsorgane, also z.B. des Gemeinderats, zu sehr einschränke. Der Bayerische Landtag wurde beauftragt, bis zum 1. Januar 2000 eine gesetzliche Neuregelung vorzunehmen, die der Entscheidung des Verfassungsgerichtshofs entspreche.

Wir bewegen uns weg von einer Zuschauer- und Motzdemokratie zu einer verantworteten Teilnehmerdemokratie.

Aktion „Mehr Demokratie e.V. München"

5.7 Übersicht über die rechtlichen Bestimmungen zu Bürgerbegehren und Bürgerentscheiden in den einzelnen Bundesländern

Baden-Württemberg: Hier besteht die älteste Regelung plebiszitärer Elemente (seit 1956), allerdings mit erheblichen Einschränkungen. Insbesondere reduziert der Positivkatalog (er bestimmt die Bereiche, in denen eine Initiative zulässig ist) der „wichtigen Angelegenheiten" (Art. 21 GO) den Bereich möglicher Bürgerentscheide im Wesentlichen auf Entscheidungen über Existenz und Ausgestaltung „öffentlicher Einrichtungen". Das hohe Einleitungsquorum von 15% (mindestens 15% der wahlberechtigten Einwohner müssen im Bürgerbegehren die Einleitung eines Bürgerentscheids verlangen), das Beteiligungsquorum von 50% und das Zustimmungsquorum von 30% (mindestens 50% der wahlberechtigten Einwohner müssen sich am Bürgerentscheid beteiligen, 30% müssen zustimmen) sind ebenso gewichtige Hemmnisse. Um die Chancen von Bürgerbegehren zu erhöhen wurde 1998 das Mindestquorum auf 10% reduziert.

Schleswig-Holstein: Schleswig-Holstein führte seine Regelung im Jahre 1990 ein. Im Gegensatz zu Baden-Württemberg wird hier auf einen Positivkatalog verzichtet, so dass auch z.B. die Verkehrspolitik zum Thema von Bürgerentscheiden werden kann. Für die Annahme des Bürgerentscheids ist ein Zustimmungsquorum von 25% erforderlich.

Hessen: Die hessische Regelung (§ 8b der GO) hat seit ihrem Inkrafttreten im Frühjahr 1993 bis Ende 1995 zur Einleitung von mehr als 60 Bürgerentscheiden geführt. Bisher sind 28 der eingeleiteten Entscheide durchgeführt worden. In sieben Fällen wurde das erforderliche Zustimmungsquorum von 25% nicht erreicht.

Sachsen: Es existiert keine amtliche Zählung der bisherigen Verfahren (Schätzung: ca. 40). Wie in den meisten Regelungen ist auch in Sachsen ein Negativkatalog in Kraft, der die Bereiche festlegt, zu denen kein Bürgerentscheid stattfinden kann. Wie in vielen anderen Bundesländern entscheidet auch in Sachsen der Rat über die Zulässigkeit (Einreichungsquorum 15%). Bürgerbegehren und -entscheide haben eine aufschiebende Wirkung, um zu verhindern, dass vollendete Tatsachen geschaffen werden.

Thüringen: Nach Artikel 17 Abs. 2 Nr. 1 GO sind Bürgerbegehren bei allen dem Gemeinderat vorbehaltenen Aufgaben unzulässig.

Brandenburg: Es gibt keine amtliche Zählung stattgefundener Initiativen (Schätzung: ca. 35). Ein Negativkatalog schließt den Bereich der Bauleitplanung aus. Das Beteiligungsquorum ist auf 10% festgelegt.

Mecklenburg-Vorpommern: Wie in Thüringen sind auch hier die Aufgaben der Gemeindevertretung grundsätzlich einem Bürgerentscheid entzogen. Allerdings werden in einem Positiv-

katalog einige Bereiche von dieser Regelung ausgenommen. Wohl aufgrund dieser restriktiven Bestimmungen haben bisher nur drei Initiativen stattgefunden. Eine Novellierung der Kommunalverfassung soll die Regelung verbessern.

Sachsen-Anhalt: Ein Positivkatalog schränkt auch hier den Umfang der Bürgerentscheidungen ein. Das Zulassungsquorum ist von der Größe der Gemeinde abhängig (je größer die Gemeinde, desto geringer die Prozentzahl).

Rheinland-Pfalz: Für die Zulassung eines Bürgerbegehrens/-entscheids gibt es neben der Positivliste („Errichtung, ... Erweiterung und ... Änderung einer öffentlichen Einrichtung" [§ 17a Abs. 1 Nr. 1 GO], Änderung des Gebiets der [Verbands-]Gemeinde, Bildung/Änderung/Auflösung von Ortsbezirken) auch die Möglichkeit, weitere Bereiche in der Hauptsatzung zu bestimmen. Zugleich schließt eine Negativliste viele Bereiche von vornherein aus; z.B. Angelegenheiten des Bürgermeisters, Haushalt, Bauleitplanung. (Einleitungsquorum je nach Gemeindegröße 6-12%, Zustimmungsquorum 30%.)

Nordrhein-Westfalen: Die Regelung zur Bürgerbeteiligung (§ 26 der GO) ist seit 1994 in Kraft. Seither sind 30 Bürgerentscheide durchgeführt worden. Die Zulassungsquoren sind auch hier größenabhängig (7,5-10%), das Zustimmungsquorum liegt bei 25%.

Bayern: Durch eine von einer Bürgerinitiative initiierte Volksabstimmung auf Landesebene im Jahre 1995 wurde gegen den Willen der Landesregierung die neue Regelung in die Gemeindeordnung eingefügt. In nur fünf Monaten wurden 91 Bürgerentscheide beantragt. Der bayerische Bürgerentscheid verzichtet auf das Vorschreiben eines Kostendeckungsvorschlags und auf ein Zustimmungsquorum. Das Einleitungsquorum ist auch hier von der Größe der Gemeinde abhängig (3 -10%).

Niedersachsen: Die jüngste Regelung (Beschluss v. März 1996) verlangt ein je nach Einwohnerzahl schwankendes Einleitungsquorum von 7 bis 10% sowie ein Zustimmungsquorum von 25%. Auch hier ist ein Negativkatalog festgeschrieben, und es gibt keine aufschiebende Wirkung.

(Bürgerbegehren und Bürgerentscheid auf der kommunalen Ebene, WOCHENSCHAU Sek. II, Nr. 6, 1996. Nach Wolfgang Küfer: Ergänzende Mittel, in: der gemeiderat 7/1996, S. 10-11; div. Gemeindeordnungen)

5.8 Bürgermitwirkung in der Gemeindevertretung und in Bürgerversammlungen

Die meisten Gemeindeordnungen, mit Ausnahme von Bayern, sehen die Möglichkeit einer Zuwahl von sachkundigen Bürgerinnen und Bürgern – mit beratender und beschließender Stimme – in Ausschüsse von Gemeinderäten vor. Beispielhaft sei hier die entsprechende Bestimmung der Gemeindeordnung von Nordrhein-Westfalen wiedergegeben.

> Zu den Mitgliedern der Ausschüsse mit Ausnahme der in § 58 vorgesehenen Ausschüsse (Hauptausschuß, Finanzausschuß, Rechnungsprüfungsausschuß) können neben Ratsmitgliedern auch zum Rat wählbare sachkundige Bürger bestellt werden. Zur Übernahme der Tätigkeit eines sachkundigen Bürgers ist niemand verpflichtet. Die Zahl der sachkundigen Bürger darf die Zahl der Ratsmitglieder in den einzelnen Ausschüssen nicht erreichen....
>
> *(§ 42 Abs.2 GO-NW)*

Volles Stimmrecht haben die sachkundigen Bürgerinnen und Bürger nur in Nordrhein-Westfalen, Rheinland-Pfalz und Schleswig-Holstein. In den übrigen Bundesländern haben die sachkundigen Mitglieder nur beratende Stimme.

Bürgerfragestunde

In den Gemeindeordnungen und den entsprechenden Hauptsatzungen der Gemeinden wird zum Teil einzelnen Bürgerinnen und Bürgern oder auch Gruppen die Möglichkeit eingeräumt, vor dem Eintritt in die Beratung oder danach der Gemeindevertretung Fragen zu stellen. Um auch Ausländer mit einzubeziehen, haben verschiedene Gemeindeordnungen die Bürgerfragestunde auf alle Einwohner erweitert. Zumindest bietet die Bürgerfragestunde die Möglichkeit, Anliegen öffentlich und damit pressewirksam vorzutragen.

Bürgerversammlungen

Nach Artikel 28 des Grundgesetzes kann in den Gemeinden „an die Stelle der gewählten Körperschaft die Gemeindeversammlung treten." Allerdings wird diese Möglichkeit in den verschiedenen Gemeindeordnungen sehr unterschiedlich genutzt. Bürgerversammlungen dienen in der Regel der wechselseitigen Information von Verwaltung und Bürgern, in manchen Bundesländern kann sie auch Empfehlungen aussprechen. In Bayern „muss", in Baden-Württemberg „soll" sich der Gemeinderat binnen dreier Monate mit Empfehlungen einer Bürgerversammlung befassen. In der Regel wird die Einwohner- oder Bürgerversammlung vom Bürgermeister einberufen, in manchen Bundesländern kann dies auch eine bestimmte Anzahl von

Bürgern verlangen. Ob eine Bürgerversammlung lediglich als Informations- und Selbstdarstellungsveranstaltung der Verwaltung oder auch als Artikulationsforum für die Bürger genutzt wird, hängt von ihrer aktiven Teilnahme ab. Einzelne Einwohner oder Gruppen haben es selbst in der Hand, ihre Anliegen vorzubringen und öffentlich zur Diskussion zu stellen. Allerdings empfiehlt sich eine gründliche Vorbereitung, um einen möglichen Informationsvorsprung der Verwaltung auszugleichen.

Gründliche Vorbereitung notwendig

Tipps zum Tun

Die rechtlichen Rahmenbedingungen der Abstimmungsverfahren auf den verschiedenen politischen Ebenen kennen und einschätzen

T 34

Da die Möglichkeiten der Bürgerschaft, an politischen Sachentscheidungen mitzuwirken, weitgehend auf die Landes- und die kommunale Ebene beschränkt sind, haben wir in den verschiedenen Bundesländern unterschiedliche rechtliche Bestimmungen. Es ist daher notwendig, dass Sie sich zunächst über die entsprechenden Artikel und Paragraphen sowohl der Landesverfassung als auch der Gemeinde- und Landkreisordnung informieren.

Die rechtlichen Rahmenbedingungen

Zum Teil gibt es noch ergänzende Bestimmungen in so genannten Gesetzesverordungen oder den Hauptsatzungen der Gemeinde.

Der Teufel steckt hier oft im Detail. Entsprechendes Informationsmaterial erhalten Sie bei den Innenministerien der Bundesländer, bei den Landeszentralen für politische Bildung und bei den Gemeinden und Landkreisen selbst.

Informationsmaterial

Dann ist genau zu überlegen, welches Instrument der Bürgerbeteiligung für Ihr Problem geeignet ist. Manchmal kann es schon genügen, eine Frage mit Hilfe einer Wortmeldung in der Bürgerversammlung in die öffentliche Diskussion zu bringen. In diesem Zusammenhang sind auch die in B IX gegebenen Hinweise zum Umgang mit den Behörden oder zur Bürgermitwirkung bei der Planung zu berücksichtigen. Wenn mehrere von einem Anliegen oder Problem betroffen sind, ist es notwendig, sich mit anderen zu besprechen und eventuell zusammenzuschließen (vgl. B VII und VIII) und gemeinsam nach dem

Welches Instrument der Bürgerbeteiligung ist geeignet?

geeignetsten Mitwirkungsinstrument zu suchen. Dabei liegt der Gang an die Öffentlichkeit zunächst nahe (B III). Bei der Ausschöpfung der rechtlichen Möglichkeiten empfiehlt sich ein schrittweises Vorgehen von weniger aufwendigen Verfahren zu den komplizierteren Entscheidungsprozessen.

T 35

Vorüberlegungen zu einem Bürgerbegehren/Bürgerentscheid

Informationen über Bürgerbegehren bei:
Mehr Demokratie e.V.
Greifswalder Str. 4
10405 Berlin
info@mehr-demokratie.de
www.mehr-demokratie.de

Bevor Sie ein Bürgerbegehren starten, sollten Sie sich über folgende Fragen klar werden:

- Wie sehen die rechtlichen Bestimmungen aus? (Siehe T 34).
- Zu welcher Frage soll der Bürgerentscheid durchgeführt werden? Die Frage muss klar formuliert sein.
- Liegt die zu entscheidende Frage überhaupt in der Kompetenz der Gemeinde, der Stadt oder des Landkreises? Kann darüber ein Bürgerentscheid stattfinden?
- Ist der Bürgerentscheid überhaupt sinnvoll?
- Ist die Frage von öffentlichem Interesse?
- Können Sie Ihre Pro-Argumente prägnant und klar formulieren?
- Können Sie mit Ihrem Vorschlag die Mehrheit Ihrer Mitbürgerinnen und Mitbürger überzeugen?
- Welche Argumente sprechen gegen Ihren Vorschlag?
- Haben Sie überzeugende Erwiderungen?
- Welche Gruppen, Vereine und Parteien könnten Ihr Bürgerbegehren unterstützen?

(Zusammengestellt nach einem Merkblatt der Aktion: Mehr Demokratie in Bayern! 1996)

T 36

Volksabstimmungen auf Landesebene: ein großer Organisationsaufwand – Hinweise

Besonders schwierig ist es, auf Landesebene eine Volksabstimmung durchzuführen. Beispielhaft könnte man gerade die Volksabstimmung in Bayern erwähnen, die 1995 über die Frage eines kommunalen Bürgerbegehrens und Bürgerentscheides durchgeführt wurde. Dabei hatten die Bürgerinnen und Bürger über einen Gesetzentwurf der CSU- Fraktion im bayerischen Landtag und einen Entwurf der Bürgeraktion „Mehr Demokratie

in Bayern" zu entscheiden. Während die CSU von den Spitzenorganisationen der bayerischen Wirtschaft und allen kommunalen Spitzenverbänden unterstützt wurde, standen hinter der Bürgeraktion „Mehr Demokratie in Bayern", deren Entwurf von der Mehrheit der Wähler angenommen wurde, mehr als 50 Parteien und Organisationen, darunter die SPD, Bündnis 90/ Grüne und die FDP.
Um einen Eindruck von der Fülle der organisatorischen Vorbereitungen zu vermitteln, geben wir hier den 11-Punkte-Plan zur Vorbereitung des Volksbegehrens und eine Übersicht über die Aufgaben des Landesbüros, das eigens zu diesem Zweck gegründet wurde, wieder:

Das leistet das Landesbüro:
1. Produktion und Versand von Infomaterialien
2. Regelmäßige Pressearbeit (an ca. 800 Redaktionen)
3. Betreuung und Initiierung von Aktionskreisen
4. Koordination: z.B. Kontakt zu landesweiten Verbänden und Parteien, Referentenvermittlung, Zusammenführung von Aktiven
5. Aktionsrundbriefe an 1 000 Aktive und Gruppen
6. Spendenbriefe: Interessenten an den Volksbegehren erhalten regelmäßig Spenden- und Informationsbriefe
7. Referate und Veranstaltungen in ganz Bayern
8. Aktionen in und um München
9. Besondere Arbeiten für das Volksbegehren, z.B. Aufbereitung der Unterschriften zur Beantragung des Volksbegehrens, Betreuung des Verfahrens vor dem Bayerischen Verfassungsgerichtshof, Versand der Eintragungslisten für das Volksbegehren an die Gemeinden etc.
10. Besondere Aktionen zur Eintragungsfrist der Volksbegehren: Regionalkonferenzen, Aktionsteams machen Aktionsurlaub in Bayern und unterstützen die regionalen Aktionskreise, Pressetouren
11. Werbemaßnahmen, die sich selbst finanzieren: • Postwurfsendung • Spendenbriefe • Beilagen/ Artikel in Verbandszeitschriften • Kostenlose Werbefotos und Anzeigen

(Seipel, Michael u.a.: Triumph der Bürger! München 1997, S. 41)

11-Punkte-Plan zur Vorbereitung der Volksbegehren

1. Aktionskreise in Landkreisen und Städten gründen
2. Bezirksweite Vernetzung aufbauen
3. Unterschriftensammlung für die Volksbegehren fortführen
4. Aktionstag durchführen
5. Volksbegehren in anderen örtlichen Vereinen vorstellen
6. Ehrenamtliche Helfer für die zweiwöchige Eintragungszeit während des Volksbegehrens finden
7. Finanzierung für das Volksbegehren durch Privat- und Verbandsspenden sichern
8. Kontinuierliche Pressearbeit vor Ort betreiben
9. Diskussion in die Gemeinde- und Stadträte tragen
10. Sich in den Wahlkampf einmischen und Kandidaten zur Stellungnahme zu „Mehr Demokratie" bewegen
11. Plan für die Aktionen für die 14-tägige Eintragungsfrist erarbeiten

(Seipel, Michael u.a.: Triumph der Bürger! München 1997, S. 31)

Literaturhinweise

HEPP, GERD/SCHIELE, SIEGFRIED/UFFELMANN, UWE (Hrsg.): Die schwierigen Bürger. Schwalbach/Ts. 1994, S. 52-69

IGL, GERHART/JACHMANN, MONIKA/EICHENHOFER, EBERHARD: Ehrenamt und bürgerschaftliches Engagement im Recht – ein Ratgeber. Opladen 2002

KLAGES, ANDREAS/PAULUS, PETRA: Direkte Demokratie. Impulse aus der deutschen Einheit. Marburg 1996

KLEMISCH, HERBERT u.a. (Hrsg.): Handbuch für alternative Kommunalpolitik. Bielefeld 1994

KNAUP, BETTINA: Plebiszitäre Elemente als Ergänzung der repräsentativen Demokratie. Zur neueren Forschungsdebatte um Volksabstimmungen in der Bundesrepublik Deutschland. Bonn 1994

KNEMEYER, FRANZ-LUDWIG: Bürgerbeteiligung und Kommunalpolitik. Eine Einführung in die Mitwirkungsrechte von Bürgern auf der kommunalen Ebene. Geschichte und Staat, Bd. 307. München 1996

KOMMUNALPOLITIK. Informationen zur politischen Bildung 242. Bundeszentale für politische Bildung, Bonn

VERFASSUNGSREFORM – EIN NEUES GRUNDGESETZ? Sozialwissenschaftliche Informationen, Heft 4/92

NIEDERMAYER, OSKAR: Bürger und Politik. Politische Orientierungen und Verhaltensweisen in Deutschland. Eine Einführung. Wiesbaden 2001

WEHLING, HANS-GEORG: Der Bürger in der Kommunalpolitik. In: Zur Verfassungsdiskussion über direkte Demokratie: Mehrere Beiträge In: Aus Politik und Zeitgeschichte B23/91 (31. Mai 1991)

VI. Parteien: an der politischen Willensbildung mitwirken

Zeichnung: Walter Hanel, Frankfurter Allgemeine Zeitung

Kein politischer Gedanke kann ohne Organisation den Sieg erringen.

Friedrich Naumann (1860-1919) Liberaler Politiker

Kurzübersicht Neben Wahlen und Abstimmungen kann der Einzelne auf politische Entscheidungen Einfluss nehmen, indem er sich mit anderen zu Gruppen zusammenschließt. Eine Sonderstellung haben nach dem Grundgesetz die politischen Parteien. In diesem Baustein werden die besonderen Chancen, aber auch Schwierigkeiten der Parteimitglieder, politisch Einfluss zu nehmen, aufgezeigt. Die Tipps zum Tun für Sitzungen gelten natürlich auch für andere politische Organisationen (Bausteine VII und VIII).

6.1 Funktionen im politischen System

Innerhalb der politischen Organisationen haben die Parteien eine besondere Stellung. Ihre Funktion wird im Grundgesetz hervorgehoben:

GG Art. 21 (Parteien)
(1) Die Parteien wirken bei der politischen Willensbildung des Volkes mit. Ihre Gründung ist frei. Ihre innere Ordnung muß demokratischen Grundsätzen entsprechen. Sie müssen über die Herkunft und Verwendung ihrer Mittel sowie über ihr Vermögen öffentlich Rechenschaft geben.

Eine Partei hat nicht durchaus Recht, dafür ist sie Partei.

Thomas Mann (1875-1955) Schriftsteller

Aufgaben

Im Einzelnen lassen sich die Aufgaben der Parteien folgendermaßen beschreiben:

- Formulierung politischer Ziele und Lösungen für gesellschaftliche Probleme u.a. in Form von Programmen;
- Bildung und Ausgleich gesellschaftlicher Interessen;
- politische Aktivierung der Bürgerinnen und Bürger;
- Heranbildung von Nachwuchspolitikern und einer politischen Elite;
- Aufstellung von Kandidaten für öffentliche Ämter und Regierungsbildung;
- politische Werbung und Führung von Wahlkämpfen.

Jede Partei ist für das Volk da und nicht für sich selbst.

Konrad Adenauer (1876-1967) CDU-Vorsitzender, 1949-1963 Bundeskanzler

Parteienverbot

Zwar ist es jedermann freigestellt, eine Partei zu gründen; diese muss aber sowohl in ihrem Programm als auch in ihren Aktivitäten zum Ausdruck bringen, dass sie die durch das Grundgesetz festgelegte politische Ordnung der Bundesrepublik nicht beeinträchtigen, gefährden oder beseitigen will. Eine verfassungswidrige Partei kann durch das Bundesverfassungsgericht verboten werden, was 1952 bei der neonazistischen Sozialistischen Reichspartei (SRP) und 1956 bei der Kommunistischen Partei Deutschlands (KPD) geschah.

Die Vernunft ist niemals das Monopol einer politischen Partei.

Willy Brandt (1913-1992) SPD-Vorsitzender 1969-1974 Bundeskanzler

6.2 Entwicklung und Ziele

Parteienkonzentration in der Bundesrepublik

Nach Gründung der Bundesrepublik und den ersten Bundestagswahlen waren im Bundestag 12 Parteien vertreten. Ihre Zahl verringerte sich bald auf 4: CDU, die mit der CSU eine Fraktion bildet, SPD und FDP. Zur Konzentration der Parteien trug neben der 5%-Klausel (siehe B IV, S. 88) und der Möglichkeit des Parteienverbots die Tatsache bei, dass im Gegensatz zur Weimarer Republik die Wirtschafts-, Sozial- und Staatsordnung der Bundesrepublik sich als relativ stabil erwies und keine Ansatzpunkte für die Bildung neuer Parteien bot. In den 70er Jahren ist es den Grünen, die sich als neue Partei u.a. aus Bürgerinitiativen für Umweltschutz und Teilen der Friedensbewegung gebildet haben, gelungen, in die meisten Landtage und 1983 in den Bundestag einzuziehen.

Parteien in der DDR

In der DDR war die Sozialistische Einheitspartei (SED) die führende und alles bestimmende Partei. Unter dem Druck der sowjetischen Besatzungsmacht hatten sich 1946 in der sowjetischen Besatzungszone die Kommunistische Partei und die

Sozialdemokratische Partei zusammengeschlossen, was Sozialdemokraten in den westlichen Besatzungszonen nicht verhindern konnten. Daneben gab es in der DDR unter anderen auch die CDU und die Liberaldemokratische Partei (LDPD). Diese so genannten Blockparteien, weitgehend von der SED abhängig und mit dieser zur Nationalen Front zusammengeschlossen, hatten die Aufgabe, die unterschiedlichen gesellschaftlichen Gruppen der DDR an den sozialistischen Staat heranzuführen.

Die Wiedervereinigung führte zu weiteren Veränderungen im Parteiensystem. Die CDU und die FDP nahmen Teile der ehemaligen Blockparteien der DDR – die Ost-CDU und die Liberal-Demokratische Partei (LDPD) – auf. Aus der ehemaligen DDR-Staatspartei SED ging die „Partei des Demokratischen Sozialismus" (PDS) hervor, die sich mit linken Gruppen in der Bundesrepublik zusammenschloss. Die westdeutschen Grünen schlossen sich 1992 mit Bündnis 90, das sich aus den Bürgerrechtsbewegungen der DDR gebildet hatte, und den Grünen Ostdeutschlands zu einer Partei mit dem Namen „Bündnis 90/Die Grünen" zusammen.

Nahezu die Hälfte der Bevölkerung ist der Meinung, die Parteien würden sich in ihren politischen Zielen nur unwesentlich unterscheiden. Die Ähnlichkeit der Programme der großen Parteien ist auch dadurch begründet, dass sie als Volksparteien möglichst alle Schichten der Bevölkerung mit ihren Programmen ansprechen wollen. Allerdings treten die Programmunterschiede deutlicher hervor, wenn wir einzelne Programmpunkte genauer untersuchen oder deren Stellungnahme zu aktuellen politischen Tagesfragen vergleichen. Die Parteien schicken Ihnen gerne Informationsmaterial zu. Außerdem haben Sie Zugang zu den entsprechenden Daten über Internet.

Haitzinger

Anschriften der Parteien auf Bundesebene

Sozialdemokratische Partei Deutschlands (SPD)
Willy-Brandt-Haus
Wilhelmstr. 141
10963 Berlin
Tel.: 030/25991-0
www.spd.de

Christlich-Demokratische Union Deutschlands (CDU)
Klingelhöferstraße 8
10785 Berlin
Tel.: 030/22070-0
www.cdu.de

Christlich-Soziale Union (CSU)
Franz-Josef-Strauß-Haus
Nymphenburgerstr. 64
80335 München
Tel.: 089/1243-0
www.csu.de

Bündnis 90/ Die Grünen
Platz vor dem Neuen Tor 1
10115 Berlin
Tel.: 030/284421
www.gruene.de

Freie Demokratische Partei (F.D.P.)
Thomas Dehler-Haus
10117 Berlin
Tel.: 030/284958-0
www.fdp.de

Partei des Demokratischen Sozialismus (PDS)
Kleine Alexanderstraße 28
10178 Berlin
Tel.: 030/24009-0
www.pds-online.de

Mit Parteiprogrammen verhält es sich wie mit Theaterprogrammen: Es steht viel drin, was hinterher nicht vorkommt.

A. Strietzel, deutscher Regisseur und Kabarettist

6.3 Struktur und Mitbestimmungsmöglichkeiten der Mitglieder

Die Mitglieder der Parteien

Die Parteien konnten bisher lediglich 3,2% der Bevölkerung als Mitglieder für sich gewinnen.

Entwicklung der Parteimitgliedschaften 1990 bis 2000

	CDU	CSU	SPD	F.D.P.	B90/G	PDS
1990	777 800	186 198	945 243	178 625	41 316	283 882
1991	751 163	184 513	910 871	137 853	38 873	170 000
1992	713 846	181 758	885 958	103 488	36 320	146 742
1993	685 343	177 289	861 480	94 197	39 761	131 406
1994	670 800	176 250	849 374	87 922	43 899	123 751
1995	657 643	179 647	817 650	80 431	46 410	114 940
1996	651 217	179 312	797 797	75 038	47 974	105 029
1997	631 630	179 053	777 899	69 387	48 980	98 624
1998	625 769	179 520	775 036	67 637	50 030	94 627
1999	638 056	183 569	755 066	64 407	49 488	88 594
2000	616 722	181 021	743 667	62721	47 454	–

Aus: Glaab, Manuela/Kießling, Andreas: Legitimation und Partizipation. In: Korte, Karl-Rudolf/Weidenfeld, Werner (Hrsg.): Deutschland – TrendBuch. Bonn 2001, S. 578

Sozialstruktur

Bei der beruflichen und sozialen Zusammensetzung der Mitglieder zeigt sich ein Übergewicht der Beamten, Angehörigen des öffentlichen Dienstes und der Selbstständigen, während Arbeiter, Rentner, Jugendliche und vor allem Frauen unterrepräsentiert sind. Der Altersaufbau der Parteien zeigt ein Übergewicht der mittleren und älteren Jahrgänge. Der Bildungsgrad der Parteimitglieder liegt über dem der übrigen Bevölkerung. Die großen Parteien, die so genannten Volksparteien, versuchen möglichst alle Schichten der Bevölkerung anzusprechen, was ihnen nur zum Teil gelingt.

FAZ-Zeichnung: Steiger

Mitbestimmungsmöglichkeiten der Mitglieder

Das Grundgesetz und das Gesetz über die politischen Parteien schreiben vor, die innere Ordnung der Parteien müsse demokratischen Grundsätzen entsprechen. Danach sollen alle Mitglieder die gleiche Chance haben, den politischen Kurs ihrer Partei mitzubestimmen. Organisatorisch haben alle Parteien einen ähnlichen Aufbau mit einer Orts-, Kreis-, Bezirks- bzw. einer Landes- und Bundesebene. Allerdings beteiligen sich nur 25% der Mitglieder z.B. durch die Teilnahme an Versammlungen aktiv am Parteileben (siehe Tipp 38, 41, 42). Insgesamt besteht die Tendenz, dass der Kurs der jeweiligen Partei von der Parteiführung, vor allem von hauptberuflichen Funktionären, und den jeweiligen Regierungsmitgliedern bestimmt wird. Doch können die Parteiführungen keineswegs unabhängig von ihren Mitgliedern handeln. Sie bemühen sich z.T. im Voraus, den Wünschen der Mitglieder oder der Parteitagsdelegierten zu entsprechen. Bei Kandidatenaufstellungen für die Bundes- und Landtagswahlen lassen sich die unteren Parteigliederungen nicht ohne weiteres Kandidaten von der Parteispitze aufdrängen.

Tendenz zur Oligarchie = Herrschaft der Wenigen

Mitgliederentscheide

Unter dem Eindruck der Parteienverdrossenheit bemühen sich alle Parteien, ihre Mitglieder stärker an Personal- und Sachentscheidungen zu beteiligen. So wurde 1993 bei der Nominierung des Kandidaten für den Parteivorsitz der SPD eine Mitgliederbefragung durchgeführt. Die FDP führte im Zusammenhang mit der Entscheidung über den „großen Lauschangriff" eine Mitgliederbefragung durch. Auch in der Satzung der CDU wurden entsprechende Möglichkeiten vorgesehen.

Finanzierung

Die einfachste Form der Unterstützung einer Partei ist die Bezahlung des Beitrages durch die Mitglieder, der je nach Einkommen der Einzelnen gestaffelt ist. Da aber die Mitgliedsbeiträge nicht ausreichen, erhalten die Parteien Zuschüsse vom Staat und Spenden von Einzelpersonen, Firmen und Verbänden. Problematisch sind in diesem Zusammenhang vor allem die Spenden. Hier stellt sich die Frage nach der Chancengleichheit der Bürger, die auf die politische Willensbildung Einfluss nehmen, zumal die Zuwendungen auch noch steuerlich begünstigt werden. Der Bundestag hat daher 1993 die steuerliche Begünstigung von Parteispenden auf 3 068 Euro pro Person und Jahr begrenzt. Ab 10 225,84 Euro sind die Spender im Rechenschaftsbericht namentlich aufzuführen.

Spenden

Um die Parteien von den Spenden unabhängiger zu machen, erhalten sie auch staatliche Zuwendungen. Deren Umfang hängt einmal von der Zahl der Wählerstimmen für eine einzelne Partei ab. Parteien, die bei den Bundestagswahlen 0,5 % der Stimmen (bei Landtagwahlen 1%) erhalten, bekommen demnach für jede Listenstimme jährlich 0,66 Euro bis zur nächstfolgenden Wahl. Bei über 5 Millionen Stimmen reduziert sich die Zahlung auf 0,51 Euro je Stimme. Zum anderen wird bei den Staatszuschüssen auch der Anteil der Mitgliedsbeiträge und der Spenden berücksichtigt. Jede Partei bekommt zu jeder Spende und zu einem Mitgliedsbeitrag bis zu einer Höchstsumme von 3 068 Euro pro Person und Jahr noch einmal die Hälfte vom Staat dazu. Damit soll auch die gesellschaftliche Verankerung der Parteien gewürdigt werden.

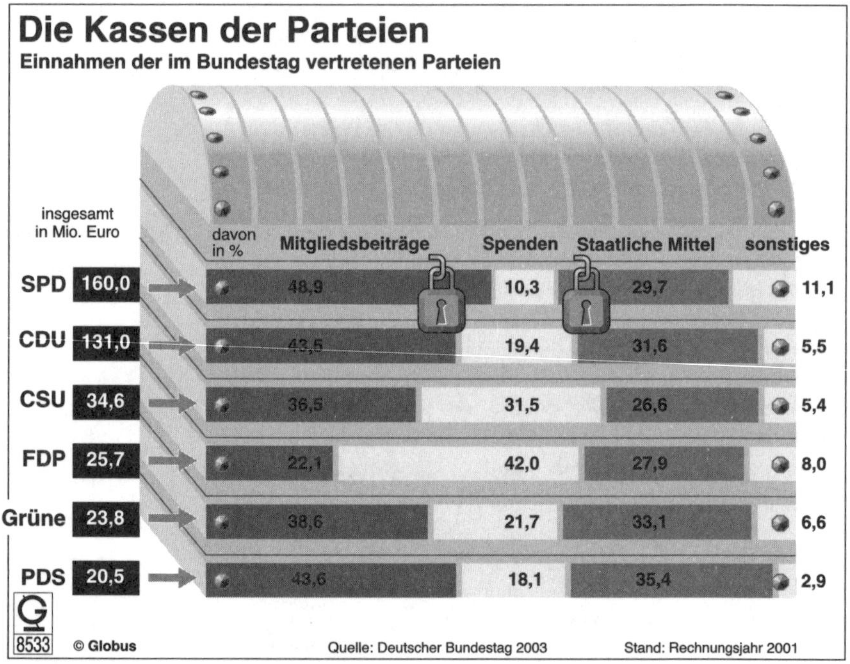

6.4 Frauenquoten

Wer keine Frauenquote will, muß die Frauen wollen.

Rita Süssmuth
(1937)*
1988-1998 Präsidentin des Deutschen Bundestages

Die Frauen, die in den meisten Parteien eigene Vereinigungen oder Arbeitsgemeinschaften gegründet haben, bemühen sich in den letzten Jahren verstärkt, ihre Zahl nicht nur innerhalb der Partei, sondern auch in Führungspositionen zu erhöhen. Nach wie vor ist umstritten, ob man den Frauen durch Parteibeschlüsse von vornherein bestimmte Anteile (Quoten) für Parteigremien bzw. Kandidatenlisten zuweisen sollte, wie es die SPD mit 40% und die Grünen mit 50% getan haben. Auch die CDU beschloss auf ihrem Parteitag 1996, dass Frauen künftig bei Wahlen zu Parteigremien und bei Kandidatenaufstellungen mit einem Drittel bedacht werden sollen; wird dieses Ziel im zweiten Wahlgang nicht erreicht, muss das Ergebnis akzeptiert werden. Bei CSU und FDP gibt es keine vergleichbaren Regelungen.

Marie Marks

6.5 Kritik an den Parteien

Parteienverdrossenheit

Die Kritik an den Parteien hat in den letzten Jahren zugenommen. Man spricht sogar von Parteienverdrossenheit. Die Bürgerinnen und Bürger trauen ihnen immer weniger zu, bestimmte Probleme wie Arbeitslosigkeit oder Umweltschutz zu lösen. Kritisiert werden auch ihr großzüger Umgang mit öffentlichen Geldern und ihr zu großer Einfluss bei der Vergabe von öffentlichen Ämtern. Der frühere Bundespräsident Richard von Weizsäcker hat den Parteien vorgeworfen, ihr Einfluss gehe weit über das hinaus, was im Grundgesetz vorgesehen sei: „Er reicht direkt oder indirekt in die Medien und bei der Richterwahl in die Justiz, aber auch in die Kultur, den Sport, in kirchliche Gremien und Universitäten... Und es bekommt den Parteien nicht, gerade weil wir sie brauchen."

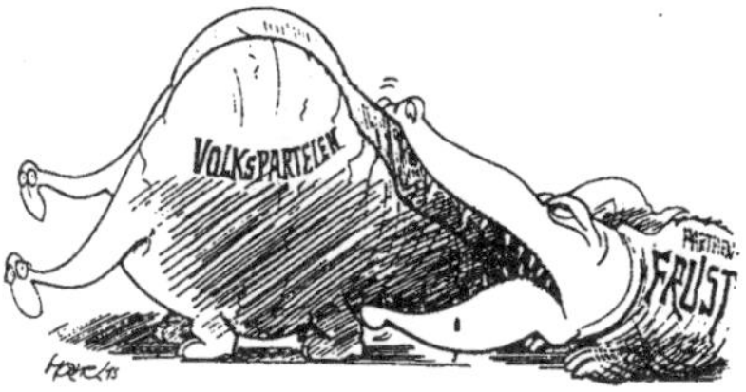

Hanel

Tipps zum Tun

T 37

Welche Rechte habe ich als Parteimitglied?

Aufnahme, Mitgliedschaft

Parteien müssen nicht jeden aufnehmen, der ihnen beitreten will. Sie dürfen jedoch keine allgemeinen Aufnahmesperren gegen bestimmte Gruppen von Personen verhängen (Parteiengesetz § 10 Abs. 1).
Allerdings können die Parteien die Mitgliedschaft in der Partei mit der Zugehörigkeit zu bestimmten Organisationen – in jedem Fall mit konkurrierenden Parteien und Organisationen – als unzulässig erklären.

Austritt

Jedes Mitglied hat das Recht, jederzeit aus der Partei auszutreten (Parteiengesetz § 10 Abs. 2).

Stimmrecht

Alle Mitglieder einer Partei haben gleiches Stimmrecht (Parteiengesetz § 10 Abs. 2).

Ausschluss

Der Ausschluss von Mitgliedern muss genau begründet werden und kann nur erfolgen, wenn ein Mitglied „vorsätzlich gegen die Satzung oder gegen Grundsätze und Ordnung der Partei verstößt und ihr damit schweren Schaden zufügt" (Parteiengesetz §10, Abs. 4).

T 38

Wo und wie können einfache Parteimitglieder Einfluss nehmen?

- Teilnahme an Mitgliederversammlungen
- Teilnahme an Personalwahlen bzw. Übernahme von Ämtern wie Vorsitzender, Beisitzer, Kassierer
- Bestellung von Delegierten für die nächsthöheren Ebenen und Parteitage
- Mithilfe bei den Wahlkämpfen z.B. durch Plakatekleben
- Diskussion und Beteiligung an Vorentscheidungen über kommunale Probleme wie Verkehrsplanung, Kindergärten, Umweltschutzmaßnahmen
- Aufstellung von Kandidaten für die Kommunal-und teilweise auch für die Landtags- und Bundestagswahlen

Stallgeruch
Die durch langjährige Mitgliedschaft erlernte Fähigkeit, die „Seele" der Partei zu verinnerlichen und alle geschriebenen und ungeschriebenen Parteigesetze zu berherrschen
nach Ulrich von Alemann

Wie macht man in einer Partei Karriere?

T 39

1. Stufe: aktiv in Schülergruppen und Parteijugend
2. Stufe: Student, politisch aktiv auf Orts- und Kreisebene sowie auf höherer Ebene in Arbeitsgemeinschaften, möglichst politiknahes bzw. -relevantes Studienfach und entsprechende Nebentätigkeiten
3. Stufe: Politikerexistenz (als Stadtrat, Parteigeschäftsführer oder Vorsitzender einer Parteigliederung); nebenbei Aufrechterhaltung der lokalen Basis
4. Stufe: Gesellenbrief als selbständiger Politiker durch die Übernahme eines Bundestagsmandates
5. Stufe: Ausübung des Mandates über möglichst vier Wahlperioden (ideales Einstiegsalter: 37 Jahre; ideales Pensionsalter: 53 Jahre)
6. Stufe: nachparlamentarische Karriere, vorzugsweise freiberuflich, im Vorstandsbereich

(Ulrich von Alemann: Parteien. Reinbek 1995, S. 40, S. 44)

Ochsentour
Der Aufstieg innerhalb einer Partei von der untersten Stufe als Ortsverbandsbeisitzer über kommunale Ämter und die Landesebene in den Bundestag

Seiteneinsteiger
Das Überwechseln aus höheren beruflichen Positionen in politische Ämter unter Umgehung der Ochsentour

Internet und innerparteiliche Demokratie

T 40

Information

Das Internet bietet die Möglichkeit, Parteimitglieder auf den verschiedenen Ebenen umfassend zu informieren. Die Partei kann vor allem auf neue politische Entwicklungen relativ flexibel reagieren, indem sie kurzfristig unabhängig von Presse und Fernsehen zu aktuellen Problemen differenziert Stellung bezieht.

Interaktion und Kommunikation

Das Internet ist auch sozialer Raum, in dem Menschen miteinander kommunizieren können. Es macht Diskussionen und neue Formen von Umfragen möglich. Anfragen können schnell beantwortet werden.

Parteitage im Internet

Die Frage, ob, wie bei den Grünen bereits geschehen, Parteitage im Internet abgehalten werden können, ist umstritten. Einerseits benötigen Personal- und Sachentscheidungen von hoher Bedeutung die direkte Auseinandersetzung von Mensch zu Mensch, andrerseits bietet das Internet die Möglichkeit für einen relativ sachlichen Meinungsaustausch jenseits der Parteihierarchien. Es ermöglicht auch – allerdings mit einem relativ hohen technischen Aufwand – formale Abstimmungen und Personalentscheidungen zu organisieren, an denen sich viele Mitglieder beteiligen können.

T 41

Satzung und Geschäftsordnung: die Verfahrensregeln einer Organisation kennen

Das Zusammenleben, die innere Ordung von Organisationen wie Parteien, Vereinen, Verbänden und zum Teil auch Bürgerinitiativen ist durch Satzungen geregelt.

Unterschiedliche Bedeutung des Begriffs „Satzung"

Satzung

Unter Satzung wird die schriftlich niedergelegte Ordnung des Zusammenschlusses von Personen (z.B. in einem Verein oder einer Partei) verstanden. In ihr werden u.a. dessen Zweck und die Befugnisse seiner Organe geregelt (Vereinssatzung, Parteisatzung).

Davon sind zu unterscheiden die Satzungen, also Rechtsvorschriften, die ein dem Staat eingeordneter selbständiger Verband, z.B. eine Gemeinde, zur Regelung seiner Angelegenheiten erlässt. Man spricht z.B. von der Hauptsatzung der Gemeinde, in der die Befugnisse und die Zusammenarbeit der verschiedenen Gemeindeorgane wie Bürgermeister und Gemeinderat geregelt sind.

Als Satzung gilt auch die Geschäftsordnung, d.h. die Ordnung eines Kollegialorgans wie z.B. der Parlamente. Auch in Organisationen gibt es zum Teil neben der Satzung noch eine Geschäftsordnung.

Satzungen und Geschäftsordnungen lesen!

In den Satzungen von Parteien und Vereinen sind in der Regel auch die Geschäftsordnungsbestimmungen enthalten – also z.B. wer in welcher Form Beschlüsse fassen kann. Vor allem Neulinge in diesen Organisationen verzichten oft auf das Studium dieser Satzungen und verzichten damit auch auf ein Stück Einfluss. In den Satzungen oder Geschäftsordnungen wird der Ablauf der Sitzungen und Versammlungen, z.B. die Behandlung und Beschlussfassung der Anträge oder der Ablauf von Wahlen geregelt.

Geschäftsordnung

Geschäftsordnung ist eine Satzung, die die Geschäftserledigung eines Kollegiums regelt, das Verfahren der Beratung, Abstimmung und sonstige Arten der Zusammenarbeit festlegt.

(Eschenburg, Theodor: Staat und Gesellschaft in Deutschland. 3. Auflage, Stuttgart 1996, S. 140)

Zur Vorbereitung und Durchführung von Sitzungen/ Versammlungen

T 42

Organisatorische Vorbereitung

Geeigneten Zeitpunkt und Ort festlegen.
Teilnehmerkreis klären: Wer muss eingeladen werden?

Inhaltliche Vorbereitung

Tagesordnung festlegen. Beachten Sie, dass mit der Reihenfolge der zu behandelnden Themen auch bestimmte Strategien verfolgt werden können.
Materialien und Berichte bzw. Berichterstatter zu den einzelnen Punkten festlegen.
Protokoll der letzten Sitzung muss in der Regel vorliegen.

Eröffnung Begrüßung

Teilnehmerliste herumgehen lassen; eventuell entschuldigte Personen mitteilen.
Tagesordnung genehmigen lassen. Versammlung kann Tagesordnung ändern, zumindest deren Reihenfolge. Sind nach der Satzung oder Geschäftsordnung Dringlichkeitsanträge möglich?
Protokoll der letzten Sitzung genehmigen lassen. Protokollanten für die Sitzung festlegen.

Durchführung

Rednerliste führen. Alle zu Wort kommen lassen.
Darauf achten, dass nur zum Thema gesprochen wird.
Beabsichtigte Entscheidungen im Auge behalten. Mögliche Alternativen formulieren. Zwischendurch eventuell Diskussionsstand zusammenfassen.
Bei Abstimmungen muss in der Regel zunächst über den weitestgehenden Antrag abgestimmt werden.
Sitzung rechtzeitig beenden.

- Wenn ein Antrag gestellt ist, darf nur noch zu diesem Antrag gesprochen werden bzw. ein Gegenantrag, Abänderungsantrag oder Ergänzungsantrag gestellt werden.
- Der Leiter lässt in der Regel beim Vorliegen von mehreren Anträgen zunächst über den weitestgehenden Antrag abstimmen. Wenn der Leiter den Eintritt in die Abstimmung angesagt hat, kann zur Sache nicht mehr gesprochen werden, nur noch zum Abstimmungsverfahren.

Anträge zur Geschäftsordnung

Eine Meldung zur Geschäftsordnung unterbricht die Rednerliste, nicht aber den Redner. Anträge zur Geschäftsordnung, die in der Regel durch Heben von beiden Händen angezeigt werden, betreffen immer die Methode des Vorgehens. Sie können hilfreich sein, wenn sich die Gruppe an einem Punkt festgefahren hat, werden aber teilweise auch aus taktischen Gründen eingesetzt, z.B. um den Gang der Beratung zu beeinflussen.

Zu welchen Punkten können im Allgemeinen Geschäftsordnungsanträge gestellt werden?

Abschluss der Rednerliste, Ende der Debatte, Begrenzung der Redezeit, Unterbrechung der Debatte, Absetzung eines Punktes von der Tagesordnung, Vertagung der Debatte, Verweisung an einen Ausschuss, Antrag auf Abstimmung.
Wer einen Geschäftsordnungsantrag stellt, darf in der Regel zu dem Punkt, der eben beraten wird, nicht gesprochen haben. Diese Regel bietet einen Schutz davor, dass ein unliebsamer Gegner zum Schweigen gebracht wird. Der Leiter hat auch darauf zu achten, dass Geschäftsordnungsanträge nicht missbraucht werden, um Sachfragen zu diskutieren.

T 43 Protokoll – die Ergebnisse von Sitzungen, Versammlungen, Verhandlungen festhalten

Der Verlauf oder auch das Ergebnis einer Sitzung oder Versammlung wird in der Regel durch einen Bericht, der sich durch eine besondere Form auszeichnet, festgehalten: das Protokoll. Er dient der wirklichkeitstreuen Information des Lesers ohne persönliche Stellungnahme des Schreibers.
Grundsätzlich ist zu unterscheiden zwischen Ergebnis- und Verlaufsprotokoll.

Ergebnisprotokoll

Das Ergebnisprotokoll hat folgende Bestandteile:
Datum, Ort, Beginn und Ende der Sitzung, Teilnehmer, Vorsitz, Protokollführer, Tagesordung, Ergebnisse.
Die Anträge und Beschlüsse müssen in der Regel wörtlich und die Abstimmungsergebnisse in Zahlen wiedergegeben werden.

Verlaufsprotokoll

Das Verlaufsprotokoll berichtet dazu noch über den Verlauf der Beratungen mit wichtigen Stellungnahmen der Sitzungsteilnehmer. Der Protokollant sollte konzentriert zuhören und bei der Niederschrift möglichst objektiv berichten. Gesprächsbeiträge werden häufig in indirekter Rede wiedergegeben.

(Lipitt, Ronald u.a.: Detto und andere – Auswahlband. Stuttgart 1989, S. 18)

Protokolle sind wichtige Dokumente

Das Protokoll ist nur gültig, wenn es vom Vorsitzenden und dem Protokollführer unterschrieben wurde, und eine Anwesenheitsliste der Teilnehmer einer Sitzung beigefügt ist. Die aufgezeigte

Form ist deswegen so bedeutsam, weil in den Protokollen wichtige Entscheidungen und Aufträge von Gremien (von der kleinsten Vereinsversammlung oder Parteikonferenz bis zum Bundestag) enthalten sind, die für die Zeitgenossen und für die Nachwelt von großer Bedeutung sein können.

Literaturhinweise

ALEMANN, ULRICH VON: Parteien. rororo-spezial. Reinbek 1995
ALEMANN, ULRICH VON: Das Parteiensystem der Bundesrepublik Deutschland. Opladen 2000
GREVEN, MICHAEL TH.: Parteimitglieder. Ein empirischer Essay über das politische Alltagsbewußtsein in Parteien. Opladen 1987
NICLAUß, KARLHEINZ: Das Parteiensystem der Bundesrepublik Deutschland. Paderborn 1995
PARTEIENDEMOKRATIE. Informationen zur politischen Bildung 270. Bonn, Bundeszentrale für politische Bildung
WOYKE, WICHARD (Hrsg.): Parteien und Parteiensystem in Deutschland. Schwalbach/Ts. 2000

Zu Verfahrensregeln in Sitzungen, Versammlungen usw.:
COLBERG, ECKHARD/MÄNNLE, URSULA: Zur Geschäftsordnung. Handeln in Parteien und Organisationen, hrsg. v. d. Bayerischen Landeszentrale für politische Bildung, München o.J.
GÄDE, ERNST-GEORG/LISTING, THOMAS: Gruppen erfolgreich leiten. Empfehlungen für die Zusammenarbeit mit Erwachsenen. 2. Aufl. Mainz 1993

VII. Vereine und Verbände
Gesellschaftliche Aufgaben und Interessen wahrnehmen

Eine Demokratie hat ihren Anspruch verwirkt, wenn sie nicht in der Lage ist, Menschen mit Initiative hervorzubringen. Zum Ehrenamt in der Demokratie gehört ein Stück erfahrener und gelebter Solidarität.

Rita Süssmuth (1937) 1988-1998 Präsidentin des Deutschen Bundestages*

Kurzübersicht Nach den Parteien stellen die Vereine und Verbände ein wichtiges Feld gesellschaftlich-politischen Engagements dar, das teils in Konkurrenz, teils in Verbindung mit neuen Organisationsformen wie Bürgerinitiativen und sozialen Bewegungen steht (siehe B VIII). Baustein VII gibt einen Überblick über das Vereins- und Verbandswesen und die entsprechenden Formen politischer Einflussnahme. Der Einzelne muss nicht zuletzt über deren Innenleben Bescheid wissen, wenn er sich engagieren will (vgl. auch Tipps 41-43, 44).

Vielzahl von Vereinen und Verbänden, aber weniger Bereitschaft für längerfristige ehrenamtliche Aufgaben

Alle sitzen im gleichen Gesellschaftsboot, aber niemand rudert.

Klaus von Beyme, (1934) Politikwissenschaftler*

Während nur relativ wenige Bürgerinnen und Bürger sich entschließen können, einer politischen Partei beizutreten, ist jeder zweite Deutsche Mitglied in mindestens einem Verein. Der Schwerpunkt der Vereinsaktivitäten liegt im Freizeitbereich und bei kulturellen und sozialen Aufgaben. Vor allem politische Interessen verfolgen die über 5 000 Verbände, die so genannten Interessengruppen. Allerdings spüren beide Organisationsformen den Trend zur „Individualisierung", d.h. der Vereinzelung des Menschen in den sozialen Beziehungen und die Veränderungen im Freizeitverhalten. Diese Entwicklung hat zur Folge, dass die Bürgerinnen und Bürger weniger bereit sind, sich längerfristig an eine Organisation zu binden oder gar Aufgaben und Ehrenämter zu übernehmen.

7.1 Rechtsform und Rechtsfähigkeit eines Vereins bzw. Verbandes

Grenze zwischen Verein und Verband fließend

Es ist schwierig, Vereine und Verbände begrifflich abzugrenzen, da Vereine vor allem im überörtlichen Bereich durchaus Verbandscharakter haben können. So sind z.B. verschiedene Sportvereine im Deutschen Sportbund zusammengeschlossen, der die Interessen des Sports gegenüber den politischen Instanzen vertritt.

Rechtliche Rahmenbedingungen

Rein rechtlich gesehen besteht kein Unterschied zwischen Verein und Verband. Der Verband hat in der Regel die Rechtsform eines Vereins. Ihre Gründungsfreiheit stützt sich auf Art. 9 des Grundgesetzes:

> **GG Art. 9 (Vereinigungsfreiheit)**
> (1) Alle Deutschen haben das Recht, Vereine und Gesellschaften zu bilden.
> (2) Vereinigungen, deren Zwecke oder deren Tätigkeit den Strafgesetzen zuwiderlaufen oder die sich gegen die verfassungsmäßige Ordnung oder gegen den Gedanken der Völkerverständigung richten, sind verboten.
> (3) Das Recht, zur Wahrung und Förderung der Arbeits- und Wirtschaftsbedingungen Vereinigungen zu bilden, ist für jedermann und für alle Berufe gewährleistet. Abreden, die dieses Recht einschränken oder zu behindern suchen, sind nichtig, hierauf gerichtete Maßnahmen sind rechtswidrig ...

Während sich die beiden ersten Absätze auf die allgemeine Vereinigungsfreiheit beziehen, hebt Abs. 3 die allgemeine Koalitionsfreiheit hervor, die Gewerkschaften und Arbeitgeberverbände und die ihnen zustehende Tarifautonomie schützt. (Siehe Abschnitt 7.5)

Rechtsfähigkeit eines Vereins bzw. eines Verbandes

Die eigentliche Rechtsform der Vereinigung ist im Bürgerlichen Gesetzbuch (BGB) geregelt. Das BGB enthält in den Paragraphen 21 bis 79 Vorschriften zu Aufbau, Gliederung und Mitgliederrechten. Wichtig für die Handlungsfähigkeit der Vereinigung ist die Form des „eingetragenen Vereins" (e.V.); d.h. die Vereine, die nichtwirtschaftliche Interessen verfolgen, können nach § 21 des Bürgerlichen Gesetzbuches (BGB) die Rechtsfähigkeit einer juristischen Person privaten Rechts erhalten. U.a. ist dadurch der Vereinsvorstand berechtigt, im Auftrage des Vereins Rechtsgeschäfte zu tätigen, für die nur das Vermögen des Vereins haftet, nicht aber die einzelnen Mitglieder.

Umfang der Aktivität und des freiwilligen Engagements in Engagementbereichen

Engagementbereich	Aktives Mitmachen*	Freiwilliges Engagement**
Sport & Bewegung	37%	11%
Schule & Kindergarten	11%	6%
Freizeit & Geselligkeit	25%	6%
Kirche & Religion	10%	5%
Kultur & Musik	16%	5%
Sozialer Bereich	11%	4%
Politik & Interessenvertretung	6%	3%
Berufliche Interessenvertretung	9%	2%
Rettungsdienste & Freiwillige Feuerwehr	5%	2%
Umwelt-, Natur- & Tierschutz	8%	2%
Jugend & Bildung	6%	2%
Gesundheit	5%	1%
Justiz & Kriminalitätsprobleme	1%	1%
Sonstige bürgerschaftliche Aktivität	5%	1%
in mindestens einem Bereich „aktiv" bzw. „engagiert"	66%	34%

Quelle: Freiwilligensurvey 1999, Mehrfachnennungen, keine Addition zu 100%

* außerhalb von Familie und Beruf in Vereinen, Initiativen etc.

** dort auch ohne Bezahlung Aufgaben und Arbeiten übernommen

Aus: Sacrinelli, Ulrich/Gensicke, Thomas: Bürgergesellschaft und Freiwilligenengagement in Deutschland. Demokratietheoretische und empirische Aspekte zum Wandel von Wertorientierungen der modernen Gesellschaft. In: Breit, Gotthard/Schiele, Siegfried (Hrsg.): Werte in der politischen Bildung. Schwalbach/Ts. 2000

7.2 Die gesellschaftlichen und politischen Aufgaben der Vereine

In den Verein ist er getreten, weil ein Freund darum gebeten.

Kurt Tucholsky (1890-1935) Schriftsteller

Unterschiedliche Funktionen

In der Bundesrepublik Deutschland gibt es über 1 Million Vereine, wobei Bürgerinnen und Bürger zum Teil mehreren Vereinen angehören. Allerdings ist Verein nicht gleich Verein. Dass ein Musikverein eine andere Rolle spielt als ein Kleintierzüchterverein, ist offensichtlich. Die folgende Übersicht macht die Vielfalt des Vereinswesens deutlich. Im Einzelnen werden ihnen folgende Aufgaben zugeschrieben:

- kulturelle (z.B. Gesangsvereine, Theatergruppen)
- kommunikative (Förderung des Kontaktes zwischen d. Bürgern)
- soziale (Krankenpflegevereine, Jugend- und Altenclubs, kirchliche Organisationen)
- Integrationsfunktion (z.B. Eingliederung von Neubürgern).

Allerdings werden diese Funktionen sehr unterschiedlich wahrgenommen. So sind z.B. Sportvereine gegenüber ausländischen Mitbürgerinnen und Mitbürgern sehr viel offener als etwa Gesangsvereine.

Politischer Einfluss

Vor allem wird der kommunalpolitische Einfluss der Vereine herausgestellt. So bestimmen die Sportvereine den Sportstättenbau einer Gemeinde mit. Politische Parteien versuchen prominente Vereinsmitglieder als Kandidaten für die Gemeinderatswahl zu gewinnen. Nicht zuletzt lernen Vereinsfunktionäre bei ihrer Tätigkeit, mit Menschen und Entscheidungsverfahren umzugehen und damit die Anfänge des „politischen Geschäfts".

Wer nicht organisiert ist, ist politisch nicht relevant.

Ausspruch eines Verbandsvertreters

7.3 Verbände: Organisierte Interessen

Bezeichnungen

Begrifflich werden diese Gruppierungen in der Regel Interessenverbände oder Interessengruppen genannt. Der Ausdruck „pressure group" hebt auf die politische Teilnahme ab. Die Bezeichnung Lobby kommt von der Vor- und Wandelhalle des Parlaments, in der früher die Verbandsvertreter die Abgeordneten zu beeinflussen suchten.

Funktionen innerhalb des politischen Systems

Innerhalb unseres politischen Systems werden den Verbänden folgende Aufgaben zugeschrieben:

- Bildung und Formulierung von Interessen einer bestimmten sozialen Gruppe (Artikulation)
- Bündelung bzw. Zusammenfassung von unterschiedlichen Interessen innerhalb einer Gruppe durch internen Interessenausgleich (Aggregierung) – z.B. zwischen Groß- und Kleinbauern im Deutschen Bauernverband oder zwischen Arbeitern und Angestellten innerhalb des Deutschen Gewerkschaftsbundes
- Durchsetzung der Interessen gegenüber den politischen Instanzen

Verbandstypen

Die vielen Interessengruppen in der Bundesrepublik lassen sich in folgende sechs Hauptgruppen einteilen:

- Vereinigungen im Wirtschaftsleben und in der Arbeitswelt (z.B. Bundesverband der Deutschen Industrie, Deutscher Gewerkschaftsbund, Verbraucherverbände),

Die Verbände werden sich anpassen und handeln müssen, indem sie die Bedürfnisse ihrer Mitglieder ernster nehmen, ihnen mehr Mitsprache einräumen, mehr Serviceleistungen anbieten, um zu zeigen, daß sie ihr „Geld" wert sind.

*Ulrich von Alemann (*1944) Politikwissenschaftler*

- Vereinigungen im sozialen Bereich (z.B. Wohlfahrtsverbände wie Arbeiterwohlfahrt, Caritasverband, Rotes Kreuz, Mieterbund),
- Vereinigungen im Freizeitbereich (z.B. Deutscher Sportbund),
- Vereinigungen im Bereich der Kultur, Wissenschaft und Religion (z.B.Wissenschaftsverbände, PEN-Club, Kirchen),
- Vereinigungen im Bereich des Umwelt- und Naturschutzes (z.B. Bund für Umwelt und Naturschutz). Die Bürgerinitiativen in diesem Bereich tendieren dazu, allmählich zu Verbänden zu werden und die Rechtsform eines Vereins anzunehmen (siehe B VIII),
- Vereinigungen öffentlicher Körperschaften (Deutscher Städtetag als Vertretung der Städte, Landkreistag).

Gewerkschaften

Innerhalb der Arbeitnehmerorganisationen nimmt der Deutsche Gewerkschaftsbund (DGB) eine dominierende Stellung ein und beansprucht als Einheitsgewerkschaft alle Arbeitnehmer zu vertreten. Allerdings hat der DGB, in dem die verschiedenen Industriegewerkschaften zusammengeschlossen sind, in den letzten Jahren etwa ein Drittel seiner Mitglieder verloren. Die Einzelgewerkschaften reagierten mit dem Zusammenschluss zu

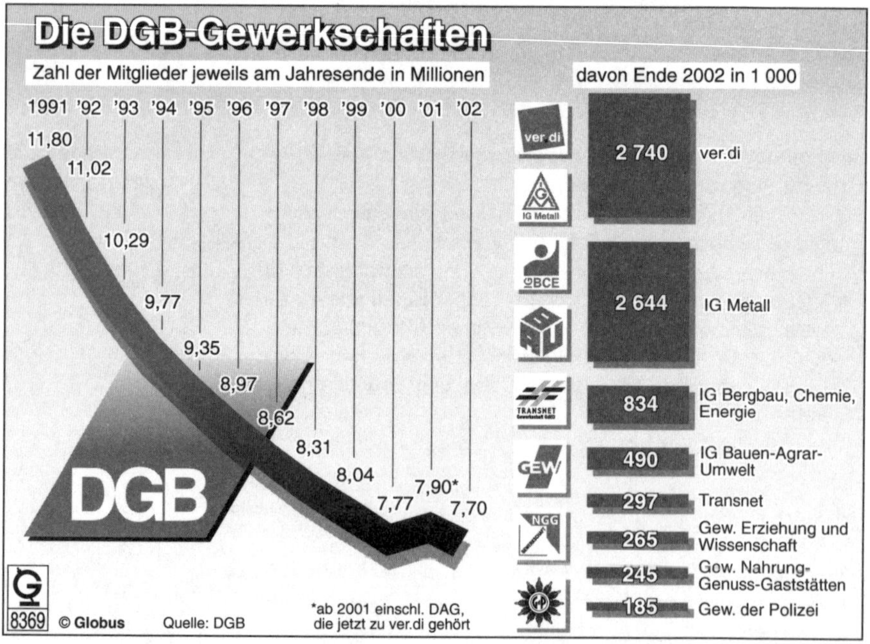

größeren Einheiten. 2001 haben sich die Deutsche Angestelltengewerkschaft (DAG), die Einzelgewerkschaften ÖTV, Postgewerkschaft, Handel/Banken/Versicherungen und die IG Medien zur größten Einzelgewerkschaft mit dem Namen ver.di (Vereinigte Dienstleistungsgewerkschaft) zusammengeschlossen. Sie hat die IG Metall vom ersten Platz innerhalb des DGBs verdrängt.

7.4 Einflussbereiche und Druckmittel der Interessengruppen

Adressaten

Die Interessenverbände wenden sich mit ihren Forderungen an die Parteien, Parlamente, Regierungen und Verwaltungen. Sie suchen die Unterstützung von Presse, Rundfunk und Fernsehen. Es ist ihnen auch zum Teil gelungen, über die Mitgliedschaft in einer Partei ihre Vertreter in Parlamenten, Regierungen und Verwaltungen unterzubringen. Das folgende Schaubild zeigt die Adressaten der Interessengruppen, wobei sowohl die Bundesebene als auch die Ebene der Bundesländer und neuerdings

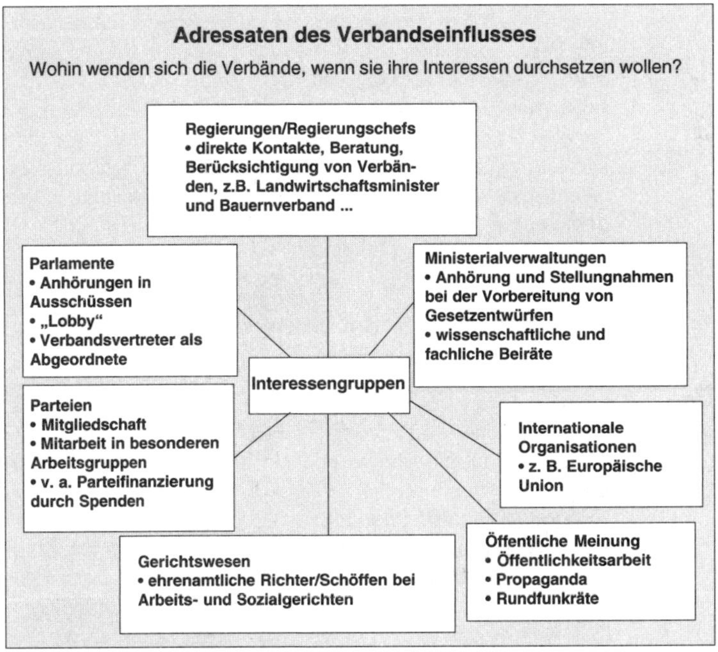

(nach: Ackermann Paul u.a.: Grundwissen Politik. Stuttgart 1995, S. 142)

auch die EU-Ebene je nach Zuständigkeit wichtig sein können. Auch auf der kommunalen Ebene nehmen Verbände Einfluss. Dort sind Bürgermeister, Gemeinderat und Verwaltung die Hauptadressaten der Verbandswünsche. Auch spielen auf dieser Ebene persönliche Beziehungen und Kontakte eine größere Rolle.

Die Europäisierung der Interessenpolitik

Für die Verbände wird die Europäische Union ein immer wichtigerer Adressat. Dies gilt vor allem für die Agrar-, Wirtschafts- und Finanzpolitik, die immer stärker durch die Institutionen der EU bestimmt werden. Durch die Römischen Verträge wurde für die Interessenvertretung der Unternehmer, der Landwirte, der Verkehrsunternehmer, der Arbeitnehmer, der Kaufleute und der freien Berufe der Wirtschafts- und Sozialausschuss (WSA) ins Leben gerufen. Auch wenn er Stellungnahmen gegenüber der Kommission, dem Europaparlament und dem Europäischen Rat abgeben kann, ist sein Einfluss allerdings nur begrenzt. Die Verbände wenden sich vor allem direkt an die Kommission.

Druckmittel und gegenseitige Abhängigkeit

Um ihre Interessen durchzusetzen, haben die Interessenverbände unterschiedliche Druckmittel. So gelten die Unternehmerverbände durch ihre großen finanziellen Mittel und die Gewerkschaften wegen ihrer zahlreichen Mitglieder und damit möglichen Wähler als mächtig, weil sie mit deren Hilfe Druck auf die politischen Parteien ausüben können. Im Gegensatz dazu sind Parteien, Parlament, Regierung und Verwaltung auch von den Interessengruppen abhängig, da sie zunehmend auf die Spezialkenntnisse der Interessenvertreter und Verbandsbürokratien angewiesen sind.

7.5 Tarifautonomie der Gewerkschaften und Arbeitgeberverbände

Rechtsverbindlichkeit der Tarifverträge

Eine besondere Stellung innerhalb der Verbände nehmen die Gewerkschaften und Arbeitgeberverbände ein. Sie üben nicht nur Einfluss auf die staatlichen Instanzen aus, sondern können auch auf Grund von Art. 9 Abs. 3 des Grundgesetzes als Tarifpartner selbstständig (autonom) Löhne und Arbeitbedingungen aushandeln. Ihre Vereinbarungen sind rechtsverbindlich und können bei den Arbeitsgerichten eingeklagt werden. Das Ergebnis der Verhandlungen in den einzelnen Wirtschaftszweigen (z.B. Metallindustrie oder Öffentlicher Dienst) wird in so genannten Tarifverträgen festgelegt.

Gehalts- und Lohntarifverträge

Sie regeln Löhne und Gehälter, Ausbildungsvergütungen, Zulagen und Zuschläge. Ihre Laufzeit beträgt mindestens ein Jahr.

Mantel- oder Rahmentarifverträge

Sie regeln z.B. Arbeitszeit, Pausen, Arbeitsbedingungen, Urlaub, Kündigung, vermögenswirksame Leistungen. Sie gelten in der Regel mehrere Jahre.

Tarifverhandlungen

Tarifverträge können von beiden Seiten zum Ende der vereinbarten Laufzeit gekündigt werden. Die jeweils zuständigen Gewerkschaften (z.B. IG Metall) und Arbeitgeberverbände eines Tarifbezirks (z.B. Nordwürttemberg) treffen sich zu neuen Tarifverhandlungen. Kommt es zu einer Einigung, dann wird das entsprechende Ergebnis in der Regel auf die anderen Tarifbezirke übertragen. Beim Scheitern kommt es zum so genannten Arbeitskampf, über dessen möglichen Verlauf das folgende Schaubild informiert.

Mann der Arbeit aufgewacht! Und erkenne Deine Macht! Alle Räder stehen still, wenn dein starker Arm es will.

Georg Herwegh (1817-1875), Bundeslied des Allgemeinen deutschen Arbeitervereins, 1863

Urabstimmungen

Eine wichtige Voraussetzung für einen Streik ist die Urabstimmung, bei der in der Regel drei Viertel aller Mitglieder der betroffenen Gewerkschaft zustimmen müssen. Ein Streik endet, wenn in neuen Verhandlungen ein Kompromiss gefunden wurde und in einer zweiten Urabstimmung mindestens ein Viertel der Gewerkschaftsmitglieder zustimmt.

Tarifautomomie hat sich bewährt

Die Gewerkschaften konnten auf diesem Wege ein im Vergleich zu anderen Ländern relativ hohes Lohnniveau und sehr viele sonstige Leistungen für Arbeitnehmer durchsetzen. Außerdem hat das System der Tarifautonomie dazu beigetragen, dass es in Deutschland im Vergleich zu anderen Industrieländern relativ wenige Streiks gibt und viele gesellschaftspolitische Probleme auf dem Verhandlungswege gelöst werden können.

7.6 Sonderstellung der evangelischen und katholischen Kirche

Die beiden großen Kirchen, die Evangelische Kirche Deutschlands (EKD) und die Katholische Kirche, die im weiteren Sinn auch zu den Verbänden gerechnet werden können, haben eine Sonderstellung, die historisch bedingt ist. Nach Art. 4 des Grundgesetzes sind die Freiheit des Glaubens, des Gewissens, des religiösen und weltanschaulichen Bekenntnisses und die freie Religionsausübung gewährleistet. Die evangelische und katholische Kirche genießen nach Art. 140 des Grundgesetzes weitergehende Rechte als die übrigen Interessengruppen. Die genannte Grundgesetzbestimmung verweist auf das Weitergelten von Artikeln der Weimarer Verfassung, wo unter anderem zu Religionsgesellschaften steht:

> **WRV Art. 137 (Religionsgesellschaften)**
> (2) Die Freiheit der Vereinigung zu Religionsgesellschaften wird gewährleistet.
> (3) Jede Religionsgesellschaft ordnet und verwaltet ihre Angelegenheiten selbständig innerhalb der Schranken des für alle geltenden Gesetzes…

Besondere öffentliche Rechte und Aufgaben

Als Körperschaften öffentlichen Rechts haben die Kirchen die Rechtssetzungs-, Finanz- und Disziplinargewalt innerhalb ihres Bereichs. Sie dürfen z. B. Kirchensteuer erheben, die von der staatlichen Finanzverwaltung eingezogen wird. Sie haben zudem das Recht, bei der Gestaltung des Religionsunterrichts an öffentlichen Schulen und bei der Besetzung von Lehrstühlen an

Universitäten mitzuwirken. Innerhalb der Gesellschaft nehmen die Kirchen eine Fülle von sozialen Aufgaben wie Kindergärten, Krankenhäuser, Altenheime anstatt oder im Auftrage des Staates wahr.

7.7 Pluralismus – Pluralismuskritik

Interessenausgleich

Eine politische Ordnung, in der politische Entscheidungen durch die Auseinandersetzung zwischen Parteien und Verbänden getroffen werden, nennt man pluralistisches System. Die gegensätzlichen Interessen sollen im Mit- und Gegeneinander der verschiedenen Gruppen einigermaßen ausgeglichen werden.

Herrschaft der Funktionäre?

Wie in den Parteien besteht auch in den Verbänden und Vereinen die Gefahr, dass die wichtigsten Entscheidungen nur von wenigen getroffen werden, was nicht nur an deren Machtbewusstsein, sondern an der Untätigkeit und Teilnahmslosigkeit der Mitglieder liegen kann.

Gruppen ohne Vertretung?

Werden alle Interessen vertreten? Gegenüber den Verbänden sind jene Gruppen benachteiligt, die schwer organisierbar sind und über wenige oder keine Druckmittel verfügen. Beispiele: Kinder, alte Menschen, Arbeitslose, Behinderte.

Wer kontrolliert die Verbände?

In der wissenschaftlichen Diskussion wird auf die Gefahr der „Herrschaft der Verbände" (Theodor Eschenburg) hingewiesen. Wer begrenzt den Einfluss der Verbände? Durch die Macht der Verbände können bestimmte Vorhaben oder Reformen verhindert werden. Ihr Einfluss kann weitgehend nur durch gegenseitige und öffentliche Kontrolle beschränkt werden. Allerdings besteht auch die Gefahr, dass staatliche Institutionen und Verbände zu sehr miteinander verflochten sind.

Interessenvertreter = Leute, die in unserem Namen ihre Interessen vertreten.

Helmut Nahr (1931) Mathematiker und Wirtschaftswissenschaftler*

Tipps zum Tun

T 44

Zur Gründung eines Vereins

Die folgenden Hinweise beziehen sich auf die rechtliche Seite einer Vereinsgründung, wie sie im Bürgerlichen Gesetzbuch (BGB) in den §§ 21-79 geregelt ist, also um die Eintragung eines Vereins in das Vereinsregister, das beim Amtsgericht geführt wird. Gemeint sind natürlich nur Vereine, deren Zweck nicht auf einen rein wirtschaftlichen Geschäftsbetrieb gerichtet ist, also Sport-, Geselligkeits- und Kulturvereine.

Vorteile eines eingetragenen Vereins (e.V.)

Die Vorteile eines so genannten eingetragenen Vereins bestehen darin, dass er Träger von Rechten und Verbindlichkeiten sein kann, also z.B. mit dem Vereinsvermögen haftet, während bei nicht eingetragenen Vereinen jedes Mitglied mit seinem gesamten Vermögen haftet. Oft ist die Eintragung eines Vereins auch Voraussetzung für eine öffentliche Förderung, also für Zuschüsse von der Gemeinde, dem Landkreis oder dem Bundesland.

Voraussetzungen

Die Eintragung ist u.a. an folgende Voraussetzungen gebunden:

- Name, der ihn von anderen am Ort befindlichen Vereinen unterscheidet,
- Zweck und Sitz
- Vorstand und Satzung
- mindestens 7 Mitglieder

Nähere Hinweise und Mustersatzungen sind bei der Gemeindeverwaltung, beim Amtsgericht oder bei einem Rechtsanwalt zu erhalten.

Gemeinnütziger Verein

Außerdem empfiehlt es sich, bei dieser Gelegenheit beim Finanzamt, das in der Regel die näheren Auskünfte erteilt, auch die Gemeinnützigkeit zu beantragen. Deren Vorteil liegt vor allem darin, dass für Spenden eine Quittung ausgestellt werden kann, die beim Lohnsteuerjahresausgleich oder bei der Einkommensteuer-Erklärung berücksichtigt wird.

T 45

Spielregeln für Verbandsvertreter

In den Beziehungen von Interessenvertretern zu Massenmedien, Parteien, Abgeordneten, Beamten und Angestellten der verschiedenen staatlichen Instanzen haben sich Verhaltensregeln herausgebildet, die sich für die Durchsetzung der Verbandsinteressen als besonders günstig erwiesen haben. Diese Regeln gelten in erster Linie für die Bundesebene; sie sind aber mit entsprechenden Modifikationen auch für die Landes- und kommunale Ebene gültig.

Geben und Nehmen

Der Lobbyist darf nicht nur als Bittsteller auftreten; er muss auch seinem Adressaten dadurch von Nutzen sein, dass er neue Informationen mitbringt.

Informationslücken schließen/Informationsvorsprung verschaffen

Parlamentarier und Beamte müssen, wenn sie von einem Interessenvertreter schriftlich oder mündlich informiert werden, den Eindruck haben, dass sie schnell hinzulernen und mehr wissen als andere.

Immer präsent sein

Das bedeutet für den Lobbyisten, immer „am Ball" zu bleiben und seinen „Partnern" in Verwaltung und Parlament frühzeitig neue wichtige Informationen zukommen zu lassen.

Früh anfangen

Die Verbandsvertreter müssen möglichst früh erfahren, was geplant ist, um unverzüglich tätig werden zu können.

Perfekt und umsichtig

Eine Interessenvertretung ist nur dann perfekt, wenn sie auch die Auswirkungen auf andere Gruppen und die Gesamtgesellschaft mitberücksichtigt. Perfekt muss ein Verband auch in der Präsentation seiner Forderungen sein.

Mit Maßen fordern

Interessenvertreter dürfen keine völlig überzogenen und unrealistischen Forderungen stellen.

Durch Glaubwürdigkeit Vertrauen gewinnen

Verbandsvertreter können durch solide, glaubwürdige Arbeit allmählich soviel Zutrauen finden, dass man sie aufgeschlossen und aufmerksam anhört.

Nicht mauscheln und mauern

Nichts wäre gefährlicher für einen Verbandsvertreter, als es mit Tricks und mit einem falschen Spiel zu versuchen.

Klarheit, Offenheit, Selbstbewusstsein

Eine Interessengruppe soll eindeutig und selbstbewusst sagen, woran ihr liegt und worum es ihr geht, in welcher Richtung sie operiert.

Sachverstand über alles

Wer die besseren Argumente hat und sich mit Sachkompetenz, Kreativität und – wenn es eben geht – auch mit Exklusivität hervortut, behauptet und bewährt sich als Lobbyist.

Prägnant und präzise

Die Forderungen, ob schriftlich oder mündlich, sollen prägnant und präzise und zum richtigen Zeitpunkt vorgetragen werden.

Parteipolitische Neutralität

Die Zusicherung von Interessengruppen, dass sie präzise, sachlich fundierte Hilfestellung und vernünftige Lösungen für den Entscheidungsprozess anbieten wollen, würde hinfällig, wenn diese Mitwirkung nicht soweit wie möglich parteipolitisch neutral wäre.

Die richtigen Leute zusammenbringen

Der Erfolg in der Interessenpolitik hängt maßgeblich davon ab, dass man an den verschiedenen Entscheidungszentren die für ein Thema kompetenten Gesprächspartner kennt und sie im richtigen Augenblick zusammenführt.

Unauffällig arbeiten, aber auch öffentlich überzeugen

Es ist zweckmäßig, seine Anliegen möglichst unauffällig gegenüber Abgeordneten und Verwaltung zu vertreten. Wenn dies nicht nützt, ist es notwendig, sich zusätzlich an die Öffentlichkeit zu wenden.

Sparsam mit Gefälligkeiten

Es ist kompliziert, Geschenke zu machen und Gefälligkeiten zu erweisen. Man muss wissen, was man darf und kann. Spesenmachen gehört zwar auch zum Handwerk eines Lobbyisten, aber er muss dabei äußerst dezent vorgehen.

(Klaus von Broichhausen: Knigge und Kniffe für die Lobby in Bonn. München 1982, S. 18f – veränderte und gekürzte Fassung)

Literaturhinweise

ALEMANN, ULRICH VON: Organisierte Interessen in der Bundesrepublik. 2. Aufl. Opladen 1989

BEST, HEINRICH (Hrsg.): Vereine in Deutschland. Vom Geheimbund zur freien gesellschaftlichen Organisation. Bonn 1993

INTERESSENVERBÄNDE. Informationen zur politischen Bildung 253. Bonn, Bundeszentrale für politische Bildung

OTT, SIEGHART: Vereine gründen und erfolgreich führen. Beck-Rechtsberater. 6. Aufl. München 1996

SCHMID, JOSEF: Verbände. Interessenvermittlung und Interessenorganisationen. München 1998

SIEWERT, HANS-JÖRG: Der Verein. Zur lokalpolitischen und sozialen Funktion der Vereine in der Gemeinde. In: Wehling, Hans-Georg (Hrsg.): Dorfpolitik. Opladen 1978, S. 65-83

ZIMMER, ANNETTE: Vereine – Basiselement der Demokratie. Eine Analyse aus der Dritte-Sektor-Perspektive. Opladen 1996

VIII. Bürgerinitiativen – Selbsthilfegruppen – Nichtregierungsorganisationen
Sich für sich und andere einsetzen

Zeichnung: Mohr

Kurzübersicht Bürgerinitiativen, Selbsthilfegruppen und Nichtregierungsorganisationen bilden neue gesellschaftlich-politische Gruppierungen. Sie unterscheiden sich in ihren Zielen und durch ihre offeneren Strukturen von Parteien und Verbänden, haben mit diesen jedoch viele Gruppen- und Organisationsprobleme gemeinsam. Die neuen Gruppierungen sind stärker als Parteien und Verbände auf Informationsbeschaffung und Öffentlichkeitsarbeit (B II und III) angewiesen und haben u.a. im Umgang mit der Verwaltung, in der Mitarbeit bei Planungen und in der Initiierung von Bürgerbegehren (B V, IX, X) Aktionsschwerpunkte.

Selbstverwirklichung und Initiativen, die anderen nutzen, werden in der zweiten Moderne keine Gegensätze mehr sein.

*Ulrich Beck (*1944) Soziologe*

8.1 Neue Formen politischen und sozialen Engagements

Neben den politischen Parteien, Vereinen und Verbänden schließen sich seit Anfang der 70er Jahre zunehmend Bürgerinnen und Bürger zu Bürgerinitiativen und Selbsthilfegruppen zusammen, um ihre politischen Anliegen durchzusetzen, aber

Exempla trahunt.
Beispiele ziehen mit.
Lateinisches Sprichwort

Demokratie lebt vom Ehrenamt.
Theodor Heuss (1949-1959) Bundespräsident

auch, um anderen zu helfen. Die Bereitschaft, sich eher in freien Initiativen als in den traditionellen politischen Organisationen zu engagieren, ist vor allem bei jüngeren Menschen größer. Das hat unter anderem folgende Gründe: Vor dem Hintergrund der bereits erwähnten Tendenz zur Individualisierung (Vereinzelung) wollen sich die Menschen nicht mehr langfristig an eine Organisation binden und setzen sich lieber für eine Sache ein, von der sie direkt betroffen sind und die sie selbst überschauen können. Dazu kommt die Einsicht, dass viele Probleme wie z.B. Umweltschäden zwar lokal angegangen werden müssen, aber nur global zu lösen sind.

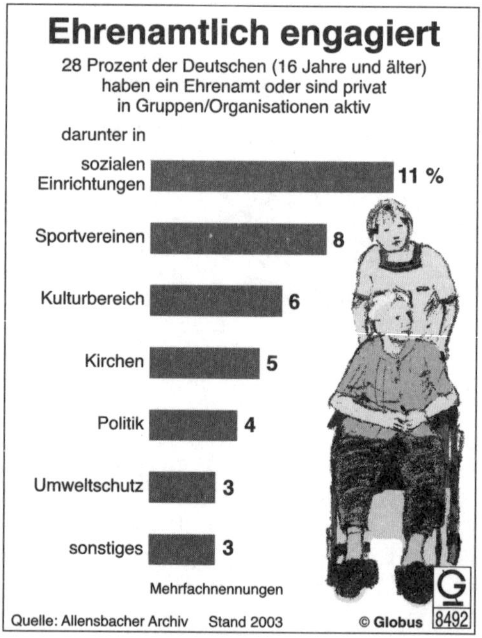

Es gibt nichts Gutes, außer man tut es.
Erich Kästner (1899-1974) Schriftsteller

Vom Ehrenamt zum bürgerschaftlichen Engagement

Insgesamt scheint das Ehrenamt, das freiwillige Engagement im sozialen Bereich, in Kultur, Sport, Umwelt und auch Politik in den vergangenen Jahrzehnten einen durchgreifenden Wandel erfahren zu haben. Neben der oben schon genannten Tendenz zur Individualisierung wird hierfür auch der gesellschaftliche „Trend von den Pflicht- und Akzeptanz- zu Selbstentfaltungswerten" (Helmut Klages) als Ursache angeführt.

Die folgende Tabelle macht den Wandel vom Ehrenamt zum bürgerschaftlichen Engagement deutlich, wobei die Grenzen in der Wirklichkeit fließend sind.

Thema	**Traditionelles Ehrenamt**	**Bürgerschaftliches Engagement (BE)**
Werte, Motivation (warum engagiere ich mich?)	Ich engagiere mich, weil es mir eine innere Pflicht ist.	Wenn ich mich engagiere, dann muss es mir auch Spaß machen.
Begriff	Das Ehrenamt bedeutet mir noch etwas.	Mit dem Begriff Ehrenamt kann ich nicht mehr viel anfangen.
Anerkennung (welche Form sollte sie haben?)	Ehrenbürger/in der Gemeinde zu sein, wäre für mich eine große Auszeichnung.	Es wäre eine schöne Geste, wenn sich die Gemeinde etwas einfallen lassen würde, um das freiwillige Engagement anzuerkennen.
Engagementbereitschaft	Wenn ich Handlungsbedarf sehe, dann werde ich sofort aktiv.	Wenn ich Handlungsbedarf sehe, dann werde ich sofort aktiv.
Eigeninteresse		Wenn ich mich für das Gemeinwohl einsetze, dann muss es mir auch etwas bringen.
Wie gehe ich vor?	Am besten komme ich voran, wenn ich die Sache selbst anpacke.	Man muß nicht alles selbst machen, manchmal reicht es aus, die richtigen Leute anzusprechen.
Umgang mit der Gemeindeverwaltung	Wenn ich ein öffentliches Problem erkenne, dann rufe ich sofort bei der Verwaltung an, damit die sich darum kümmern.	Die Verwaltung spreche ich nur an, wenn ich Informationen oder Hilfe brauche.
Welche Strukturen bevorzuge ich?	Dauerhaft kann ich nur etwas in festen Strukturen (Verein, Verband) bewegen.	Ich engagiere mich gerne projektbezogen. Da weiß ich, dass ich aufhören kann, wenn das Projekt zu Ende ist.

(Arbeitspapier von Ursula Weber, Stabsstelle Bürgerengagement Stadt Reutlingen)

Mit dem Vergleich soll das so genannte alte Ehrenamt nicht abgewertet werden, es sollen nur gesellschaftliche Tendenzen aufgezeigt werden, die auch in der folgenden Umfrage zum Ausdruck kommen.

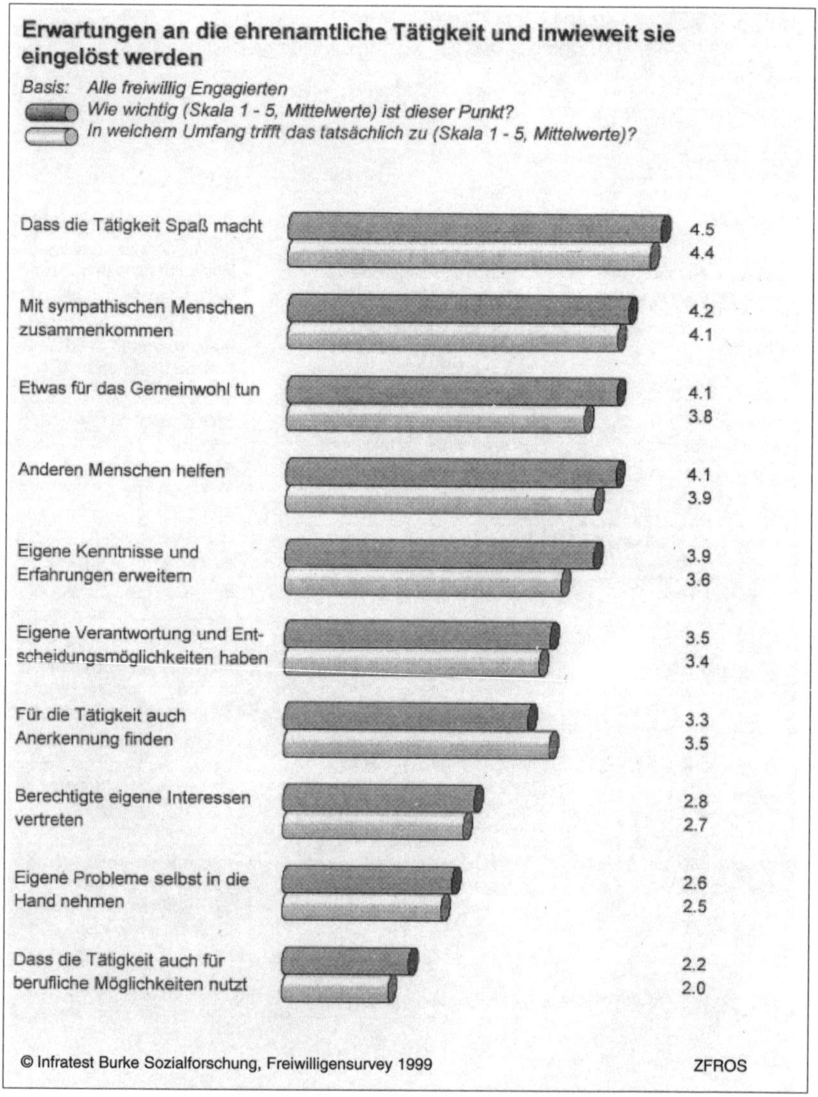

Aus diesem neuen Selbstverständnis der Bürgerinnen und Bürger ändert sich – wenn auch nicht von heute auf morgen – deren Verhältnis zum Staat, dessen Institutionen, vor allem zur Verwaltung. Diese Entwicklungsperspektiven werden im folgenden Schaubild aufgezeigt:

Perspektiven

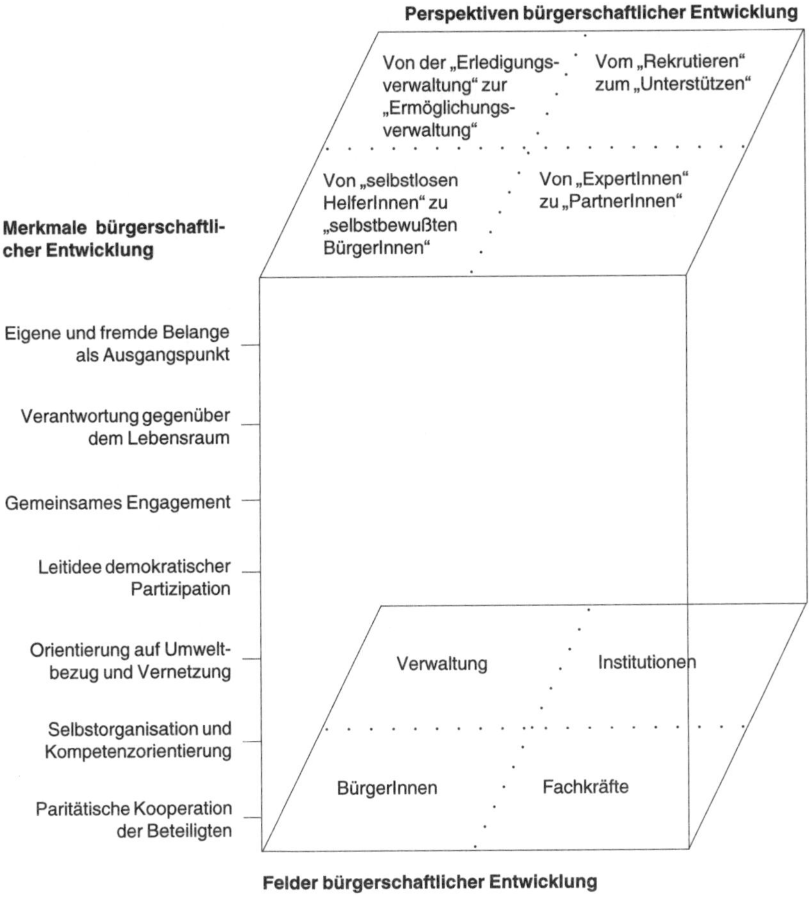

Quelle: WissenschaftlicherJahresbericht des Forschungsverbundes BE (1997)

8.2 Bürgerinitiativen

Begriffsbestimmung

Bürgerinitiativen sind spontane, zeitlich begrenzte, lockere Zusammenschlüsse von Bürgern, die sich von politischen Maßnahmen, Planungen, befürchteten Fehlentwicklungen z.B. im Bereich des Umweltschutzes, der Verkehrsentwicklung oder im sozialen Bereich betroffen fühlen und ihre Ziele und Interessen durch Selbsthilfe oder Öffentlichkeitsarbeit und durch politischen Druck auf die Entscheidungsträger durchzusetzen versuchen.

Umfang

Ihre Zahl, die in den 70er Jahren besonders hoch war, lässt sich nicht genau feststellen. Spitzenschätzungen liegen bei rund 50 000 Bürgerinitiativen mit etwa 1,5 Millionen Mitgliedern. Über die Hälfte der Bevölkerung ist nach Umfragen zumindest bereit, eventuell in einer Bürgerinitiative mitzuwirken, was jedoch nichts über die tatsächliche Aktivität der Menschen aussagt. Diese neue Organisationsform unmittelbarer Interessenvertretung und Selbsthilfe ist auf Problemfeldern entstanden, die anscheinend von Parteien und Verbänden zu wenig wahrgenommen wurden.

FAZ-Zeichnung: Steiger

Politische Motive

Ungefähr die Hälfte der Teilnehmer ist von dem Problem, um das sich eine Initiative kümmert, selbst unmittelbar betroffen. Dies ist z.B. der Fall, wenn sich die Bürger für einen Kindergarten oder für Verkehrsberuhigung in ihrem Stadtteil einsetzen. Etwa ein Viertel ist zwar selbst nicht unmittelbar betroffen, trotzdem interessiert diese Menschen ein bestimmtes Problem grundsätzlich. So kann jemand – ohne dort selbst zu wohnen – gegen den Abbruch alter Wohnhäuser in den Innenstädten sein, weil er der Meinung ist, dass alte Gebäude gepflegt und erhalten werden müssen

Organisationsform

Während in den 70er Jahren noch viele Bürgerinitiativen relativ isoliert wirkten, arbeiten sie heute zum Teil überregional zusammen und unterstützen sich gegenseitig. Besteht eine Bürgerinitiative längere Zeit, so nimmt sie, zumindest rechtlich gesehen, die Form eines eingetragenen Vereins an und wird zum Verband.

Zeichnung: Rabenau

Der „Bundesverband Bürgerinitiativen Umweltschutz e.V. (BBU)" und der politisch einflussreichere „Bund für Umwelt und Naturschutz Deutschland e.V. (BUND)" versuchen die verschiedenen Aktivitäten auf Bundesebene zu koordinieren.

Wichtige überregionale Umweltverbände

Bundesverband Bürgerinitiativen Umweltschutz e.V. (BBU)
Prinz-Albert-Straße 73
53113 Bonn
Tel.: 0228/214032
BBU-Bonn@t-online.de
www.bbu-online.de

Bund für Umwelt und Naturschutz Deutschland e.V. (BUND)
Am Köllnischen Park 1
10179 Berlin
Tel.: 030/275864 - 0
bund@bund.net
www.bund.net

Kontrovers: Was spricht dafür/dagegen, dass Bürgerinitiativen bei wichtigen Entscheidungen beteiligt werden?

Pro
Entscheidungen von weitreichender Bedeutung werden von zentralen Parlamenten getroffen – häufig gegen den Willen der betroffenen Menschen. Wenn Lebensinteressen z.B. durch Atomkraftwerke oder Chemieprodukte unmittelbar bedroht werden, müssen die Bürger ein Recht haben, ihre Belange einzubringen.

Contra
Bürgerinitiativen können z.B. die Frage, ob der Bau von Atomkraftwerken notwendig ist, nicht neutral entscheiden. Ihnen fehlt das notwendige Sachwissen, um eine Entscheidung objektiv beurteilen zu können. Außerdem verlangt die repräsentative Form der Demokratie, dass Entscheidungen von einer gewählten Volksvertretung getroffen werden.
(Wochenschau, Sonderausgabe, April 1994, S. 40)

8.3 Soziale Selbsthilfegruppen

Eine qualitativ andere Organisationsform bilden die sozialen Selbsthilfeorganisationen. Gruppen von Menschen aus dem kommunalen Bereich sowie aus dem Schul-, Arbeits- und Nachbarschaftsbereich bemühen sich selbstständig um die Verbesserung und Humanisierung unserer sozialen Infrastruktur. Sie nehmen sich in Bürgerinitiativen solcher Menschen an, die allein nicht in der Lage sind, ihre Interessen zu vertreten. Sie kümmern

Moral und Gemeinsinn zahlen sich langfristig auch für denjenigen aus, der im Moment meint, ganz persönliche Opfer zu bringen.

Roman Herzog (1934) 1994-1999 Bundespräsident*

sich z.B. um die Probleme von alten Menschen, Jugendlichen und Nichtsesshaften.

Ursachen und Motive

Die Frage nach den Ursachen und Motiven dieser Selbsthilfebewegung ist schwer zu beantworten. Folgendes Ursachenbündel dürfte eine Rolle gespielt haben und heute noch spielen:

- Soziale Notstände
- Streben nach neuen und alternativen Strukturen des gesellschaftlichen Zusammenlebens
- gewachsene soziale Handlungsbereitschaft aktiver Minderheiten.

Der Sozialpsychologe Heiner Keupp betont, die zunehmende Individualisierung führe sogar zu einer „Nachfrage nach verbindlichen neuen sozialen Netzwerken, die Zugehörigkeit und Lebenssinn herstellen".

Deutsche Arbeitsgemeinschaft Selbsthilfegruppen e.V.
Friedrichstr. 28
35392 Gießen
dagshg@gmx.de
www.dag-selbsthilfegruppen.de

Aktionsbereiche

Das Schaubild macht die Aktionsbereiche der Selbsthilfegruppen deutlich, wobei die Grenzen zwischen den einzelnen Lebens- und Problembereichen fließend sind:

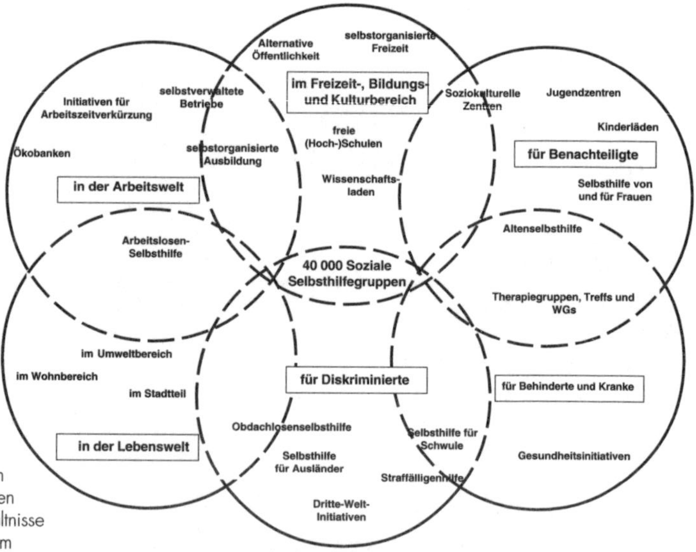

(nach Vilmar, F./Runge, B., in: Claußen, B./Geißler, R.: Politisierung des Menschen. Opladen 1996, S. 285)

Menschen übernehmen Verantwortung, gestalten gesellschaftliche Verhältnisse mit, entwickeln sich vom „Untertanen" zum partnerschaftlich mit dem Sozialstaat Kooperierenden und erwerben die notwendigen Kenntnisse.

Brigitte Runge/Fritz Vilmar

8.4 Von den Bürgerinitiativen zu neuen sozialen Bewegungen

Aus den verschiedenen, meist spontan entstandenen Bürgerinitiativen sind inzwischen so genannte soziale Bewegungen entstanden, die mit politischen Aktionen auf allgemeine gesellschaftlich-politische, wenn nicht sogar globale Probleme und Gefahren wie Krieg, ökologische Risiken, Verletzung der Menschenrechte oder soziale Benachteiligungen (z.B. von Frauen) aufmerksam machen und entsprechende soziale und politische Veränderungen anstreben. Da es sich bei sozialen Bewegungen um ein sehr umfassendes und kompliziertes gesellschaftliches und politisches Phänomen handelt, ist ihre wissenschaftliche Begriffserklärung noch umstritten. Beispielhaft sei folgender Definitionsversuch erwähnt:

Versuch einer Begriffsklärung

> Unter sozialer Bewegung soll ein Prozeß des Protestes gegen bestehende soziale Verhältnisse verstanden werden, ein Prozeß, der bewußt getragen wird von einer an Mitgliedern wachsenden Gruppierung, die nicht formal organisiert zu sein braucht.
>
> *(Rammstedt, Otthein: Soziale Bewegung. Frankfurt/M. 1978, S. 130)*

Neue soziale Bewegungen

Man spricht im Unterschied zu den älteren (z.B. der Arbeiterbewegung) von den Neuen sozialen Bewegungen. Zu ihnen zählen u.a.

- die neue Friedensbewegung,
- die Antiatomkraftbewegung,
- die Ökologiebewegung
- und die Frauenbewegung.

Bürgerbewegungen in der DDR

Nur in Grenzen vergleichbar mit den Bürgerinitiativen und sozialen Bewegungen sind die Bürgerbewegungen in der Auflösungsphase der DDR, die u.a. große Proteste und Demonstrationen initiierten. Sie bildeten die Basis der friedlichen Revolution, die zum Ende des SED-Regimes führte. In diesen Gruppen, die sich außerhalb des von der SED bestimmten Parteiensystems gebildet hatten, spielten Intellektuelle, Pfarrer der evangelischen Kirche, Künstler, Wissenschaftler und Schriftsteller eine führende Rolle.

8.5 Nichtregierungsorganisationen – politisches Handeln auf der internationalen Ebene

Global denken, lokal handeln – „Welt-Bürgerinitiativen" oder „Weltbürger-Initiativen"

Die Beziehungen zu anderen Staaten, die internationale Politik, war bisher Sache der Regierungen, der Außenpolitik. Neuerdings mischen sich zunehmend so genannte „Non Governmental Organizations" (NGOs) in die internationale Politik, in die Politik anderer Staaten und in die Politik der internationalen Organisationen wie z.B. der UNO ein, wo sie auch als Sachverständige gehört werden. Man vertraut nicht mehr auf die staatliche Außenpolitik, sondern setzt auf die Zusammenarbeit und Vielfalt von Bürgerinnen und Bürgern, Interessengruppen, unabhängigen Institutionen und internationalen Organisationen.

Zeichnung: Mohr

Immer mehr Leute beschäftigen sich in ihrer unmittelbaren Umgebung mit globalen Fragen und werden auf lokaler Basis aktiv. Diese Graswurzelbewegungen sind der Politikstil der Zukunft.

Timothy Wirth (1939) Diplomat der USA*

Ob die NGOs nun Greenpeace, amnesty international (ai), Ärzte ohne Grenzen, Weltfrauenkonferenz heißen – längst sind sie zu politischen Kräften im Kampf gegen Umweltverbrechen, Menschenrechtsverletzungen, Krieg und Elend auf der Welt geworden. Die UNO schätzt, das es etwa 50 000 NGOs gibt. Diese Organisationen sind bekannt geworden durch spektakuläre Aktionen wie den Greenpeace-Protest gegen die Versenkung der ausgedienten Ölbohrplattform „Brent Spar" oder das Auftreten der freien Frauenorganisationen auf der Weltfrauenkonferenz in Peking. Sie werden aber getragen durch zähe Alltagsarbeit ihrer Mitglieder vor Ort, z.B. durch die Betreuung eines politisch Gefangenen und Verfolgten durch eine Ortsgruppe von amnesty international. Allerdings ist Greenpeace, die bekannteste dieser Gruppen, keine traditionelle Mitgliederorganisation mit demokratischen Strukturen. Weitgehend über Spenden finanziert greift hier ein professionelles Führungsteam, unterstützt von wissenschaftlichen Experten, globale Umweltprobleme auf. Die Greenpeace-Kontaktgruppen beschränken sich weitgehend auf Öffentlichkeitsarbeit.

In diesem Zusammenhang ist auch die globalisierungskritische Bewegung Attac zu nennen. Attac – die französische Abkürzung für „Vereinigung zur Besteuerung von Finanztransaktionen im Interesse der BürgerInnen" wurde 1998 in Frankreich gegründet und setzt sich heute als weltweite Bewegung – mit 90 000 Mitgliedern in 50 Ländern – für soziale und ökologische Gerechtigkeit im Globalisierungsprozess ein. In Deutschland bildet diese Bildungsbewegung mit starkem Aktionscharakter ein breites gesellschaftliches Bündnis, das von ver.di und der GEW über BUND und Pax Christi bis zu kapitalismuskritischen Gruppen unterstützt wird.

Adressen:

amnesty international
Heerstr. 178
53111 Bonn
info@amnesty.de
www.amnesty.de

Greenpeace
Große Elbstraße 39
22767 Hamburg
mail@greenpeace.de
www.greenpeace.de

terres des hommes
Deutschland e.V.
Ruppenkampstr. 11a
49031 Osnabrück
info@tdh.de
www.tdh.de

Attac-Bundesbüro
Münchener Str. 48
60329 Frankfurt
www.attac.de

Zeichnung: Jens Jeddekoh

Viele kleine Leute an vielen kleinen Orten, die viele kleine Schritte tun, können das Gesicht der Welt verändern.

Afrikanisches Sprichwort

Tipps zum Tun

T 46

Wie kann man Engagierte für bestimmte bürgerschaftliche Initiativen oder Projekte gewinnen?

Die folgenden Hinweise geben Erfahrungen der Arbeitsgemeinschaft Bürgerschaftliches Engagement/Seniorengenossenschaften in Baden-Württemberg wieder, die für die Gründung von Selbsthilfegruppen und z.T. auch von Bürgerinitiativen von Nutzen sein können.

Wozu kann man Bürgerinnen und Bürger gewinnen?

- Für Aufgaben, von deren Wichtigkeit die gegenwärtigen Mitarbeiterinnen und Mitarbeiter selbst überzeugt sind.
- Für Engagement, bei dem es um Solidarität und Hilfe zur Selbsthilfe geht.
- Für Aufgaben und Projekte, die zeitlich überschaubar und begrenzt sind.
- Für Aufgaben, die klar beschrieben und abgegrenzt sind.
- Für ein Engagement, über das man auch selbst bereichert wird.
- Für ein Engagement, über das auch gesprochen werden darf.
- Für Gruppen und Projekte, die fachlich begleitet sind.
- Für Gruppen und Projekte, bei denen der persönliche Austausch der Mitarbeiterinnen und Mitarbeiter untereinander einen festen Platz hat.
- Für Gruppen und Projekte, in denen Bürgerinnen und Bürger mitbestimmen, Verantwortung übernehmen und eigene Ideen einbringen können.

Wen kann man gewinnen?

- Menschen, die zeitlich begrenzte Aufgaben übernehmen.
- Menschen, die klar beschriebene Einzelaufgaben übernehmen.
- Menschen, die sich für eine sinnvoll erscheinende Aufgaben engagieren wollen.
- Menschen, die bereit sind, sich von einer sozialen Aufgabe persönlich und auch zeitlich herausfordern zu lassen.
- Menschen, die sich gerade in einer Umbruchsituation befinden („Neubürger, Umgezogene", Witwen, Witwer, Mütter, deren Kinder aus dem Haus sind, Neurentner, junge Mütter, die ihren Beruf aufgegeben haben und zu Hause sind).

(Landschaft Bürgerschaftliches Engagement. Das Praxis-Handbuch der ARBES. Freiburg 1996, S. 180-182; gekürzte Fassung)

Die „Fünf-Wörter-Methode": Wie wir bei gesellschaftlichen und politischen Aktivitäten Prioritäten setzen können

T 47

Diese Methode ist für ganz unterschiedliche Gruppen und Anlässe geeignet: z.B. bei einer Elternversammlung, bei der ersten Sitzung einer Bürgerinitiative oder des Ortsvereins einer Partei; immer wenn es darum geht, anstehende „offene Fragen" zu benennen, deren Dringlichkeitsgrad festzustellen und eine Rangordnung für die anzustrebenden Lösungen festzulegen.

Dringlichkeitsgrad von Problemen festlegen

1. Schritt: Schreiben Sie fünf Wörter auf, die für Sie die wichtigsten Probleme bzw. Aufgaben in Ihrer Gruppe, Gemeinde benennen.

2. Schritt: Diskutieren Sie in Ihrer Gruppe, in Ihrem Gremium über die verschiedenen Vorschläge mit dem Ziel, sich auf eine gemeinsame Fünfer-Liste zu einigen.

3. Schritt: Suchen Sie eine Einigung darüber, welches Thema Sie als erstes auf der gemeinsamen Fünferliste bearbeiten wollen. Sie können auch eine Prioritätenliste der fünf genannten Aufgaben aufstellen, die jedoch von Zeit zu Zeit überprüft werden sollte.

Hinweis: Beim ersten und zweiten Schritt sollten die verschiedenen Themen erläutert und deren Dringlichkeit begründet werden. Außerdem ist zu berücksichtigen, welche unterschiedlichen Interessen bei einem Problem berührt werden. Nicht zuletzt sollte geklärt werden, wer die anstehenden Probleme lösen bzw. darüber entscheiden kann und wie die Gruppe diesen Entscheidungsprozess beeinflussen kann.

Wie könnte eine Bürgerinitiative ablaufen?

T 48

Das folgende Ablaufmodell zeigt einen Entscheidungsprozess, der von einer Bürgerinitiative in Gang gesetzt wurde. Deutlich werden an diesem Beispiel die organisatorischen Voraussetzungen einer Bürgerinitiative (vgl. Tipps 41, 42, 43, 46) und ihr notwendiges Zusammenwirken mit Massenmedien (Tipps 18-29), Parteien, Fraktionen und Verwaltung (vgl. dazu auch B V, IX und X).

Unterschiedliche Entscheidungsprozesse

Allerdings kann das Modell nur einen von mehreren möglichen Entscheidungsprozessen vorstellen, die je nach Anlass, betroffenen Gruppen und Rahmenbedingungen unterschiedlich verlaufen können. So könnte die besagte Bürgerinitiative etwa in Phase 7 anstatt der angebotenen Kompromisslösung ein Bürgerbegehren mit dem Ziel eines Bürgerentscheids anstreben (vgl. B V).

Ablaufmodell einer Bürgerinitiative

Phase 1: Einzelne Bürger empfinden bestehende Verhältnisse als misslich oder wollen die Verwirklichung öffentlicher Planungen verhindern;

Phase 2: Die Bürger betreiben Öffentlichkeitsarbeit: Flugblätter, Zeitungsanzeigen, Artikel in der Lokalzeitung über das strittige Thema;

Phase 3: Briefe an Verwaltung, Gemeinderat, Fraktionen und Parteien: auf diese erfolgt zunächst keine Antwort;

Phase 4: Gründung einer Bürgerinitiative (Schaffung eines organisatorischen Rahmens, Wahlen, Satzungen), verstärkte Öffentlichkeitsarbeit, Gewinnung von Mitstreitern, Einschaltung von Experten (Gutachten, Expertenbefragungen); bei größerer Resonanz der Bürgerinitiative in der Öffentlichkeit:

Phase 5: Parteien schalten sich ein: größere Publizität, Abgabe von Presseerklärungen, Anfragen an die Verwaltung;

Phase 6: Verwaltung und Mehrheitsfraktion(en) suchen nach Kompromissmöglichkeiten;

Phase 7: Eine der Kompromisslösungen kann an die Stelle der ursprünglichen Planungskonzeption treten. Die Bürgerinitiative muss sich entscheiden, ob sie sich zufrieden geben und sich auflösen oder aber sich anderen Themen zuwenden will.

T 49

Teamarbeit

Zeichnung: Thema im Unterricht, Arbeitsheft 13 (1998)
Hrsg. Bundeszentrale für politische Bildung, Bonn

Sind wir ein gutes Team?

Wo liegen unsere Stärken?
Kenne ich meine eigenen Stärken?
Kenne ich die Stärken der anderen?

Wo gibt es Konflikte?
Wie gehen wir mit Konflikten um?
Womit bin ich unzufrieden?
Fühlen sich die anderen wohl?

Wie organisieren wir unsere Treffen und unsere Arbeit?
Wer übernimmt (gern) was?
Ist die Aufteilung gerecht?

Ist uns unsere Aufgabe klar?
Haben wir einzelne Schritte festgelegt?
Gibt es klare, sinnvolle Absprachen?

Wer hat welche Rolle in unserer Gruppe?
Habe ich das Gefühl mich einbringen zu können?

Nehmen wir uns genug Zeit für Angenehmes, für Pausen und einen Austausch, der über unsere Aufgaben hinausgeht?

Was wünsche ich mir für unsere zukünftige Zusammenarbeit?

Politik und Unterricht 3/2002, S. 25

T 50

Gewaltfreie Aktionen: Prinzipien für eine Konfliktlösung

Wenn Dich das Gesetz zum Arm des Unrechts macht, dann sage ich, brich das Gesetz.

Henry David Thoreau (1817-1862) Schriftsteller und Revolutionär

Die Aktionsmethoden von Gruppen wie Greenpeace, amnesty international oder der Friedensbewegung fußen zum Teil auf den Protestformen des zivilen Ungehorsams, die in der Auseinandersetzung um die Sklaverei und im Freiheitskampf der schwarzen Bevölkerung in den USA entwickelt wurden. Der Begriff „ziviler Ungehorsam" geht auf den Amerikaner Henry David Thoreau (1817-1862) zurück, der es als gerechtfertigt ansah, als ungerecht eingeschätzte Gesetze oder solche, die einen Unrechtszustand stützen, bewusst und öffentlich zu übertreten. Gewaltlose Mittel des Widerstandes wurden von Martin Luther King in der amerikanischen Bürgerrechtsbewegung und von Mahatma Gandhi im indischen Unabhängigkeitskampf entwickelt und erprobt: z.B. Nichtbefolgung von Gesetzen, Streiks, langsames Arbeiten, Boykotts, Go-ins, Sitzstreiks, Hungerstreiks, Blockadeaktionen.

Gefahr der „Entgrenzung des Gewaltbegriffs"

Von konservativen Politikwissenschaftlern wurde auf die Gefahr hingewiesen, dass der Ansatz des zivilen Ungehorsams auch zur Rechtfertigung von Gewalt missbraucht werde. Bei den bewussten Regelverstößen könne es auch zu Gewaltanwendungen kommen, wobei das Gewaltmonopol des Staates und der innere Friede in Frage gestellt würden. Man spricht von der „Entgrenzung des Gewaltbegriffs".

Gewaltlosigkeit bei internationalen Konflikten

Gewaltlose Modelle der Konfliktbearbeitung finden auch auf internationaler Ebene und bei militärischen Konflikten Anwendung mit dem Ziel, durch Gewaltprävention bzw. Gewaltbeendigung die Bedingungen für einen tragfähigen Frieden zu verbessern.

Acht Prinzipien einer Konfliktlösung

Mitarbeiterinnen und Mitarbeiter der Stiftung für Friedens- und Zukunftsforschung in Schweden haben angesichts des Krieges im ehemaligen Jugoslawien acht Prinzipien entwickelt, um Konflikte zu verstehen und zu lernen, gewaltfreie Lösungsmöglichkeiten zu finden. Diese Empfehlungen lassen sich auch auf innergesellschaftliche Konflikte übertragen:

1. Interessen

Versuche Interessen zu erkennen und begnüge dich nicht mit offiziellen Erklärungen!

2. Menschen

Unterscheide zwischen den Menschen und dem Problem!

3. Optionen

Überlege dir viele Handlungsmöglichkeiten, bevor du dich entscheidest, was zu tun ist. Durchdenke nicht nur deinen eigenen Schritt, sondern eine Reihe von möglichen Schritten und Gegenbewegungen!

dpa

Achte darauf, daß das Ergebnis allgemein verbindlichen Kriterien genügt! 4. Kriterien

Es gibt mehrere Wahrheiten. Deine, ihre und vielleicht eine weitergehende. 5. Wahrheit

Beachte die Einheit von Mittel und Ziel! 6. Mittel

Halte Dich an Prinzipien und baue darauf Deine eigene Strategie auf. Verfolge nur solche Ziele, die sowohl für Dich wie für die anderen gut sind, auch wenn die andere Seite sich nicht entsprechend verhält! 7. Prämissen

Macht ist die Fähigkeit, die eigenen Ziele zu erreichen, nicht andere zu bestrafen. 8. Macht

(Zit. nach: Gugel, Günther/Jäger, Uli: Gewalt muß nicht sein. Eine Einführung in friedenspädagogisches Denken und Handeln. Tübingen 1994, S. 91)

Literaturhinweise

BODE, THILO: Die Demokratie verrät ihre Kinder. Stuttgart/München 2003
BUCK, RAINER: Bürger machen Politik. Weinheim 1991
GUGGENBERGER, BERND/KEMPF, UWE (Hrsg.): Bürgerinitiativen und repräsentatives System. Opladen 1984
HERZKA, MICHAEL: Die Menschenrechtsbewegung in der Weltgesellschaft. Bern 1995
FRAUEN IN DEUTSCHLAND. Informationen zur politischen Bildung 254
DIE MACHT DER MUTIGEN, Spiegel spezial Nr.11/1995
ROTH, ROLAND: Demokratie von unten. Neue soziale Bewegungen auf dem Wege zur politischen Institution. Bonn 1994
RUCHT, DIETER: Modernisierung und neue soziale Bewegungen. Deutschland, Frankreich und USA im Vergleich. Frankfurt/M. 1994
RUNGE, BRIGITTE/VILMAR, FRITZ: Handbuch Selbsthilfe. Essen 1988

IX. Mit Verwaltungsbehörden umgehen

Du Erde,
die du auf den
Ziffern schwimmst
des Büros

F. García Lorca (1898-1936) Schriftsteller

Der Genehmigungsantrag. In: Beamticon: der Beamte in der Karikatur, hrsg. v. Peter Doll. Herford 1988, S.33

Kurzübersicht Während sich die Bürgerinnen und Bürger frei entscheiden können, ob sie zum Wählen gehen oder in eine Partei eintreten, kommen sie auf jeden Fall mit Verwaltungsbehörden in Berührung, um ihr alltägliches Leben bewältigen zu können. Deshalb ist es notwendig, dass sie nicht nur Aufgaben, Befugnisse und Verfahrensweisen der Verwaltung kennen, sondern auch wissen, wie sie mit Behörden umgehen können und sollen, und nicht zuletzt, wie sie sich gegen deren Entscheidungen und Maßnahmen wehren können.

Bei Verwaltungsentscheidungen, die mehrere Personen betreffen, ist zu überlegen, ob nicht ein gemeinsames Vorgehen sinnvoll sein könnte (vgl. B III, VII, VIII).

9.1 Bürgerinnen und Bürger in einer verwalteten Welt

Allgegenwart der Bürokratie

„Von der Wiege bis zur Bahre: Formulare, Formulare." Dieser Spruch macht deutlich, dass es die Bürgerinnen und Bürger während ihres ganzen Lebens mit Verwaltungsvorgängen zu tun haben, die oft mit dem Ausfüllen von Formularen verbunden sind. Allerdings bleibt die Bürokratie nicht nur auf den staatlichen Bereich beschränkt: Wir finden sie genauso in Industriebetrieben, Versicherungen, Banken und Großorganisationen wie z.B. Verbänden. Der Soziologe Theodor W. Adorno sprach von einer verwalteten Welt.

Was nicht in den Akten ist, ist nicht in der Welt.
Sprichwort

Bürokratie
Das Wort Bürokratie (d.h. Schreibtischherrschaft) entstand in der Mitte des 18. Jahrhunderts zunächst als Schimpf- und Spottbezeichnung. Im positiven Sinne bedeutet Bürokratie eine fortgesetzte, planmäßige, formal geregelte Tätigkeit in Großorganisationen und Institutionen.

Bürokratie wird meistens negativ bewertet. Als „bürokratisch" wird vor allem die engstirnige, streng formalisierte, die Wirklichkeit zu wenig beachtende Erledigung von persönlichen und gesellschaftlichen Angelegenheiten bezeichnet. Mit Recht betont jedoch der Politikwissenschaftler Theodor Eschenburg: „Der Bürger stöhnt zwar über die Allmacht und Unkontrollierbarkeit der Bürokratie, ohne die er aber andererseits in einer modernen, arbeitsteiligen, industriellen Massengesellschaft nicht existieren kann."

Bürokratie ist Mittel. Aber sie tendiert, sich zum Selbstzweck zu machen.
Karl Jaspers (1883-1969) Philosoph

„Verwaltungsstaat"

Der einzelne Bürger erlebt den Staat mehr oder weniger als Verwaltung. Dabei sind die Verwaltungstätigkeiten sehr unterschiedlich, wie z.B. Ausstellung eines Personalausweises, eine Gaststättenerlaubnis, die Einberufung eines Wehrpflichtigen, ein Steuerbescheid, die Auszahlung der Sozialhilfe, eine Baugenehmigung. Die Verwaltung stellt die zentrale Tätigkeit des modernen Staates dar. „Herrschaft im Alltag ist primär Verwaltung", wie der Soziologe Max Weber formuliert hat.

Öffentliche bzw. staatliche Verwaltung
Staatliche Verwaltung erbringt öffentliche Dienstleistungen aller Art; sie bereitet die von den Parlamenten und Regierungen festzulegenden politischen Zielsetzungen vor, gestaltet sie und führt sie aus. Verwaltung wurde daher auch als „arbeitender Staat" oder die „organisierende Arbeit des Staates" (Lorenz vom Stein) bezeichnet.

Einstellungen

Verwaltung ist der Politik, den Parlamenten und Regierungen auf den verschiedenen Ebenen und der Rechtsprechung untergeordnet. Allerdings wird nicht selten auf die Gefahr der Verwaltungsallmacht hingewiesen. Mit „Spott, Angst und Vertrauen" hat ein Verwaltungswissenschaftler die unterschiedlichen Haltungen der Bürgerinnen und Bürger gegenüber der staatlichen Verwaltung charakterisiert. Gespottet wird über die zum Teil umständlichen Verfahren; Angst erzeugen die oft komplizierten rechtlichen Bestimmungen.

Schriftlichkeit des Verfahrens

Vor allem die Tatsache, dass die Verwaltungsverfahren in der Regel schriftlich durchgeführt werden, stößt auf Misstrauen, wenn nicht sogar auf Ablehnung. Einerseits haben wir Angst, uns durch eine schriftliche Erklärung, die dazu noch in den Akten aufbewahrt wird, endgültig festzulegen, andererseits gibt uns die Schriftlichkeit des Verfahrens eine gewisse Sicherheit, die uns vor willkürlichen Änderungen bewahrt. Trotz dieser Bedenken gibt es in der Bevölkerung auch viel Vertrauen, dass es die Verwaltung schon richtig macht.

Machard

9.2 Aufgabenbereiche und Personal des öffentlichen Dienstes

Wir kommen der Bedeutung der Verwaltung, die auch öffentlicher Dienst genannt wird, näher, wenn wir ihre Aufgaben beschreiben. Man kann folgende Bereiche unterscheiden:

Ordnungsverwaltung

- Die Ordnungsverwaltung soll die innere und die äußere Ordnung gewährleisten (z.B die Anordnung eines bestimmten Verhaltens im Straßenverkehr, Feststellung von Personalien, Ausstellung von Pässen und Visa, Erhebung von Zollgebühren).

Leistungsverwaltung

- Leistungsverwaltung, z.B. Sicherstellung der Wohlfahrt des Einzelnen und der Allgemeinheit durch Gesundheitsvorsorge wie Impfung, Umweltschutzvorschriften, Hilfen für Bedürftige, kulturelle Förderungen.

- Planende Verwaltung arbeitet den politischen Führungsspitzen durch Informationen und Planungen (z.B. Raum-, Bildungs-, Finanzplanung) zu.
- Die besondere Verantwortung der Angehörigen des öffentlichen Dienstes wird im Grundgesetz hervorgehoben.

Planende Verwaltung

Verwaltungspersonal

Öffentlicher Dienst, Berufsbeamtentum

GG Art. 33

(4) Die Ausübung hoheitlicher Befugnisse ist als ständige Aufgabe in der Regel Angehörigen des öffentlichen Dienstes zu übertragen, die in einem öffentlich-rechtlichen Dienst- und Treueverhältnis stehen.

(5) Das Recht des öffentlichen Dienstes ist unter Berücksichtigung der hergebrachten Grundsätze des Berufsbeamtentums zu regeln.

Öffentlicher Dienst

Berufsbeamtentum

Der öffentliche Dienst besteht in Deutschland aus drei Gruppen: den Arbeitern, Angestellten und Beamten. Den letzteren sollen vor allem hoheitsrechtliche Aufgaben vorbehalten bleiben. Zu den „hergebrachten Grundsätzen des Berufsbeamtentums" (Art. 33 GG) rechnet man u.a. fachliche Vorbildung, hauptberufliche Tätigkeit, lebenslange Anstellung, Pflicht, Treue und Gehorsam gegenüber dem Dienstherrn und nicht zuletzt überparteiliche Amtsführung. Nach § 52 des Beamtengesetzes hat „der Beamte dem ganzen Volk, nicht einer Partei zu dienen. Er hat seine Aufgaben unparteiisch und gerecht zu erfüllen..." Die Unabhängigkeit des Beamten wurde auch dadurch gesichert, dass er auf Lebenszeit ernannt wird, d.h. nur auf Grund eines Gerichtsurteils vor Erreichen der Altersgrenze entlassen werden kann, und er nach seiner Dienstzeit Anspruch auf Pension hat. Der Anteil der Beamten im über zwei Millionen Personen umfassenden öffentlichen Dienst beträgt etwa 35%. Es wird allerdings diskutiert, ob viele Aufgaben in der Verwaltung nicht auch von Angestellten erledigt werden könnten. So ist umstritten, ob das Lehramt an Schulen eine „hoheitliche Aufgabe" darstellt, die einen Beamtenstatus rechtfertigt. Es wird überlegt, wie man die Arbeitseffektivität der Verwaltung verbessern und die Kostenbelastung durch den öffentlichen Dienst (z.B. Pensionszahlungen) senken kann.

Der pluralistische Staat mit seinen mannigfaltigen und gegensätzlichen Kräften bedarf einer disziplinierten und loyalen Beamtenschaft, die sich bewußt von den Auseinandersetzungen und den rivalisierenden Kräften distanziert.

Theodor Eschenburg (1904-1999) Politikwissenschaftler

Ob großes oder kleines Amt:
Gehorsam sind wir allesamt.
Die Mienen ernst, die Scheitel licht,
tun wir laut Vorschrift unsre Pflicht.

Josef Weinheber (1892-1945) Schriftsteller

9.3 Gleichstellung der Frauen

Im Grundgesetz heißt es seit 1994 in Art. 3 Abs. 2: „Der Staat fördert die tatsächliche Durchsetzung der Gleichberechtigung von Frauen und Männern und wirkt auf die Beseitigung bestehender Nachteile hin" (siehe B I). Diese Gleichberechtigung ist bisher nicht nur in der Gesellschaft allgemein, sondern auch im öffentlichen Dienst noch nicht erreicht worden. Die Statistik zeigt, dass Frauen im öffentlichen Dienst, vor allem in höheren Positionen, unterrepräsentiert sind.

Schoenfeld-Karikatur: Bei uns hat jeder eine Chance

Öffentlicher Dienst: Frauen auf dem Vormarsch

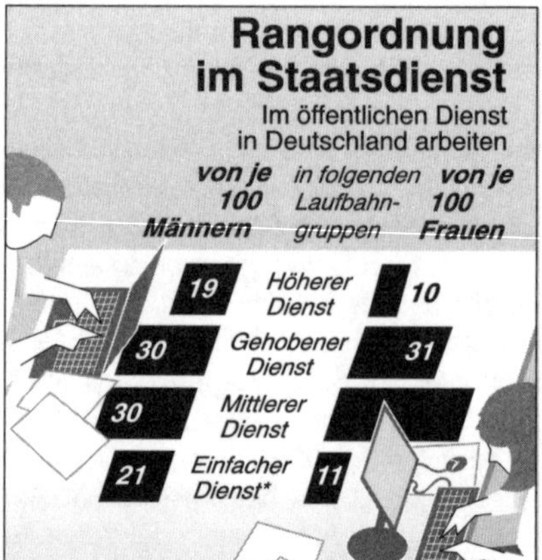

Fördermaßnahmen

In den letzten Jahren wurde versucht, die Chancengleichheit der Frauen unter anderem durch folgende Maßnahmen zumindest zu verbessern:

- Bildung von Frauenministerien auf Bundes- und Landesebene;
- Beschluss von Gleichberechtigungsgesetzen;
- Frauenförderpläne, die z.B. folgende verbindliche Zielvorgaben haben:

- den Frauenanteil in der Verwaltung zu erhöhen;
- die Vereinbarkeit von Familie und Beruf durch Teilzeitarbeit, flexible Arbeitszeiten und Beurlaubung zu erleichtern sowie den beruflichen Wiedereinstieg und Fortbildungsmaßnahmen zu ermöglichen.

Frauenbeauftragte/ Gleichstellungsstellen

In den meisten Kommunalverwaltungen gibt es inzwischen Frauenbeauftragte oder Gleichstellungsstellen. Sie bilden zum einen eine Anlaufstelle für die in der Verwaltung Beschäftigten und informieren und beraten zum anderen alle Bürgerinnen und Bürger bei Frauen- und Familienproblemen. Allerdings sind die Kompetenzen, organisatorische Zuordnungen, finanzielle und personelle Ausstattungen innerhalb der Verwaltungen sehr unterschiedlich geregelt. Die folgenden Grundsätze geben eine Übersicht über die entsprechenden Forderungen und Problemstellungen:

Grundsätze zur Errichtung von Frauenbeauftragtenstellen

Oberste Maxime bei der Einrichtung von Frauenbeauftragtenstellen sollte sein:
- klarer Status
- klare Aufgaben
- klare Kompetenzen

Organisation/Ansiedlung:
- Enge Anbindung an das politische System, da es nicht vorrangig um die Erfüllung von Verwaltungsaufgaben geht.
- Einrichtung eines Frauenamtes, zumindest aber einer Stabsstelle bei der/dem Oberverwaltungsbeamtin/en.
- Ansiedlung und Eingruppierung der Frauenbeauftragten auf der Führungsebene (der Status entscheidet mit über Einflußmöglichkeiten).

Ausstattung:
- ausreichende personelle Besetzung
- eigenständiger Etat

Kompetenzen:
- Befugnisse mit tatsächlichen Kontrollfunktionen:
  - Mitwirkungs- und Mitzeichnungsrecht bei Verwaltungs-, Kommunalparlaments- und Ausschußvorlagen;
  - Vetorecht;
  - Informations- und Akteneinsichtsrecht;
  - Rede- und Antragsrecht in allen Gremien des Kommunalparlaments;
  - Recht zur eigenen Stellungnahme;
  - Mitwirkungs- und Mitentscheidungsrecht bei Personalentscheidungen.
- Weisungsunabhängigkeit von Gemeinderat und Verwaltungsspitze;
- eigenständige Öffentlichkeitsarbeit.

(Payer, Silvia: Der lange Weg zur Gleichberechtigung. In: Handbuch Kommunale Politik. Stuttgart 1995, II/H.14.1 S.16)

9.4 Aufbau der Verwaltung in der Bundesrepublik Deutschland

Als föderaler Staat hat die Bundesrepublik keine Einheitsverwaltung; ihre Verwaltung ist vielmehr auf drei Ebenen verteilt: Bundes-, Landes- und Gemeindebehörden. Für den Bürger ist dieses System zum Teil schwer zu durchschauen.

Am meisten kommt er mit den Kommunalbehörden (Gemeinden und Landkreis) in Berührung, denen nach dem Grundgesetz das Recht auf Selbstverwaltung garantiert ist:

„Allzuständigkeit" der Gemeinden

> **GG Art. 28 Abs. 2**
> Den Gemeinden muß das Recht gewährleistet sein, alle Angelegenheiten der örtlichen Gemeinschaft im Rahmen der Gesetze in eigener Verantwortung zu regeln.

Kommunalverwaltung

Das Prinzip der „Allzuständigkeit" der Gemeinden ist durch viele Bundes- und Landesgesetze eingeschränkt. Zu den kommunalen Aufgaben gehören u.a. die Bauleitplanung, Wasserversorgung, Abfallbeseitigung und kulturelle Einrichtungen. Allerdings sind den Gemeinden von der Bundesebene Aufgaben übertragen worden (Auftragsangelegenheiten), die für den Alltag der Bürgerinnen und Bürger sehr wichtig sind. Darunter fällt etwa das Melde- und Passwesen, also z.B. die Anmeldung von Geburten und Todesfällen oder die Ausstellung von Personalausweisen und Pässen. Die Übersichten auf der folgenden Seite zeigen die Fülle der Verwaltungsaufgaben der Gemeinden. Ein Teil der Gemeinden hat inzwischen alle Aufgaben, die den Bürger direkt betreffen, in so genannten Bürgerämtern zusammengefasst.

Geht Dir der Rat aus, geh aufs Rathaus.
Inschrift am Frankfurter Rathaus, dem „Römer"

Bürgeramt

Bürgerbüros

Alle Gemeindeverwaltungen unterhalten Informationsstellen, bei denen Bürgerinnen und Bürger erfahren, an wen in der Verwaltung sie sich wenden können. Dazu kommen zum Teil noch ehrenamtliche „Bürgerbüros", die den Einzelnen bei vielen Alltagsproblemen unterstützen, so auch beim Kontakt mit der Verwaltung (siehe B VIII).

Beispiel für eine Organisationsübersicht für Stadtverwaltungen

Chef der Verwaltung: Bürgermeister oder Stadtdirektor

1 Allgemeine Verwaltung
10 Hauptamt
11 Personalamt
12 Statistisches Amt
13 Presseamt
14 Rechnungsprüfungsamt

2 Finanzverwaltung
20 Stadtkämmerei
21 Stadtkasse
22 Stadtsteueramt
23 Liegenschaftsamt
24 Amt für Versicherungslasten

3 Rechts-, Sicherheits- und Ordnungsverwaltung
30 Rechtsamt
32 Amt für öffentliche Ordnung
33 Einwohnermeldeamt
34 Standesamt
35 Versicherungsamt
36 Feuerwehr
37 Amt für Zivilschutz

4 Schul- und Kulturverwaltung
40 Schulverwaltungsamt
41 Kulturamt

5 Sozial- und Gesundheitsverwaltung
50 Sozialamt
51 Jugendamt
52 Sportamt
53 Gesundheitsamt
54 Amt für Krankenanstalten
55 Ausgleichsamt

6 Bauverwaltung
60 Bauverwaltungsamt
61 Stadtplanungsamt
62 Vermessungs- und Katasteramt
63 Bauordnungsamt
64 Amt für Wohnungswesen
65 Hochbauamt
66 Tiefbauamt
67 Garten- und Friedhofsamt

7 Verwaltung für öffentliche Einrichtungen
70 Stadtreinigungsamt
71 Schlacht- und Viehhof
72 Marktamt
73 Leihamt
74 Bäderamt

8 Verwaltung für Wirtschaft und Verkehr
80 Amt für Wirtschafts- und Verkehrsordnung
81 Eigenbetriebe
82 Forstamt

(Wolfgang Gisevius: Leitfaden durch die Kommunalpolitik. Bonn 1994, S. 55, zit. nach: WOCHENSCHAU Nr. 1, 1996 (Sek. I), S. 83)

Die Gemeinde im Alltag

A
Abbruch von Gebäuden
Abwasserbeseitigung
Altenbetreuung
An-/Ab- und Ummeldungen
Aufgebot
Ausländerangelegenheiten

B
Baugenehmigungen
Beglaubigungen
Bestattungswesen

E
Eheschließung
Einbürgerungen
Entwässerung

F
Fahrausweise für Schüler
Führungszeugnis
Fundbüro

G
Geburtenanmeldung
Gewerbegenehmigungen
Grundstücksverwaltung

H
Haushaltsbescheinigung für Kindergeld
Heizungsbeihilfen
Hundesteuer

K
Kinderausweise
Kindergärten

L
Lärmbekämpfung

M
Müllabfuhr

N
Namensänderungen
Naturschutz

O
Obdachlose
Öffentlichkeitsarbeit

P
Pachtwesen
Passangelegenheiten
Personalausweise
Polizeiliche Führungszeugnisse

R
Rentenanträge
Rentenversicherung

S
Schulangelegenheiten
Sozialer Wohnungsbau
Sozialhilfe
Sozialversicherung
Spendenbescheinigungen
Sperrmüllabfuhr
Sportanlagen (Verwaltung)
Sportliche Ehrungen
Sportförderung

U
Unterschriftsbeglaubigungen

V
Verkehrsplanung
Versicherungskarten

W
Wohngeld

Der Aufbau der bundeseigenen Verwaltung

Wenn nach einem groben Vergleich die Tätigkeit des eigentlichen Regierens der des Architekten, die der Verwaltung der des Bauhandwerkers entspricht, so nützt der beste Architektenentwurf nichts, wenn die Bauhandwerker nichts taugen.

Theodor Eschenburg (1904-1999) Politikwissenschaftler

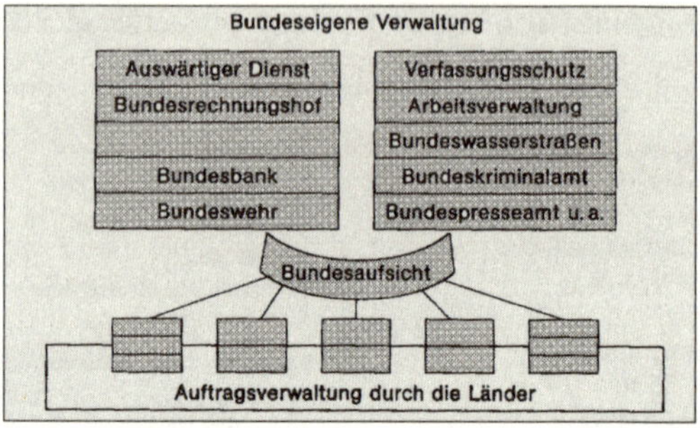

Die Schaubilder zeigen die Aufgabenverteilung für die verschiedenen Ebenen der Verwaltung, wobei der Hauptanteil der Aufgaben bei den Bundesländern liegt.

Der Aufbau der ländereigenen Verwaltung

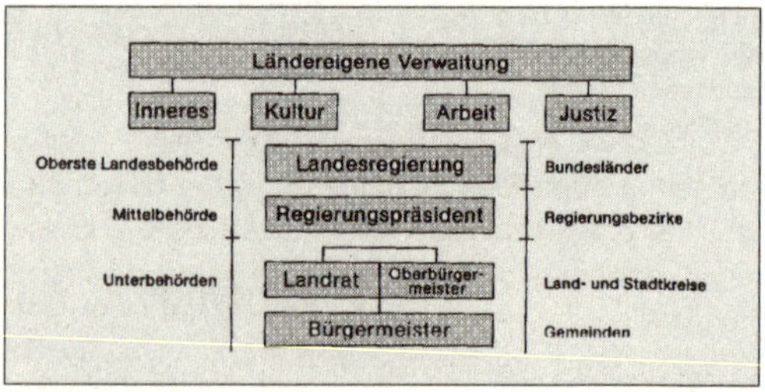

Die Bundesländer als wichtigste Verwaltungsebene

Die Landesverwaltung führt die Gesetze aus, die im eigenen Landesparlament beschlossen werden. Der große Verwaltungs- und Personalaufwand der Bundesländer ergibt sich vor allem aus deren Zuständigkeit für die Bildungspolitik, also Schulen und Hochschulen, und für Justiz und innere Sicherheit (z.B. Polizei). Der Bund, der im Vergleich zu den Ländern mit einem relativ kleinen Verwaltungsapparat ausgestattet ist, kann die Länder auch beauftragen, bestimmte Aufgaben für ihn zu erfüllen. So wird z.B. der Bau von Autobahnen durch das Bundesministerium für Verkehr in Zusammenarbeit mit dem Land, durch das die Autobahn führen soll, geplant. Das Bundesland erhält den Auftrag, die Durchführung der Bauarbeiten zu verwalten.

Bundesebene

Da die Bundesebene einen Teil ihrer Aufgaben an die Bundesländer und Gemeinden delegiert, ist sie verwaltungsmäßig weitgehend ohne Unterbau. Nur die Bundesministerien für Verteidigung und für Finanzen haben auf der Landes- und Gemeindeebene eigene Verwaltungen. In diesem Zusammenhang ist zu bemerken, dass der Bund die ursprünglich zur bundeseigenen Verwaltung gehörenden Bereiche Post und Bundesbahn zum großen Teil privatisiert hat.

9.5 Verwaltungsprinzipien

Verwaltungsvorgänge werden für den Bürger immer komplizierter. Um sie etwas durchschaubarer zu machen, erläutern wir einige wichtige Grundsätze, nach denen staatliche Verwaltungen funktionieren.

Was ist ein Verwaltungsakt?

Verwaltungsakt
„Verwaltungsakt ist jede Verfügung, Entscheidung oder andere hoheitliche Maßnahme, die eine Behörde zur Regelung eines Einzelfalls auf dem Gebiet des öffentlichen Rechts trifft und die auf unmittelbare Rechtswirkung nach außen gerichtet ist" (§35 Verwaltungsverfahrensgesetz).

Beispiele

Der Verwaltungsakt ist ein rechtlicher Begriff, der sich als solcher in behördlichen Schreiben nicht findet. In behördlichen Schreiben tritt er unter verschiedenen Bezeichnungen auf, z.B. als Bescheid, Genehmigung, Beschluss, Regelung, Erlaubnis, Befreiung (z.B. eine Baugenehmigung, Bescheid über Sozialhilfe für eine Person, ein Steuerbescheid). Er ist also zu unterscheiden von einem Gesetz oder einer Verordnung, die nicht einen Einzelfall behandeln, sondern möglichst alle künftigen Fälle verbindlich regeln will. Im Gegensatz zum Privatrecht, das die Beziehungen zwischen Bürgern regelt, die sich normalerweise gleichberechtigt gegenüberstehen, umfasst das öffentliche Recht

alle Rechtsbeziehungen, die auf den Staat oder andere mit hoheitlicher Gewalt ausgestattete Stellen hin ausgerichtet sind. Während ein Bürger in privatrechtlichen Streitigkeiten seinen Anspruch gegenüber einem anderen nur mit Hilfe von Gerichten durchsetzen kann, stellt der Verwaltungsakt eine für den Bürger unmittelbar verbindliche Regelung dar. Allerdings gibt es für ihn mehrere Möglichkeiten, sich dagegen zur Wehr zu setzen (siehe Tipps 51, 52, 53, 54, 57, 58).

Zuständigkeit und Hierarchie

Für die Bürgerinnen und Bürger ist es oft schwer zu verstehen, dass bestimmte Behörden nur für bestimmte Fragen zuständig sind und dass sie oft nicht selbstständig entscheiden können, sondern bei der Leitung eines Amtes oder bei der höheren Behörde nachfragen müssen. Die einzelnen Behörden sind an festgelegte Zuständigkeiten gebunden und dürfen nur innerhalb ihrer Zuständigkeit handeln. Durch diese Regelung werden Doppelarbeit und Abstimmungsschwierigkeiten vermieden. Dies ist auch im Interesse der Bürger, die dann wissen, wer jeweils zu entscheiden hat. Auch innerhalb der Behörde sind die Entscheidungsbefugnisse einigermaßen klar geregelt. Für den Innenbereich gibt es eigene Verwaltungsvorschriften. Die letzte Weisungsbefugnis liegt in der Regel beim Behördenvorstand, der die Behörde nach außen vertritt und an dessen Weisungen sich alle Bediensteten halten müssen.

Gesetzmäßigkeit der Verwaltung

Der Verwaltung wird oft vorgeworfen, sie sei unbeweglich. Dieser zum Teil berechtigte Vorwurf ist daraus zu erklären, dass die Behörden nicht frei oder gar spontan entscheiden können. Die öffentliche Verwaltung ist an Gesetz und Recht gebunden. Nach dem Prinzip der Gesetzmäßigkeit der Verwaltung darf die Verwaltung einerseits nicht gegen bestehende Gesetze verstoßen (Vorrang des Gesetzes), andererseits benötigt die Verwaltung für den Eingriff in Belange des einzelnen Bürgers eine gesetzliche Grundlage (Vorbehalt des Gesetzes). Ein Bescheid einer Verwaltung z.B. über ein Bußgeld oder über die Ablehnung eines Antrages muss daher in der Regel einen Hinweis enthalten, in dem das Gesetz bzw. die Rechtsverordnung, auf dem die Entscheidung beruht, mit Angabe der entsprechenden Paragraphen genannt wird.

Auf gesetzliche Grundlage achten

Durch den „Vorbehalt des Gesetzes" wird deutlich, dass eine Behörde ohne gesetzliche Grundlage überhaupt nicht handeln kann. Durch den Vorrang des Gesetzes wird das Verwaltungshandeln selbst an Recht und Gesetz gebunden. Da für die

Gesetze letztlich das Parlament zuständig ist, wird durch die genannten Prinzipien auch herausgestellt, dass die Verwaltung der Kontrolle durch das Parlament unterworfen ist. Die Gesetzesbindung der Verwaltung spielt auch im Verhältnis der Verwaltung zur Judikative eine Rolle. Die Verwaltungsgerichte können entscheiden, ob die Verwaltung im Einzelfall rechtmäßig gehandelt hat.

Erik Liebermann

Ermessens-spielraum

Da die Gesetze nicht jeden Einzelfall genau regeln können, wird der Behörde ein Ermessen eingeräumt. Eine Behörde „kann" z.B. entscheiden, ob eine Demonstration stattfinden darf oder nicht, wenn die Gefahr von Ausschreitungen besteht. Allerdings muss bei dieser Ermessensausübung das Prinzip der Verhältnismäßigkeit berücksichtigt werden. Ein Verbot einer Demonstration auf dem Marktplatz eines Ortes wäre wohl nicht gerechtfertigt, nur weil sich einige Anwohner in ihrer Ruhe gestört fühlen.

Tipps zum Tun

T 51

Allgemeine Ratschläge zum Umgang mit der Verwaltung

- Der Staat und seine Bediensteten sind für den Bürger da.
- Beamte haben auch Nerven, Vorgesetzte und eine oft schwierige Kundschaft.
- Formulare richtig auszufüllen erfordert oft Fachwissen. Wenn Freunde nicht helfen können, gehen Sie – gut vorbereitet – in die Sprechstunde des Sachbearbeiters.
- Sachbearbeiter müssen Auskünfte erteilen und Sie beraten.
- Freundlichkeit hilft meistens weiter – notfalls aber auch eine Dienstaufsichtsbeschwerde.
- Vieles lässt sich telefonisch klären – merken Sie sich Namen und Telefonnummer Ihres Sachbearbeiters.
- Beantworten Sie Rückfragen zügig, sonst wandert Ihr Fall schnell ins unterste Fach, wo er erst einmal liegen bleibt.
- Staatsbedienstete haben auch Feierabend – kommen Sie nicht auf die letzte Minute.
- Wenn Sie – warum auch immer – auf eine Behörde wütend sind, überschlafen Sie den Antwortbrief. Beleidigungen helfen nicht weiter.
- Wenn alle Hilfsmöglichkeiten und vor allem der Rechtsweg (vgl. Tipp 1) erschöpft sind, bleibt als letzter Ausweg der Petitionsausschuss des Deutschen Bundestages oder Ihres Landtages (vgl. Tipp 4).

(Nach: PZ, Wir in Europa, Nr.79/1994)

Zeichnung: Jules Stauber

Worauf Sie achten sollten, wenn Sie ein Schreiben von einer Behörde erhalten

T 52

Diese Liste kann nur Anhaltspunkte geben und nicht alle Fälle und Situationen abdecken.

- Lesen Sie das Schreiben unbedingt gründlich und achten Sie genau darauf, was die betreffende Behörde von Ihnen will. *Worum geht es?*
- Wenn Sie einen Antrag gestellt haben und dieser abgelehnt wurde, stellen Sie fest, ob die Behörde vom richtigen Sachverhalt ausgegangen ist und ob Sie über genügend Argumente verfügen, die Sie im Rahmen eines Widerspruchs ins Feld führen könnten (vgl. Tipp 57 und 58). *Genau prüfen!*
- Auch wenn ein Schreiben für Sie überraschend kommt, müssen Sie unbedingt reagieren und sich zumindest mit der Behörde in Verbindung setzen. Das gilt besonders für Zahlungsaufforderungen; sonst drohen bei Nichtzahlungen Mahnungen, Vollstreckungsmaßnahmen und zusätzliche Kosten. *Unbedingt reagieren!*
- Verstehen Sie etwas nicht oder haben Sie noch Fragen, sprechen Sie persönlich oder telefonisch bei der Behörde vor (vgl. Tipp 53 und 54).
- Beachten Sie den Zeitpunkt, zu dem das Schreiben eingegangen ist, und welche Fristen für einen Widerspruch oder Einspruch vorgesehen sind. Wenn Sie diese nicht einhalten, so geht dies zu Ihren Lasten. *Achten Sie auf die Fristen!*
- Fast alle behördlichen Schreiben enthalten eine Rechtsmittelbelehrung, die Sie sich genau durchlesen sollten. Überlegen Sie dann, wie Sie vorgehen wollen, und lesen Sie dazu Tipp 57 und 58 durch. Prüfen Sie vor allem, ob Ihr möglicher Widerspruch auch aufschiebende Wirkung hat. Achten Sie auf die ordnungsgemäße Einlegung Ihres Widerspruchs. *Rechtsmittelbelehrung beachten*
- Stehen Ihnen eventuell Entschädigungsansprüche zu? *Entschädigungsansprüche?*
- Haben Sie das Gefühl, die Behörde habe gegen die Amtspflichten verstoßen oder Entschädigungsansprüche können in Betracht kommen, sollten Sie einen Rechtsanwalt konsultieren (vgl. Tipp 58).

(Zusammengestellt nach Dahmen, Thomas: Bürger und Behörden. Köln 1993, S. 162 ff.)

T 53

Fragen kostet nichts – Behörden müssen dem Bürger helfen

Wenn ich ein Anliegen gegenüber einer Behörde habe, ist es zunächst notwendig zu wissen, an wen ich mich wenden muss. Jedes Amt hat eine Stelle oder eine beauftragte Person, die dem Bürger entsprechende Auskünfte gibt. Die Behörden sind verpflichtet, den Bürger beim Umgang mit der Verwaltung mit Rat und Tat zu unterstützen.

Verwaltungsverfahrensgesetz § 25

Die Behörde soll die Abgabe von Erklärungen, die Stellung von Anträgen oder die Berichtigung von Erklärungen oder Anträgen anregen, wenn diese offensichtlich nur versehentlich oder aus Unkenntnis unterblieben oder unrichtig abgegeben oder gestellt worden sind. Sie erteilt, soweit erforderlich, Auskunft über die den Beteiligten im Verwaltungsverfahren zustehenden Rechte und die ihnen obliegenden Pflichten.

Erik Liebermann

Es kann daher durchaus sinnvoll sein, bevor ich einen Antrag bei einer Behörde stelle, dort zunächst mündliche Erkundigungen einzuholen oder einen schon geschriebenen Antrag persönlich beizubringen. Dies gilt z.B. auch für die Abgabe von Steuererklärungen. Der entsprechende Beamte ist verpflichtet, auf mögliche Fehler, aber auch auf mögliche Steuervergünstigungen aufmerksam zu machen.

T 54

Wie schreibe ich einer Behörde?

Es gibt, wie wir gesehen haben, verschiedene Anlässe , sich an Behörden zu wenden. Sie können in einem Gesuch etwas beantragen, Sie können Beschwerde oder Widerspruch gegen eine Verwaltungsentscheidung einlegen. Vorher Zuständigkeit und Rechtslage erkunden (Tipps 52 und 57, 58).

Alle größeren Behörden haben Stellen, die entsprechende Auskünfte geben. Außerdem ist es sinnvoll, sich schon vorher zu erkundigen, welche Gesetze und Richtlinien für Ihr Anliegen von Bedeutung sind.

Auch auf die Form kommt es an

Das Schreiben enthält in der Regel folgende Teile:

- Name und Anschrift des Absenders, Absendeort und Datum
- Anschrift der Behörde
- Betrifft: Stichwortartige Angabe des Anliegens (das Wort „Betrifft" kann auch weggelassen werden). Falls Sie sich auf ein Schreiben einer Behörde beziehen, geben Sie hier auch das Zeichen des Behördenschreibens an.
- Anrede
- das Gesuch, die Beschwerde, den Widerspruch usw. mit entsprechenden Begründungen
- Grußformel und Unterschrift
- einen Anlagevermerk. Er ermöglicht ein rasches Überprüfen der einem Schreiben beigefügten Unterlagen
- eine Kopie oder einen Durchschlag für Ihre Akten

„Er wird Ihnen alles erklären", in: Beamticon: der Beamte in der Karikatur, hrsg. v. Peter Doll. Herford 1988, S. 16

Recht auf Akteneinsicht

T 55

Jede Behörde ist nach § 29 des Verwaltungsverfahrensgesetzes verpflichtet, Bürgern Einsicht in die ihr Verfahren betreffende Akte zu gewähren; aber nur insoweit Sie diese kennen müssen, um Ihre Interessen wirksam zu vertreten. Die Behörde kann diese Akteneinsicht verweigern, etwa wenn die Geheimhaltungspflicht aus öffentlichem oder privatem Interesse Vorrang hat.

T 56

Gleichstellungsstelle, Frauenbeauftragte oder Frauenbüros als Anlaufstelle für die speziellen Anliegen der Frauen nutzen

Durch die Gleichstellungsstellen und Frauenbeauftragten in den verschiedenen Bereichen der Verwaltung, vor allem bei der Gemeinde und beim Landkreis, erhalten die Frauen wichtige Informationen über alle sie betreffenden Fragen wie z.B. Probleme im Erwerbsleben und in der Familie, Kinderbetreuungseinrichtungen, Mutterschutz und Erziehungsgeld, Wiedereinstieg in den Beruf, Scheidung und Trennung, Wohnungsprobleme. Auch wenn die Frauenbeauftragte in vielen Fällen mangels Kompetenzen nicht selbst helfen kann, so wird sie in jedem Fall wissen, in welcher Form man sich an welche Stelle wenden muss. Nicht zuletzt kennt sie die Frauenorganisationen und Frauenprojekte am Ort und kann durch entsprechende Hinweise weiterhelfen.

„Die Frau ist zwar besser geeignet, aber wir nehmen doch lieber wieder einen Mann"

Schoenfeld

T 57

Gegenvorstellung, Aufsichtsbeschwerde, Petition – sich mit formlosen Rechtsbehelfen gegenüber der Verwaltung Gehör verschaffen

Wer von einer behördlichen Maßnahme betroffen ist, kann sich dagegen mit einem Rechtsbehelf zur Wehr setzen. Zu den formlosen Rechtsbehelfen zählen:

Gegenvorstellung

– die Gegenvorstellung, die auf vermeintliche Fehler in einem Verwaltungsakt hinweist und die Behörde zu einem bestimmten Verhalten bewegen, aber nicht zwingen will (Tipp 54),
– die Petition, d.h. die „Bitte oder Beschwerde", die nach Art. 17 des Grundgesetzes jedem Bürger offensteht (Tipp 4).

Bei der Aufsichtsbeschwerde unterscheidet man Fachaufsichts- und Dienstaufsichtsbeschwerde.

Fachaufsichtsbeschwerde

Bei der Fachaufsichtsbeschwerde wendet man sich an die übergeordnete, d.h. die Aufsichtsbehörde, mit dem Ziel, die

Maßnahme einer untergeordneten Behörde zu ändern oder aufzuheben.

Dienstaufsichtsbeschwerde

Mit der Dienstaufsichtsbeschwerde kann ein Bürger eine Behörde dazu veranlassen, das Handeln eines Bediensteten zu überprüfen und gegebenenfalls im Interesse des Bürgers zu korrigieren. Die Behörde ist verpflichtet, die Beschwerde sachlich zu prüfen und zu antworten, wenn auch ein ablehnender Bescheid nicht begründet werden muss.

Durch diese Rechtsbehelfe, die nicht an eine bestimmte Frist oder Form gebunden sind, können sich die Bürgerinnen und Bürger bei einer Behörde Gehör verschaffen. Sie können verlangen, dass ihre Beschwerde entgegengenommen, geprüft und beantwortet wird. Allerdings können die Behörden dadurch nicht gezwungen werden, eine andere Sachentscheidung zu treffen. Sie können aber durch aus in begründeten Fällen schneller als förmliche Rechtsmittel, wie z.B. Klage, zum Erfolg führen, so dass man keineswegs von „Papierkorbbeschwerden" sprechen kann.

Widerspruch oder Klage – sich mit förmlichen Rechtsmitteln gegen Verwaltungsentscheidungen wehren

T 58

Widerspruch

Wer von einem Verwaltungsakt betroffen ist bzw. durch ihn belastet wird, kann Widerspruch einlegen, und zwar bei der Behörde, die den entsprechenden Bescheid erlassen hat. Die Widerspruchsfrist beträgt in der Regel einen Monat. Oft ist dem Verwaltungsakt eine Rechtsmittelbelehrung beigefügt, die man unbedingt beachten muss. In dem Schreiben muss nicht zwingend das Wort Widerspruch enthalten sein, auch Wörter wie „Einspruch" oder „Protest" genügen.

Behörde muss prüfen!

Die Behörde wird durch den Widerspruch gezwungen, einen Verwaltungsakt im Hinblick auf seine Rechtmäßigkeit und Zweckmäßigkeit zu überprüfen und kann diesen durch einen neuen Bescheid ändern oder aufheben. Will eine Behörde einen Verwaltungsakt nur teilweise oder gar nicht aufheben, so erlässt zuweilen dieselbe Behörde, häufiger jedoch die nächsthöhere Behörde (Prinzip der Hierarchie), einen Widerspruchsbescheid.

Entschädigungsansprüche

Wenn dem Bürger durch Verwaltungshandeln konkrete Nachteile entstehen, so kann er dafür in bestimmten Fällen einen Ausgleich verlangen. Da das Ausgleichssystem für einen Nichtjuristen schwer nachvollziehbar ist, empfiehlt es sich – vor allem, wenn es um größere Beträge geht –, einen Rechtsanwalt zu Rate zu ziehen. Wenn z.B. ein Bürger durch rechtswidriges Handeln einer Gemeinde in seinem Eigentumsrecht nach Art. 14 GG beeinträchtigt wird, kann er einen Folgenbeseitigungsanspruch geltend machen. Der Staat haftet auch für schadensersatzpflichtiges Verhalten seiner Bediensteten. Im Innenverhältnis ist der Bedienstete seinem Dienstherrn zum Ersatz verpflichtet, sofern ihm Vorsatz oder Fahrlässigkeit nachgewiesen werden kann.

Erst nach Durchführung des Widerspruchsverfahrens kann beim Verwaltungsgericht geklagt werden. Dieses Klagerecht ist im Grundgesetz garantiert: GG Art. 19 Abs.4.

Klagearten

Wichtigste Klagearten sind die Anfechtungs- und Verpflichtungsklage. Die Anfechtungsklage hat das Ziel, einen Verwaltungsakt aufzuheben oder zu verändern. Mit der Verpflichtungsklage will der Kläger die Behörde zwingen, einen Verwaltungsakt, den sie abgelehnt oder unterlassen hat, zu erlassen. Die so genannte Anfechtungsklage, die innerhalb eines Monats nach Zustellung des Widerspruchsbescheides eingereicht werden muss, hat grundsätzlich aufschiebende Wirkung. Das Schaubild auf der nächsten Seite macht das Verfahren deutlich.

Mit oder ohne Rechtsanwalt?

Die Bürgerin oder der Bürger kann ihren/seinen Klageantrag auch ohne Rechtsanwalt einreichen. Allerdings ist bei schwierigen Fällen durchaus ein Rechtsbeistand zu empfehlen.
Die örtlichen Anwaltsvereine, deren Anschrift Sie im Telephonbuch finden, können Ihnen einen entsprechenden Experten empfehlen. Wenn der Kläger seinen Prozess verliert, muss er die Gerichtskosten zahlen. Mittellose Bürger können Prozesskostenhilfe beantragen.

Zuständigkeit der Gerichte

Neben den allgemeinen Verwaltungsgerichten gibt es für spezielle Bereiche besondere Verwaltungsgerichte. So sind bei sozialen Problemen, z.B. wenn es um die Zahlung von Arbeitslosenhilfe geht, die Sozialgerichte oder bei Steuerstreitigkeiten die Finanzgerichte zuständig.

Der Weg einer Klage gegen einen Verwaltungsakt (vereinfacht)

Anfechtungsklagen
Soweit gesetzlich nichts anderes vorgesehen ist, kann jeder Verwaltungsakt mit seinem Erlaß vollzogen werden. Durch die Einlegung des Widerspruchs wird jedoch grundsätzlich die Vollziehung des Verwaltungsaktes bis zum rechtskräftigen Abschluß des Verwaltungsstreitverfahrens gehemmt (aufschiebende Wrkung – sog. Suspensiveffekt – von Widerspruch und Anfechtungsklage). Dies gilt nicht

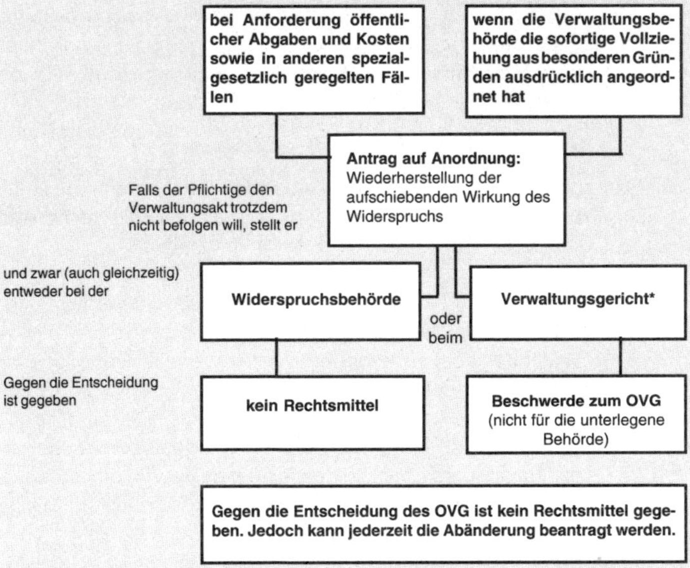

* Zuständig ist stets das Gericht der Hauptsache. Falls die Hauptsache sich bereits In der Berufungs- bzw. Revisionsinstanz befindet, hat deshalb das OVG bzw. das BVerWG zu entscheiden; ein Rechtsmittel ist dann nicht gegeben.

(SCHÜLERDUDEN, Politik und Gesellschaft. Ein Lexikon zur politischen Bildung, 3. Auflage. Mannheim/Leipzig/Wien/Zürich 1992, S. 414)

Streitfall: Dürfen auch Verbände klagen?

T 59

Wichtig ist, dass immer nur derjenige einen Verwaltungsakt anfechten darf, der beweisen kann, dass er in seiner eigenen Rechtssphäre verletzt ist. Umstritten ist die so genannte Verbandsklage, mit der z.B. Bürgerinitiativen vor allem im Umweltbereich die Interessen ihrer Mitglieder geltend machen können, obwohl sie als Person nicht unmittelbar betroffen sind. Einige Bundesländer (Hessen, Saarland, Berlin und Brandenburg) haben ein Klagerecht für Naturschutzverbände bei geplanten Eingriffen in die Natur geschaffen.

Literaturhinweise

DAHMEN, JÜRGEN: Bürger und Behörden. Verwaltungsrecht: Ihr Recht im Umgang mit Ämtern und Behörden. Köln 1993

MATTERN, KARL-HEINZ (Hrsg.): Allgemeine Verwaltungslehre. Bearb. von Alexander von Fircks, 4. überarb. und erw. Aufl. Berlin/Bonn/Regensburg 1994

MAURER, HARTMUT: Allgemeines Verwaltungsrecht. 10. überarb. und erg. Aufl. München 1995

SCHMIDT-BLEIBTREU, BRUNO/FIEDLER, JÜRGEN: Rechtsschutz gegen den Staat. München 1992

SCHWEIKHARDT, RUDOLF (Hrsg.): Allgemeines Verwaltungsrecht. Bearb. von Wolfgang Altpeter, 7. überarb. u. erw. Auflage. Stuttgart1995

SINNING HEIDI/WIMMER ANSGAR (Hrsg.): Bürgerorientierte Kommunen in Deutschland. Ein Wegweiser. Bertelsmann- Stiftung 2000

Zur Frauenförderung und Gleichstellungsbeauftragten

CORDES, MECHTILD: Frauenpolitik. Gleichstellung oder Gesellschaftsveränderung? Ziele – Institutionen – Strategien. Opladen 1996

MOHNEN-BEHLAU, ELGIN/MEIXNER, HANS- EBERHARD (Hrsg.): Frauenförderung in Verwaltung und Wirtschaft im Beruf; Gleichstellungsbeauftragte. Berlin/Bonn/Regensburg 1993

X. Sich an Planungen beteiligen

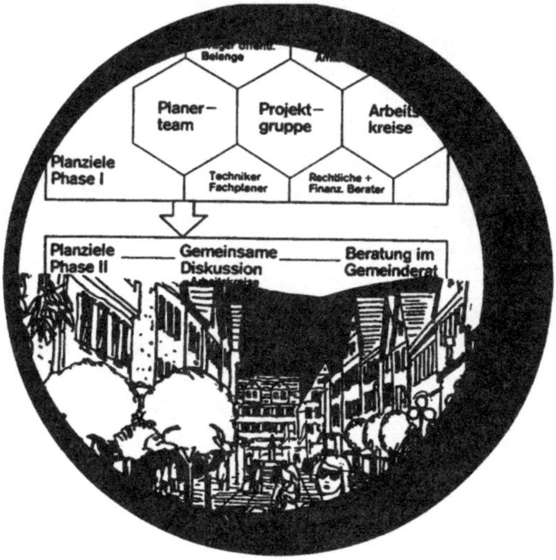

Plan für Künstler und Politiker?
Das Schaffen selbst ist eitel Bewegung.
Das stümpert sich leicht in kurzer Frist.
Jedoch der Plan, die Überlegung,
das zeigt erst, wer der Künstler ist.

Heinrich Heine (1797-1856) Dichter, Schöpfungslieder

Zeichnung: Hekler, Günter u.a.: Mit dem Bürger planen Karlsruhe/Heidelberg 1976

Kurzübersicht Die Notwendigkeit, die zukünftige gesellschaftliche Entwicklung durch Planung zu gestalten, ist unbestritten. Noch nicht hinreichend geklärt ist, in welchem Maße und in welcher Form die Bürgerinnen und Bürger daran beteiligt werden können. In diesem Baustein werden wichtige Planungsprozesse, schon institutionalisierte und neue Formen der Bürgermitwirkung vorgestellt.

Pläne sind die Träume der Verständigen.

Ernst Freiherr von Feuchtersleben (1806-1849) Dichter, Aphorismen

10.1 Wozu Planung?

Begriffsklärung: Plan

Mit Planung wird in Politik und Verwaltung versucht, künftige Entwicklungen und Bedürfnisse der Menschen zu erfassen, Zielvorstellungen festzulegen und vernünftige Weisungen und Regelungen für zukünftiges Handeln auszuarbeiten. Pläne werden aufgestellt von Bund, Bundesländern und Gemeinden. So gibt es für fast alle Politikbereiche Planungen wie z.B. Stadtentwicklungsplan, Bebauungsplan, Bildungsplan, Sozialplan, Verkehrsplan, Haushaltsplan, mittelfristiger Finanzplan.

Knappheit der Ressourcen

Planung ist auch deswegen wichtiger geworden, weil die Mittel immer knapper werden. Nicht nur die finanziellen Mittel sind knapp, auch andere Ressourcen wie Rohstoffe oder Landschaft.

Im Interesse auch der künftigen Generationen muss bei einem Flächennutzungsplan oder einem Bebauungsplan darauf geachtet werden, dass die natürlichen Lebensgrundlagen erhalten bleiben.

Wer entscheidet?

Die sechs Phasen der Planung:

1. Begeisterung
2. Verwirrung
3. Ernüchterung
4. Suche nach den Schuldigen
5. Bestrafung der Unschuldigen
6. Auszeichnung der Nichtbeteiligten

Unbekannter Satiriker

In der Demokratie stellt sich die Frage: Wer kann, wer soll planen? Wer führt die Planungen durch, und wer kontrolliert deren Ausführung? In unserem politischen System werden Planungen weitgehend von der Verwaltung vorbereitet, die dabei natürlich auch mit privaten Firmen oder wissenschaftlichen Institutionen zusammenarbeitet. Da Planung sehr kompliziert und zwangsläufig längerfristig angelegt ist, besteht die Gefahr, dass sie letztlich nur eine Angelegenheit von Experten bleibt. Entschieden wird zwar in den Parlamenten und politischen Vertretungen der verschiedenen Ebenen, aber diese sind zum Teil auf die Gutachten der Sachverständigen angewiesen. Noch schwieriger erweist sich die Mitwirkung der Bürger, für die die sehr umfangreichen Planungsmaterialien oft undurchsichtig und schwer nachvollziehbar sind.

Beteiligung der Betroffenen

Von fast allen Planungen sind die Bürgerinnen oder Bürger direkt oder indirekt betroffen, ohne dass sie dies zunächst wahrnehmen. Doch gibt es Planungsentscheidungen, die für den Einzelnen von sehr großer Bedeutung sein können. Ob bei einem Bebauungsplan das eigene Grundstück in das Baugebiet kommt oder nicht, kann für den Besitzer von großer wirtschaftlicher Bedeutung sein. Es gibt inzwischen einige Politikbereiche, in denen die Mitwirkung der Bürgerinnen und Bürger bei den Planungen gesetzlich vorgeschrieben ist. Außerdem werden immer mehr informelle Beteiligungsformen an diesen Entscheidungsprozessen entwickelt.

10.2 Haushaltspläne

Haushaltsplan = „in Zahlen geronnene Politik"

Zu den wichtigsten Plänen im politischen Bereich gehören die so genannten Haushaltspläne. Darunter versteht man die vollständige Aufstellung der Einnahmen und Ausgaben von Bund, Ländern und Gemeinden. Der Haushaltsplan, den man auch Budget nennt, wird meistens für ein Jahr (in manchen Bundesländern für zwei Jahre) aufgestellt. Er muss mit Einnahmen und Ausgaben ausgeglichen sein, wobei Kredite als Einnahmen gewertet werden. Im Budget wird deutlich, welche Schwerpunkte die Politik setzt und welche Mittel dafür aufgewendet werden.

Mittelfristige Finanzplanung

Haushaltspläne können heute die finanzielle Situation von Bund, Ländern und Gemeinden nicht mehr zureichend wiedergeben, da viele Entscheidungen langfristige finanzielle Folgen haben. Daher werden auf allen politischen Ebenen mittelfristige Finanzplanungen erstellt, die eine längerfristige Vorschau auf die Entwicklung der Finanzen ermöglichen sollen. Vor diesem Hintergrund können dann Prioritäten für zukünftige Investitionen festgelegt werden.

Wer beschließt die Haushaltspläne und kontrolliert deren Vollzug?

Die Haushaltspläne auf der Ebene des Bundes und der Bundesländer werden von Regierung und Verwaltung vorbereitet und danach von den Parlamenten, die auch deren Ausführung überwachen, als Gesetz verabschiedet. Für den einzelnen Bürger ist es kaum möglich, diese Entscheidungsprozesse zu beeinflussen. Am ehesten ist dies noch möglich über Parteien, deren Vertreter im Parlament sitzen, oder über die großen Interessengruppen, die wiederum auf das Parlament bzw. auf Regierung und Verwaltung zugehen (siehe B VI, VII).

Haushaltspläne der Gemeinden

Auf der Gemeindeebene verabschieden die Gemeindevertretungen die Haushaltspläne als Satzung.
Am ehesten haben die Bürgerinnen und Bürger hier die Möglichkeit, an der Planung mitzuwirken. Dazu ist es zunächst notwendig, den bisherigen Haushaltsplan einzusehen und ihn zu verstehen, was für einen „Laien" nicht einfach ist.

Vermögens- und Verwaltungshaushalt

Eine Besonderheit der kommunalen Haushalte ist die Unterscheidung zwischen Vermögens- und Verwaltungshaushalt. Der Vermögenshaushalt umfasst alle Einnnahmen und Ausgaben, die das Vermögen einer Gemeinde verändern, also die investiven Ausgaben und Einnahmen – z.B. Grundstücksgeschäfte der Gemeinde, kommunale Neubauten. Im Verwaltungshaushalt sind alle Ausgaben enthalten, die kein Vermögen schaffen, sondern zur Erhaltung des Gemeindeeigentums und der Verwaltung (z.B. Personalkosten) notwendig sind. Zu dessen Einnahmen gehören Steuern wie z.B die Gewerbesteuer oder Gebühren. Die bereits verabschiedeten Haushaltspläne sind öffentlich zugänglich und bei der Verwaltung oder in öffentlichen Bibliotheken einzusehen. Ob und wie die Bürgerinnen und Bürger die Planung eines Haushaltes selbst beeinflussen können, entnehmen Sie Tipp 60.

Budgetkontrolle ist Entschleierung. Man sagt oft: Zahlen regieren die Welt. Das ist gewiß, Zahlen zeigen, wie sie regiert wird.

Kurt Heinig (1886-1956) Finanzwissenschaftler

10.3 Mitwirkungsrechte bei der Bauleitplanung

Planungsebenen

Ein herausragendes Beispiel für die Notwendigkeit von Planung ist die Raumordung. In unserem föderativen System vollzieht sich diese Planung auf verschiedenen Ebenen – Bund, Länder, Regionen und Kommunen. Die folgende Tabelle macht die verschiedenen Planungsebenen, Planarten und die entsprechenden gesetzlichen Grundlagen deutlich.

Hierarchie der Planungsebenen

Planungsebene	Planart	Gesetzliche Grundlage
Bund	Bundesraumordnungsprogramm	Raumordnungsgesetz
Länder	Landesentwicklungs-/ -raumordnungsprogramm, Landesentwicklungsplan	Landesplanungsgesetz
Region	Regionaler Raumordnungsplan, Regionaler Entwicklungsplan	Landesplanungsgesetz
Städte und Gemeinden	Stadtentwicklungsplan, Stadtentwicklungsprogramm, Stadtentwicklungskonzept	keine gesetzliche Grundlage, lediglich informelle, auf Freiwilligkeit basierende Planung
	Bauleitplanung: Flächennutzungsplan, Bebauungsplan	Baugesetzbuch, früher Bundesbaugesetz

(Hierarchie der Planungsebenen, Handbuch Kommunale Politik, II/A.3.1, Stuttgart 1995, S. 7)

Besondere Mitwirkungsrechte für die Bürgerinnen und Bürger wurden im Baugesetzbuch, das am 1. Juli 1987 in Kraft trat, festgelegt. Darin wird den Gemeinden die Aufgabe zugewiesen, Bauleitpläne mit folgendem Ziel aufzustellen:

Bauleitpläne sind z.B. der Flächennutzungsplan als vorbereitender Bauleitplan und der Bebauungsplan als verbindlicher Bauleitplan.

Flächennutzungsplan = Programm für die weitere städtebauliche Entwicklung

Im Flächennutzungsplan werden die Grundentscheidungen über die Bodennutzung in den einzelnen Teilräumen des Gemeindegebiets getroffen, vor allem über die Frage, welche Flächen des Gemeindegebietes in Zukunft bebaut werden und welche freigehalten werden sollen. So kann ein Flächennutzungsplan erhebli-

Bauleitpläne

Die Bauleitpläne sollen eine geordnete städtebauliche Entwicklung und eine dem Wohl der Allgemeinheit entsprechende sozialgerechte Bodennutzung gewährleisten und dazu beitragen, eine menschenwürdige Umwelt zu sichern und die natürlichen Lebensgrundlagen zu schützen und zu entwickeln.

(Bundesbaugesetzbuch § 1, Absatz 5)

che Auswirkungen auf die Entwicklung der Bodenpreise haben. Auch mögliche Gebiete für Gewerbe und Industrie, Sport und Freizeit oder auch Straßenführungen werden hier festgelegt. Der Flächennutzungsplan muss mit der überörtlichen Raumplanung von Region, Land und Bund koordiniert werden. Durch ihn werden auch andere Planungsträger z.B. für Telefonleitungen oder Abfallentsorgungsanlagen eingebunden. Der zeitliche Planungshorizont beträgt in der Regel zehn bis fünfzehn oder sogar zwanzig Jahre. Die durchschnittliche Aufstellungsdauer eines Flächennutzungsplanes dauert in der Regel fünf bis sechs Jahre, wobei Änderungen in kürzerer Zeit durchgeführt werden können. Der Flächennutzungsplan wird nicht als Satzung, sondern nur als verwaltungsinternes Planwerk vom Gemeinderat beschlossen. Er hat also für den einzelnen Bürger keine Rechtskraft, d.h. dieser kann daraus z.B. keinen Anspruch auf eine Baugenehmigung ableiten. Er ist jedoch für die Verwaltung bindend.

Bebauungsplan = rechtsverbindliche Festsetzungen für die städtebauliche Entwicklung (Baugesetzbuch § 8 Abs. 1)

Durch den Bebauungsplan wird für Teilgebiete einer Gemeinde der Flächennutzungsplan konkretisiert. Der Gemeinderat verabschiedet ihn als Satzung. Unter anderem wird durch sie festgelegt:

- Die Art der Nutzung – also z.B. als reines Wohngebiet, Gewerbegebiet oder Mischgebiet;
- die Bauweise – z.B. wieviel Geschosse erlaubt sind;
- bei Gewerbegebieten z.B. die Emissionshöchstwerte;
- auch nichtbauliche Nutzungen – z.B. als Grünfläche.

Nach dem Baugesetzbuch handelt es sich bei dem Bebauungsplanverfahren um ein mehrstufiges Beratungsverfahren, in dem die Mitwirkung der Bürgerinnen und Bürger ausdrücklich vorgesehen ist (siehe Tipp 61).

Planfeststellungsverfahren

Dieses Verfahren wird vor allem im Außenbereich der Gemeinden angewandt, also für die Straßenplanung, Kompost-, Sortier-, Bauschuttaufbereitungs-, Verbrennungsanlagen, Kraftwerke und militärische Anlagen. Anhörungsbehörde ist bei diesem Verfahren in der Regel das Regierungspräsidium bzw. – in Bundesländern, in denen es das nicht gibt – die Landesregierung. Das Planfeststellungsverfahren ist dem Bebauungsplanverfahren ähnlich. Auch hier müssen die Betroffenen, also Gemeinden, Behörden, Unternehmen in einem frühen Stadium in die Planung einbezogen werden. Der Plan wird öffentlich ausgelegt. Privatpersonen können Einwände gegen den Plan erheben. Es gibt auch einen Anhörungstermin. Gegen einen Planfeststellungsbeschluss kann Klage beim Verwaltungsgericht erhoben werden.

Träger öffentlicher Belange

Bei der Bauleitplanung müssen jeweils auch die so genannten Träger der öffentlichen Belange gehört werden. Öffentliche Belange sind z.B. Natur- und Landschaftsschutz, Energie- und Wasserversorgung, Denkmalschutz, aber auch die militärische Sicherheit.

10.4 Neue Formen der Bürgerbeteiligung an Planungen

Neben der institutionell gesicherten Beteiligung der Bürgerinnen und Bürger bei der Bauplanung im weitesten Sinne sind in den letzten Jahren freie, also gesetzlich nicht vorgeschriebene Partizipationsformen an Planungen wie z.B. Beiräte und Planungszellen entwickelt worden. Sie beziehen sich auf fast alle Bereiche der Kommunalpolitik, neben der Bauplanung auch auf soziale Probleme wie Kinder- oder Altenpolitik oder Umweltplanung. Dabei wirken neben bestimmten sozialen Gruppen wie Frauen, alten Menschen oder Ausländern auch Organisationen wie Parteien, Verbände, Vereine und die neu aufgekommenen politischen und sozialen Bürgerinitiativen mit. Die dabei entwickelten Modelle der Beteiligung an Planungs- und Entscheidungsprozessen müssen zum Teil für die jeweilige Gemeinde modifiziert werden, da es sich oft um sehr unterschiedliche Planungsgegenstände handelt (vgl. Tipps 61-65).

Tipps zum Tun

Wie kann ich die Haushaltspläne einer Gemeinde beeinflussen?

T 60

Möglichkeiten der Information

Die Informationsmöglichkeiten eines einzelnen Bürgers sind relativ beschränkt. Mehr Chancen haben Sie, wenn Sie sich mit anderen zusammentun. Zunächst ist es notwendig, sich über die Grundsätze der Haushaltsplanung und den schon verabschiedeten Haushalt zu informieren (siehe Basisinformation).

Schwieriger ist es, an die Entwürfe der Haushaltspläne, die noch in der Beratung sind, heranzukommen. Wie dies möglich ist, ist in den einzelnen Bundesländern unterschiedlich geregelt. In allen Fällen müssen die Haushaltspläne der Verwaltung öffentlich ausgelegt werden. Auskünfte darüber erhält man bei der Verwaltung oder bei Kommunalpolitikern, die meistens auch gerne behilflich sind.

Einwände und Anträge

In manchen Bundesländern besteht sogar für einzelne Bürgerinnen und Bürger formal die Möglichkeit, Einwände gegen die Entwürfe der Haushalte zu machen, über die dann der Gemeinderat beraten muss. In vielen Gemeinden können Gruppen wie Vereine und Bürgerinitiativen entsprechende Anträge zum Haushalt an die Verwaltung oder an die Gemeinderatsfraktionen senden, die diese manchmal sogar übernehmen. Auch wenn nicht vorherzusehen ist, dass Ihr Antrag angenommen wird, so ist doch gewährleistet, dass man über Ihr Anliegen spricht. Auch hier gilt das Sprichwort: „Steter Tropfen höhlt den Stein", d.h. in einem Jahr abgelehnte Anträge haben eventuell im nächsten Jahr die Chance, angenommen zu werden. Natürlich sollte ein Antrag durch eine entsprechende Öffentlichkeitsarbeit unterstützt werden (siehe B III).

T 61

Bürgermitwirkung bei Bebauungsplänen

Beispielhaft für die Bürgermitwirkung bei Bauleitplänen geben wir den Verfahrensablauf eines Bebauungsplans wieder.

1. Aufstellungsbeschluss

Einleitung des Verfahrens durch Beschluss und öffentliche Bekanntmachung eines Plankonzeptes.

2. Bürgeranhörung

Darstellung der Planung durch die Verwaltung in einer öffentlichen Veranstaltung, in der die Bürger Bedenken und Verbesserungsvorschläge vorbringen können, die von der Verwaltung protokolliert und bei der Formulierung des Auslegungsbeschlusses berücksichtigt werden sollen.

3. Auslegungsbeschluss

Auslegung des vom Gemeinderat beschlossenen detaillierten Planentwurfs. Bürger können in der Regel schriftlich ihre Bedenken und Anregungen vorbringen, die dem Gemeinderat zur Kenntnis gegeben werden.

4. Satzungsbeschluss

Nach Prüfung der vorgelegten Änderungswünsche der Bürgerinnen und Bürger wird dann der Bebauungsplan als „Satzung", die für den Ort Gesetzescharakter hat, durch den Gemeinderat verabschiedet.

Bewertung

Die Bürgerbeteiligung bei einem Bebauungsplanverfahren sollte nicht überschätzt, aber auch nicht unterschätzt werden. Zwar können sich alle Bürgerinnen und Bürger an der Beratung und Diskussion beteiligen, aber letztlich entscheidet der Gemeinderat. Auch hier gilt natürlich der Grundsatz „Gemeinsam sind wir stark": Wenn sich mehrere zusammentun, um eine Sache durchzusetzen, dann sind die Chancen größer.

Klagen als letzte Möglichkeit

Wenn ein Betroffener mit seinen Bedenken und Anregungen nicht durchgekommen ist, und wenn der Bebauungsplan auch von der Aufsichtsbehörde genehmigt wurde, bleibt noch der Weg zum Gericht. Allerdings ist dies ohne Hilfe eines Rechtsanwaltes nicht möglich. Ein so genanntes Normenkontrollverfahren können diejenigen beantragen, die sich durch die Planung benachteiligt fühlen.

Beiräte

T 62

Die so genannten Bürgerbeiräte sind ursprünglich in Städten gebildet worden, in denen Entscheidungen über wichtige Planungs- und Sanierungsentscheidungen zu fällen waren. Inzwischen gibt es auch Beiräte in anderen Bereichen wie z.B. Altenbeiräte oder Ausländerbeiräte. Die Beiräte haben nur beratende und kontrollierende Funktion. Ihr Einfluss hängt von einer Reihe von Kriterien wie Wahlmodus, Arbeitsweise, Zusammensetzung und Zuständigkeiten ab.

Wem nicht zur raten ist, dem ist auch nicht zu helfen.
Sprichwort

Beispiel

Im Heidelberger Altstadtbeirat arbeiten unter dem Vorsitz des Oberbürgermeisters neben Vertretern der Kirchen, der Jugend und der Gemeinderatsfraktionen auch Sachverständige (Architekten, Kunsthistoriker), Interessenvertreter (Gewerkschaft, Mieterverein), Vertreter des Haus- und Grundeigentümervereins, des Altstadtvereins, des Hotel- und Gaststättengewerbes, der Fremdenverkehrsinstitutionen und Vertreter staatlicher Institutionen (Universität, Schulen).

Wenn Frauen planen – Wie können frauenspezifische Belange berücksichtigt werden?

T 63

Frauenorganisationen fordern schon seit Jahren, dass ihre Interessen wie die der Träger öffentlicher Belange bei Planungen verstärkt berücksichtigt werden. Sie betonen, dass die Entscheidungsprozesse über öffentliche Planungen von Männern dominiert werden. Allerdings sind die Bedürfnisse der Frauen als Mütter, erwerbstätige Mütter, Arbeitslose, Ausländerinnen, Singles, karriereorientierte und alte Frauen sehr unterschiedlich. In einer Veröffentlichung des Deutschen Städtetages wird jedoch zu Recht zu den Zielen der Stadtplanung gesagt:

> Es geht nicht darum, nachzuforschen, welche Interessen nun exklusiv weiblich sind, sondern darum, die Lebensführung von Frauen in der Stadt zu erleichtern, die Lebensbedingungen von Frauen wie Männern in der Stadt möglichst gut zu gestalten.
>
> *(Deutscher Städtetag 1994)*

Zeichnung: rudi, Schwarzwälder Bote

Institutionen und Verfahren zur Durchsetzung frauenspezifischer Interessen

Folgende Maßnahmen werden vorgeschlagen, damit die frauenspezifischen Belange bei der Stadtplanung besser berücksichtigt werden:

- Anerkennung der Frauenorganisationen als Träger öffentlicher Belange;
- höherer Frauenanteil in Fachgremien und Fachämtern;
- Frauenplanungsbeiräte, -arbeitskreise;
- Initiierung von Modellprojekten.

Besondere Beteiligungsformen für Bürgerinnen

Nach den bisherigen Erfahrungen frauenspezifischer Planung sind andere Kommunikationsformen notwendig:

- Frauen müssen prinzipiell gesondert angesprochen werden.
- Die Beteiligung hat vor Ort stattzufinden, so daß sie sich mit dem Alltagsablauf der betroffenen Frauen verträgt.
- Möglichst frühzeitige Beteiligung, möglichst schon in der Konzeptionsphase.
- Beratung durch Fachfrauen.
- Die unterschiedlichen und zum Teil widersprüchlichen Interessen der Frauen eines Viertels sollen diskuiert und unter fachlicher Anleitung zu einem Kompromiß geführt werden.

(Zusammengestellt nach Reimer, Helga: Wenn Frauen planen. In: Handbuch Kommunale Politik II/H., 14.2, Stuttgart 1995, S. 9)

Männer planen aufgrund ihrer Sozialisation und ihrem anderen Erfahrungshintergrund oft an den Bedürfnissen der Frauen vorbei.

Helga Reimer
Umweltjournalistin

Anwaltsplanung

T 64

Wie bei der juristischen Vertretung in Rechtsfragen soll bei der Anwaltsplanung ein Experte im Auftrag der Gemeinde und gegen Bezahlung, aber ohne ihr gegenüber weisungsgebunden zu sein, die Interessen der Betroffenen gegenüber der Verwaltung vertreten. Der Anwaltsplaner übt die Funktion des Beraters der Betroffenenorganisation und des Mittlers gegenüber der Verwaltung aus. Allerdings besteht das Problem, dass, wenn der Anwalt von der Verwaltung bezahlt wird, seine Unabhängigkeit gefährdet ist. Auf der anderen Seite kann auch die Gefahr bestehen, dass der Planungsanwalt wegen seines Sachverstandes und seines größeren Zeitaufwandes die von der Planung Betroffenen dominiert. Jedoch wurde das in den USA entwickelte Modell auch in Großstädten der Bundesrepublik schon mit großem Erfolg angewandt.

Planungszelle

T 65

Begriff

„Die Planungszelle ist eine Gruppe von 25 im Zufallsverfahren ausgewählten Erwachsenen, die für eine Woche freigestellt und von der öffentlichen Hand bezahlt werden, um – assistiert von zwei Prozeßbegleitern – Lösungsvorschläge für vorgegebene politische Problemstellungen zu erarbeiten." (Peter C. Dienel, 1996) Um ein „Bürgergutachten" vorbereiten zu können,

Bürger für Planungsexperiment gezogen.
Zeichnung: Kölner Stadtanzeiger

Personale Beteiligung vieler an der Produktion kollektiv bindender Entscheide (Luhmann) wird zur Überlebensbedingung „einer Gesellschaft von Menschen, die handlungsfähig bleiben wollen".

*Peter C. Dienel (*1923) Soziologe*

kann die Gruppe unter anderem Informationsbesprechungen, Hearings, Ortsbegehungen, Expertenanhörungen und Bewertungssitzungen durchführen. Die Ergebnisse der befristeten Arbeit werden als Vorschläge bzw. „Bürgergutachten" den Entscheidungsträgern vorgelegt.

Vor- und Nachteile

Über 100 Planungszellen haben an 29 Standorten der Bundesrepublik Deutschland vor allem Probleme der Stadtentwicklung und -sanierung, der Abfallbeseitigung und der Verkehrsplanung bearbeitet. Ein Vorteil dieses Verfahrens ist, dass durch das Zufallsprinzip eine einseitige Interessenvertretung verhindert wird und die sozial und politisch Aktiven nicht bevorzugt werden. Die berufliche Freistellung erlaubt eine effektive Mitarbeit. Allerdings können Planungszellen nur der Entscheidungsvorbereitung dienen.

Beispiel

Gevelsberg: Engpaß Innenstadt

Problem: Die im Gevelsberger Tal verlaufende Bundesstraße, gleichzeitig die historisch gewachsene Einkaufsmeile der Stadt, war seit langem überlastet mit mehr als 19 000 Autos täglich: Ergebnislose Auseinandersetzungen um Änderung tobten seit über zehn Jahren: „Immer wieder blieben Gevelsbergs Planer auch auf ihren neuen Planungen sitzen."[1] Es gab drei Alternativen, aber keine Lösung. Die Parteien, in sich zerstritten, waren am Ende. Sie erhielten bei der Kommunalwahl die Quittung: Bürgerinitiativen zogen in den Rat ein. 1990 drohten dann die beim Land für die Umgehungsstraße bereitstehenden Mittel verlorenzugehen. Am 27. Septemer 1990 nahm „der Gevelsberger Rat einen neuen Anlauf". Einstimmig wurde die Verwaltung beauftragt, zur Auflösung des Dilemmas Plaungszellen in die Entscheidung einzubeziehen: „Mit Bürgerbeteiligung gegen Selbstblockade und täglichen Autostau. Gevelsberg geht neue Wege in der Stadtplanung."[2]

Einsatz: 146 Bügerinnen und Bürger, im Zufallsverfahren ausgewählt, haben in sechs PZ'n sich durch Planer, Gutachter und Verwaltung informieren lassen, die Parteien angehört, in Ortsterminen sich die Probleme genau angesehen und mit den Bürgerinitiativen diskutiert. Die vier Tage Informations- und Beratungsarbeit im Januar 1991 hat eigentlich jeder von ihnen als anstrengend erlebt.

Lösungsbeitrag: Der Erfolg dieser Arbeit war eindeutig: Das Bürgergutachten zeigte, daß 72% der Laien-Juroren die Tunnellösung wollen. Der Tunnel soll bergbaumäßig vorgetrieben werden. Außerdem ergaben sich zahlreiche Einzelvorschläge zur Verbesserung der bisherigen Planung. Die Stadtverwaltung konnte sofort ihren Modellvorschlag zur Lösung des Verkehrsproblems weiterentwickeln. „Auf der Grundlage des sehr eindeutigen Votums in den PZ'n entschied der Rat innerhalb kürzester Frist nach der Vorlage des Bürgergutachtens im Sinne der Mehrheit der beteiligten Bürgerinnen und Bürger. Die Mehrheitsfraktion einigte sich mit der stärksten Oppositionsfraktion, dem Votum zu folgen."[3] Das Bauen konnte beginnen.

1 Westfalenpost vom 21. Dezember 1990.
2 Ebd.
3 Horst Bongardt, Die Planungszelle in Theorie und Anwendung, Stuttgart 1999, S. 34.

(Aus: Aus Politik und Zeitgeschichte. Heft B 24-25/99, S. 25)

Zukunftswerkstatt

T 66

Die Zukunftswerkstatt, die auch in Schule und Erwachsenenbildung mit Erfolg angewandt wird, ist sehr eng mit der Person des Zukunftsforschers Robert Jungk verbunden. Die Zukunftswerkstatt ist eine Gruppe, die unterschiedlich zusammengesetzt sein kann, Lösungen für Zukunftsprobleme sowohl globaler als auch alltäglicher Art sucht. Ihr Kernstück ist folgendes Ablaufschema:

Die Phasen der Zukunftswerkstatt mit Doppelspirale

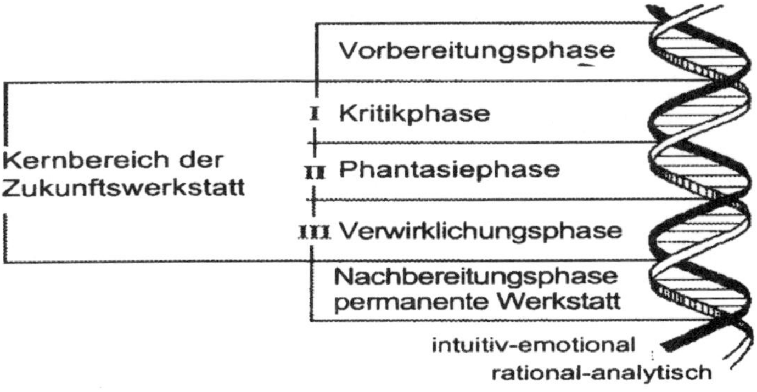

(Robert Jungk/Norbert R. Müller: Zukunftswerkstätten. München 1989, S. 221)

Die Doppelspirale deutet an, dass man dabei nicht nur mit dem Verstand, sondern auch mit dem Gefühl arbeitet. Nicht nur kritisches Denken, sondern auch Phantasie und Kreativität sind gefragt.

Konkretisierung

Die Nachbereitungsphase soll dazu beitragen, dass die Zukunftswerkstatt nicht auf der Ebene eines intellektuellen Spielvergnügens bleibt, sondern in konkreten Ansätzen umgesetzt wird.

Anwendungsbeispiele

Die Idee der Zukunftswerkstatt wurde unter anderem beim Forschungsprogramm der Landesregierung von Nordrhein-Westfalen „Mensch und Technik – sozialverträgliche Technikgestaltung" und bei der Stadtplanung „Ökostadt Basel" angewandt. Neben der Vielfalt der Methoden, die mit unterschiedlichen Gruppen durchgeführt werden können, liegt die Chance der Zukunftswerkstatt vor allem in der Langfristigkeit ihrer Planungsperspektiven.

Planen heißt nicht festlegen,
sondern offenhalten von Möglichkeiten
für die Zukunft.

Walter Gropius
(1888-1969)
Deutsch-amerikanischer Architekt

Literaturhinweise

BATTIS, ULRICH/KREUZBERGER, MICHAEL/LÖHR, ROLF-PETER: Baugesetzbuch – BauGB – 7. Aufl. München 1999

BUCK, RAINER: Bürger machen Politik. Weinheim/Basel 1991

DIENEL, PETER.C.: Die Planungszelle. 5. Aufl. Wiesbaden 2002

HANDBUCH KOMMUNALE POLITIK – Das Mandat erfolgreich gestalten. Stuttgart 1994ff.

HEKLER, GÜNTER: Mit dem Bürger planen: Erfahrungen in den alten Bundesländern – Hilfe für die neuen Bundesländer. 2. Aufl., Textbearb. Sibylle Krause-Burger. Karlsruhe 1992

SCHARPF, FRITZ W.: Planung als politischer Prozeß. Frankfurt/M. 1973

WEINBRENNER, PETER/HÄCKER, WALTER: Zur Theorie und Praxis der Zukunftswerkstätten. In: Bundeszentrale für politische Bildung (Hrsg.): Methoden in der politischen Bildung. Handlungsorientierung. Bonn 1991, S. 115-149

Wichtige Adressen

Bundesorgane

Bundesrat
Leipziger Straße 3-4
10117 Berlin
0 18 88/91 00-0
E-Mail: pressestelle@bundesrat.de
www.bundesrat.de

Deutscher Bundestag
Platz der Republik 1
11011 Berlin
0 30/2 27-0
E-Mail: mail@bundestag.de
www.bundestag.de

Presse- und Informationsamt der Bundesregierung
Dorotheenstr. 84
10117 Berlin
0 18 88/2 72-0
E-Mail: posteingang@bpa.bund.de
www.bundesregierung.de

Bundesverfassungsgericht
Schloßbezirk 3
76131 Karlsruhe
07 21/91 01-0
E-Mail: bverfg@bundesverfassungsgericht.de
www.bundesverfassungsgericht.de

Bundesministerien

Auswärtiges Amt
Werderscher Markt 1
10117 Berlin
0 18 88/17-0,-20 58
E-Mail: poststelle@auswaertiges-amt.de
www.auswaertiges-amt.de

Bundesministerium des Innern
Alt-Moabit 101d
10559 Berlin
0 18 88/6 81-0,-10 20
E-Mail: poststelle@bmi-bund.de
www.bmi.bund.de

Bundesministerium der Justiz
Mohrenstraße 37
10117 Berlin
0 18 88/5 80-0
E-Mail: poststelle@bmj.bund.de
www.bmj.bund.de

Bundesministerium der Finanzen
Wilhelmstraße 97
10117 Berlin
0 18 88/6 82-0,-42 41
E-Mail: poststelle@bmf.bund.de
www.bundesfinanzministerium.de

Bundesministerium für Wirtschaft und Arbeit
Scharnhorststraße 34-37
10115 Berlin
0 18 88/6 15-0
E-Mail: poststelle@bmwa.bund.de
www.bmwa.bund.de

Bundesministerium für Verbraucherschutz, Ernährung und Landwirtschaft
PF: 14 02 70
53107 Bonn
0 18 88/5 29-0
E-Mail: poststelle@bmvel.bund.de
www.verbraucherministerium.de

Bundesministerium der Verteidigung
Fontainengraben 150
53123 Bonn
0 18 88/24-00
E-Mail: poststelle@bmvg. bund400.de
www.bundeswehr.de

Bundesministerium für Familie, Senioren, Frauen und Jugend
Taubenstraße 42-43
10117 Berlin
0 18 88/5 55-0
E-Mail: poststelle@bmfsfj.bund.de
www.bmfsfj.de

Bundesministerium für Gesundheit und Soziale Sicherung
Rochusstraße 1
53123 Bonn
0 18 88/4 41-0
E-Mail: poststelle@bmgs.bund.de
www.bmgs.bund.de

Bundesministerium für Verkehr, Bau- und Wohnungswesen
Invalidenstraße 44
10115 Berlin
0 18 88/3 00-0
E-Mail: poststelle@bmvbw. bund.de
www.bmvbw.de

Bundesministerium für Umwelt, Naturschutz und Reaktorsicherheit
PF: 12 06 29
53048 Bonn
0 18 88/3 05-0; -20 10
E-Mail: presse@bmu.bund.de
www.bmu.de

Bundesministerium für Bildung und Forschung
Heinemannstraße 2
53175 Bonn
0 18 88/57-0,-50 50
E-Mail: bmbf@bmbf.bund.de
www.bmbf.de

Bundesministerium für wirt-schaftliche Zusammenarbeit und Entwicklung
PF: 12 03 22
53045 Bonn
0 18 88/5 35-0
E-Mail: poststelle@bmz.bund.de
www.bmz.de

Bundes- und Landeszentralen für politische Bildung

Bundeszentrale für politische Bildung
PF: 13 69
53003 Bonn
0 18 88/5 15-0
E-Mail: info@bpb.de
www.bpb.de

Landeszentrale für politische Bildung Baden-Württemberg
Stafflenbergstr. 38
70184 Stuttgart
07 11/16 40 99-0
E-Mail: lpb@lpb.bwue.de
www.lpb.bwue.de

Bayerische Landeszentrale für politische Bildungsarbeit
Brienner Str. 41
80333 München
0 89/21 86-21 72
E-Mail: landeszentrale@stmuk. bayern.de
www.stmuk.bayern.de/blz/index2.html

Landeszentrale für politische Bildungsarbeit Berlin
An der Urania 4-10
10787 Berlin
0 30/90 16-25 52
E-Mail: landeszentrale@senbjs.verwalt-berlin.de
www.berlin.de/landeszentrale-politische-bildung

Brandenburgische Landeszentrale für politische Bildung
Heinrich-Mann-Allee 107
14473 Potsdam
03 31/8 66-35 41
E-Mail: blzpb@mbjs.brandenburg.de
www.politische-bildung-brandenburg.de

Landeszentrale für politische Bildung Bremen
Osterdeich 6
28203 Bremen
04 21/3 61-29 22
E-Mail: office@lzpb.bremen.de
www.lzpb-bremen.de

Landeszentrale für politische Bildung Hamburg
Steinstraße 7
20095 Hamburg
0 40/4 28 31-21 42, -21 43
E-Mail: politischebildung@bbs.hamburg.de
www.politische-bildung.hamburg.de

Hessische Landeszentrale für politische Bildung
Rheinbahnstr. 2
65185 Wiesbaden
06 11/9 91 97-0
E-Mail: hlz@hlz.hessen.de
www.hlz.hessen.de

Landeszentrale für politische Bildung Mecklenburg-Vorpommern
Jägerweg 2
19053 Schwerin
03 85/3 02 09-0
E-Mail: poststelle@lpb.mv-regierung.de
www.lpb.mv-regierung.de

Niedersächsische Landeszentrale für politische Bildung
Hohenzollernstr. 46
30161 Hannover
05 11/39 01-0
E-Mail: info@nlpb.de
www.nlpb.de

Landeszentrale für politische Bildung Nordrhein-Westfalen
Horionplatz 1
40213 Düsseldorf
02 11/86 18-46 10
E-Mail: poststellelzpb@mwa.nrw.de
www.lzpb.nrw.de

Landeszentrale für politische Bildung Rheinland-Pfalz
Am Kronberger Hof 6
55116 Mainz
0 61 31/16 29 70
E-Mail: lpb.zentrale@politische-bildung-rlp.de
www.politische-bildung-rlp.de

Landeszentrale für politische Bildung Saarland
Beethovenstr. 26
66125 Saarbrücken
0 68 97/79 08-1 04
E-Mail: lpb@pegasus.lpm.uni-sb.de
www.lpm.uni-sb.de/lpb

Landeszentrale für politische Bildung Sachsen-Anhalt
Schleinufer 12
39104 Magdeburg
03 91/5 65 34-0
E-Mail: lpblsa.sekretariat@stk.sachsen-anhalt.de
www.lpb.sachsen-anhalt.de

Sächsische Landeszentrale für politische Bildung
Schützenhofstr. 36
01129 Dresden
03 51/8 53 18-0
E-Mail: carola.goerschel@slpb.smk. sachsen.de
www.slpb.de

Landeszentrale für politische Bildung Schleswig-Holstein
Hohenbergstraße 4
24105 Kiel
04 31/9 88 59 37
E-Mail: info@lpb.landsh.de
www.politische-bildung.schleswig-holstein.de

Landeszentrale für politische Bildung Thüringen
PF: 10 21 51
99021 Erfurt
03 61/37 92-7 01
E-Mail: siegelm@tsk.thueringen.de
www.thueringen.de/de/lzt

Parteien

Bündnis 90/Die Grünen
Platz vor dem Neuen Tor 1
10115 Berlin
0 30/2 84 42-0
E-Mail: info@gruene.de
www.gruene.de

CDU
Konrad-Adenauer-Haus
Klingelhöferstraße 8
10785 Berlin
0 30/2 20 70-0
E-Mail: post@cdu.de
www.cdu.de

CSU
Franz-Josef-Strauß-Haus
Nymphenburger Str. 64
80335 München
0 89/12 43-0
E-Mail: landesleitung@csu-bayern.de
www.csu.de

F.D.P.
Thomas-Dehler-Haus
Reinhardtstraße 14
10117 Berlin
0 30/28 49 58-0
E-Mail: tdh@fdp.de
www.fdp.de

SPD
Willy-Brandt-Haus
Wilhelmstraße 141
10963 Berlin
0 30/2 59 91-0
E-Mail: parteivorstand@spd.de
www.spd.de

PDS
Karl-Liebknecht-Haus
Kleine Alexanderstr. 28
10178 Berlin
0 30/2 40 09-0
E-Mail: parteivorstand@pds-online.de
www.sozialisten.de
www.pds-online.de

Bundesinstitutionen

Bundesamt für Finanzen
Friedhofstr. 1
53225 Bonn
02 28/4 06-0
E-Mail: poststelle@bff.bund.de
www.bff.bund.de

Bundesamt für Verfassungsschutz
Merianstr. 100
50765 Köln
02 21/7 92-0
E-Mail: bfvinfo@verfassungsschutz.de
www.verfassungsschutz.de

Bundesamt für Wehrverwaltung
Ermekeilstraße 27
53113 Bonn
02 28/9 47-0
E-Mail: bawv@bundeswehr.org

Bundesamt für Wirtschaft Ausfuhrkontrolle
Frankfurter Str. 29-35
65760 Eschborn/Ts.
0 61 96/9 08-0
E-Mail: poststelle@bafa.de
www.ausfuhrkontrolle.info

Bundesanstalt für Arbeit
Regensburger Str. 104
90478 Nürnberg
09 11/1 79-0
E-Mail: hauptstelle@arbeitsamt.de
www.arbeitsamt.de

Bundesanstalt für Arbeitsschutz und Arbeitsmedizin
Friedrich-Henkel-Weg 1-25
44149 Dortmund
02 31/90 71-0
E-Mail: poststelle@baua.bund.de
www.baua.de

Bundesanstalt für Landwirtschaft und Ernährung
Adickesallee 40
60322 Frankfurt am Main
0 69/15 64-0
E-Mail: poststelle@ble.de
www.ble.de

Bundesanstalt für Straßenwesen
Brüderstr. 53
51427 Bergisch-Gladbach
0 22 04/43-0
E-Mail: info@bast.de
www.bast.de

Bundesarchiv
Potsdamer Str. 1
56064 Koblenz
02 61/5 05-0
E-Mail: koblenz@barch.bund.de
www.bundesarchiv.de

Bundesinstitut für Berufsbildung
Friedrich-Ebert-Allee 38
53113 Bonn
02 28/1 07-0
E-Mail: zentrale@bibb.de
www.bibb.de

Bundeskartellamt
Kaiser-Friedrich-Straße 16
53113 Bonn
02 28/94 99-0
E-Mail: info@bundeskartellamt. bund.de
www.bundeskartellamt.de

Bundeskriminalamt
Thaerstr. 11
65193 Wiesbaden
06 11/55-0
E-Mail: info@bka.de
www.bka.de

Bundesverwaltungsamt
Barbarastr. 1
50735 Köln
0 18 88/3 58-0
E-Mail: poststelle@bva.bund.de
www.bva.bund.de

Der Bundesbeauftragter für den Datenschutz
Husarenstraße 30
53117 Berlin
0 18 88/77 99-0
E-Mail: poststelle@bfd.bund.de
www.bfd.bund.de

Der Bundesbeauftragte für den Zivildienst
Rochusstr. 8-10
53123 Bonn
02 28/9 30-27 22
E-Mail: dieter.hackler@bmfsfj. bund.de

Die Bundesbeauftragte für die Unterlagen des Staatssicherheitsdienstes der ehemaligen DDR
Otto-Braun-Straße 70-72
10178 Berlin
0 18 88/6 65-0
E-Mail: post@bstu.bund.de
www.bstu.de

Der Wehrbeauftragte des Deutschen Bundestages
Platz der Republik 1
11011 Berlin
0 30/72 61 60-0
E-Mail: wehrbeauftragter@bundestag.de
www.bundestag.de

Kraftfahrt-Bundesamt
Fördestr. 16
24944 Flensburg
04 61/3 16-0
E-Mail: kba@kba.de
www.kba.de

Luftfahrt-Bundesamt
Hermann-Blenk-Str. 26
38108 Braunschweig
05 31/23 55-0
E-Mail: info@lba.de
www.lba.de

Statistisches Bundesamt
Gustav-Stresemann-Ring 11
65189 Wiesbaden
06 11/75-1,-34 44
E-Mail: presse@destatis.de
www.destatis.de

Umweltbundesamt
Bismarckplatz 1
14193 Berlin
0 30/89 03-0
E-Mail: pressestelle@uba.de
www.umweltbundesamt.de

Europäische Union und UNO

Europäisches Parlament Generalsekretariat
Plateau du Kirchberg
Centre Europeen
L - 2929 Luxemburg

Europäisches Parlament Informationsbüro für Deutschland
Unter den Linden 78
10117 Berlin
0 30/22 80-10 00
E-Mail: epberlin@europarl.eu.int
www.europarl.de

Kommission der Europäischen Gemeinschaften
Rue de la Loi 200
B - 1049 Brüssel

Europäische Kommission Vertretung in der Bundesrepublik Deutschland – Vertretung in Bonn
Bertha-von-Suttner-Platz 2-4
53111 Bonn
02 28/5 30 09-0
E-Mail: eu-de-bonn@cec.eu.int

Deutsche Gesellschaft für die Vereinten Nationen
Zimmerstraße 26-27
10609 Berlin
0 30/25 93 75-0
E-Mail: info@dgvn.de
www.dgvn.de

Arbeitgeber- und Berufsverbände

Bundesvereinigung der Deutschen Arbeitgeberverbände
Breite Straße 29
10178 Berlin
0 30/2033-0
E-Mail: info@bda-online.de
www.bda-online.de

Bundesverband der Deutschen Industrie
Breite Straße 29
10178 Berlin
0 30/2028-0
E-Mail: zentralabteilung@bdi-online.de
www.bdi-online.de

Deutscher Bauernverband
Godesberger Allee 142-148
53175 Bonn
02 28/81 98-0
E-Mail: info@bauernverband.de
www.bauernverband.de

Deutscher Industrie- und Handelskammertag
Breite Straße 29
10178 Berlin
0 30/ 2 03 08-0
E-Mail: dihk@berlin.dihk.ihk.de
www.ihk.de/dihk

Zentralverband des Deutschen Handwerks e.V.
Mohrenstraße 20-21
10117 Berlin
0 30/2 06 19-0
E-Mail: info@zdh.de
www.zdh.de

Gewerkschaften

Deutsche Angestellten-Gewerkschaft
Karl-Muck-Platz 1
20355 Hamburg

Deutscher Beamtenbund
Postfach 205005
53170 Bonn

Deutscher Gewerkschaftsbund
Henriette-Herz-Platz 2
10178 Berlin
0 30/2 40 60-0
E-Mail: info@bundesvorstand. dgb.de
www.dgb.de

Gewerkschaft Erziehung und Wissenschaft
Reifenberger Str. 21
60489 Frankfurt am Main
0 69/7 89 73-0
E-Mail: info@gew.de
www.gew.de

Industriegewerkschaft Metall
Lyoner Str. 32
60528 Frankfurt am Main
0 69/66 93-0
E-Mail: vorstand@igmetall.de
www.igmetall.de

Gewerkschaft Nahrung – Genuss – Gaststätten
Haubachstr. 76
22765 Hamburg
0 40/3 80 13-0
E-Mail: hauptverwaltung@ngg.net
www.ngg.net

Gewerkschaft der Polizei
Forststr. 3a
40721 Hilden
02 11/71 04-0
E-Mail: gdp-bund-hilden@gdp-online.de
www.gdp.de

Industriegewerkschaft Bauen – Agrar – Umwelt
Olof-Palme-Str. 19
60439 Frankfurt am Main
0 69/9 57 37-0
E-Mail: presse@igbau.de
www.igbau.de

Industriegewerkschaft Bergbau, Chemie, Energie
Königsworther Platz 6
30167 Hannover
05 11/76 31-0
E-Mail: presse@igbce.de
www.igbce.de

Transnet
Weilburger Straße 24
60326 Frankfurt
069/7536-0
www.transnet.org

Vereinigte Dienstleistungsgewerkschaft e.V. (ver.di)
Bundesvorstand
Potsdamer Platz 10
10785 Berlin
030/6956-0
www.verdi.de

Kommunale Spitzenverbände

Deutscher Landkreistag
Lennéstraße 11
10785 Berlin
0 30/59 00 97-0
E-Mail: info@landkreistag.de
www.landkreistag.de

Deutscher Städtetag
Lindenallee 13-17
50968 Köln
02 21/37 71-0
E-Mail: post@staedtetag.de
www.staedtetag.de

Deutscher Städte- und Gemeindebund
Marienstraße 6
12207 Berlin
0 30/7 73 07-0
E-Mail: dstgb@dstgb.de
www.dstgb.de

Sozial- und Umweltverbände

Arbeiterwohlfahrt e.V.
Oppelner Str. 130
53119 Bonn
02 28/66 85-0
E-Mail: info@awobu.awo.org
www.awo.org

Bund für Umwelt und Naturschutz Deutschland e.V. (BUND)
Am Köllnischen Park 1
10179 Berlin
0 30/27 58 64-0
E-Mail: bund@bund.net
www.bund.net

Bundesverband Bürgerinitiativen Umweltschutz e.V.
Prinz-Albert-Str. 43
53113 Bonn
02 28/21 40 32
E-Mail: bbu-bonn@t-online.de
www.bbu-online.de

Deutscher Caritasverband e.V.
Karlstr. 40
79104 Freiburg
07 61/20 0-0
E-Mail: info@caritas.de
www.caritas.de

Deutsches Rotes Kreuz
Carstennstraße 58
12205 Berlin
0 30/8 54 04-0
E-Mail: drk@drk.de
www.drk.de

Diakonisches Werk der Evangelischen Kirche in Deutschland
Stafflenbergstr. 76
70184 Stuttgart
07 11/21 59-0
E-Mail: diakonie@diakonie.de
www.diakonie.de

Weitere Verbände

amnesty international (ai)
Heerstr. 178
5311 Bonn
02 28/9 83 73-0
E-Mail: info@amnesty.de
www.amnesty.de

Aktionsgemeinschaft der Kriegsopfer und Sozialrentner
Humboldtstr. 32
53115 Bonn

Aktionsgemeinschaft wirtschaftlicher Mittelstand
Luisenstraße 41
10117 Berlin
0 30/28 88 07-0
E-Mail: info@awm-online.de
www.awm-online.de

Allgemeiner Deutscher Automobil-Club e.V. (ADAC)
Am Westpark 8
81373 München
0 89/76 76-0
E-Mail: adac@adac.de
www.adac.de

Arbeiter-Samariter-Bund Deutschland e.V.
Sülzburgstr. 140
50937 Köln
02 21/4 76 05-0
E-Mail: asb-bv@asb-online.de
www.asb-online.de

Arbeitsgemeinschaft Selbständiger Unternehmer e.V.
Reichsstraße 17
14052 Berlin
0 30/3 00 65-0
E-Mail: asu@asu.de
www.asu.de

Arbeitsgemeinschaft der Verbraucherverbände e.V.
Heilsbachstr. 20
53123 Bonn

Arbeitskreis deutscher Bildungsstätten e.V.
Mühlendamm 3
10178 Berlin
0 30/40 04 01-00,-18
E-Mail: geschaeftsstelle@adbildungsstaetten.de
www.adbildungsstaetten.de

Attac
Münchener Str. 48
60329 Frankfurt
www.attac.de

Börsenverein des Deutschen Buchhandels e.V.
Großer Hirschgraben 17-21
60311 Frankfurt am Main
0 69/13 06-0,- 2 92
E-Mail: info@boev.de
www.boersenverein.de

Bund der Kriegsblinden Deutschlands e.V.
Schumannstr. 35
53113 Bonn
02 28/21 31 34
E-Mail: bkd.geschaeftsstelle@t-online.de
www.kriegsblindenbund.de

Bund der Steuerzahler e.V.
Adolfsallee 22
65185 Wiesbaden
06 11/9 91 33-0
E-Mail: presse@steuerzahler.de
www.steuerzahler.de

Bund der Vertriebenen – Vereinigte Landsmannschaften und Landesverbände e.V.
Godesberger Allee 72-74
53175 Bonn
02 28/8 10 07-0, 3 72 85 75
E-Mail: info@bund-der-vertriebenen.de
www.bund-der-vertriebenen.de

Bund Deutscher Baumeister, Architekten und Ingenieure e.V.
Willdenowstraße 6
12203 Berlin
0 30/84 18 97-0
E-Mail: info@baumeister-online.de
www.baumeister-online.de

Bund Deutscher Kriegsopfer, Körperbehinderter und Sozialrentner e.V.
Stintenberger Straße 16
40822 Mettmann
0 21 04/5 45 44
E-Mail: bdkk@t-online.de

Katholische Arbeitnehmer-Bewegung Deutschlands
Bernhard-Letterhaus-Straße 26
50670 Köln
02 21/77 22-0
E-Mail: info@kab.de
www.kab.de

Bundesverband des Deutschen Exporthandels e.V.
Am Weidendamm 1a
10117 Berlin
0 30/7 26 25-7 90
E-Mail: contact@bdex.de
Owww.bdex.de

Bundesverband Deutscher Zeitungsverleger e.V.
Haus der Presse
10969 Berlin
Markgrafenstraße 15
0 30/72 62 98-0
E-Mail: bdzv@bdzv.de
www.bdzv.de

Bundesverband Ev. Arbeitnehmerorganisationen e.V.
Auguststraße 80
10117 Berlin
0 30/2 83 95-1 51
E-Mail: bvea@bvea.de
www.bvea.de

Bundesverband mittelständische Wirtschaft – Unternehmerverband Deutschlands e.V.
Leipziger Platz 15
10117 Berlin
0 30/53 32 06-0
E-Mail: bvmw.berlin@bvmwonline.de
www.bvmwonline.de

Deutsch-Israelische Gesellschaft
Martin-Buber-Straße 12
14163 Berlin
0 30/80 90 70-28
E-Mail: digberlin@onlinehome.de
www.digberlin.de

Deutsche Landwirtschafts-Gesellschaft e.V.
Eschborner Landstr. 122
60489 Frankfurt am Main
0 69/2 47 88-0
E-Mail: info@dlg-frankfurt.de
www.dlg.org

Deutsche Verkehrswacht e.V.
Am Pannacker 2
53340 Meckenheim
0 22 25/8 84-0
E-Mail: dvw@dvw-ev.de
www.dvw.de

Deutscher Anwaltverein e.V.
Littenstraße 11
10179 Berlin
0 30/72 61 52-0
E-Mail: dav@anwaltverein.de
www.anwaltverein.de

Deutscher Blinden- u. Sehbehindertenverband e.V.
Rungestraße 19
10179 Berlin
0 30/28 53 87-0
E-Mail: info@dbsv.org
www.dbsv.org

Deutscher Bundesjugendring e.V.
Mühlendamm 3
10178 Berlin
0 30/40 04 04-00
E-Mail: info@dbjr.de
www.dbjr.de

Deutscher Bundeswehr-Verband e.V.
Südstr. 123
53175 Bonn
02 28/38 23-0
E-Mail: info@dbwv.de
www.dbwv.de

Deutscher Frauenrat Lobby der Frauen – Bundesvereinigung von Frauenverbänden und Frauengruppen gemischter Verbände in Deutschland e.V.
Axel-Springer-Straße 54a
10117 Berlin
0 30/20 45 69-0
E-Mail: kontakt@frauenrat.de
www.frauenrat.de

Deutscher Genossenschafts- u. Raiffeisenverband e.V.
Schellingstraße 4
10785 Berlin
0 30/20 21 26 02
E-Mail: info@dgrv.de
www.dgrv.de

Deutscher Hochschulverband
Rheinallee 18
53173 Bonn
02 28/9 02 66-66
E-Mail: dhv@hochschulverband.de
www.hochschulverband.de

Deutscher Journalistenverband e.V.
Bennauerstr. 60
53115 Bonn
02 28/2 01 72-0
E-Mail: djv@djv.de
www.djv.de

Deutscher Kinderschutzbund
Hinüberstraße 8
30175 Hannover
05 11/3 04 85-0
E-Mail: info@dksb.de
www.kinderschutzbund.de

Deutscher Lehrerverband
Burbacherstr. 8
53129 Bonn
02 28/21 12 12
E-Mail: info@lehrerverband.de
www.lehrerverband.de

Deutscher Mieterbund e.V.
Littenstraße 10
10179 Berlin
0 30/2 23 23-0
E-Mail: info@mieterbund.de
www.mieterbund.de

Deutscher Paritätischer Wohlfahrtsverband – Gesamtverband e.V.
Oranienburger Straße 13-14
10178 Berlin
0 30/28 04 67-70
E-Mail: info@paritaet.org
www.paritaet.org

Deutscher Presserat
Gerhard-von-Are-Str. 8
53111 Bonn
02 28/9 85 72-0
E-Mail: info@presserat.de
www.presserat.de
www.redaktionsdatenschutz.de

Deutscher Richterbund
Kronenstraße 73-74
10117 Berlin
0 30/20 61 25-0
E-Mail: info@drb.de
www.drb.de

Deutscher Sparkassen- und Giroverband
Charlottenstraße 47
10117 Berlin
0 30/2 02 25-0
E-Mail: postmaster@dsgv.de
www.dsgv.de

**Deutscher Sportbund e.V.
Haus des deutschen Sports**
Otto-Fleck-Schneise 12
60528 Frankfurt am Main
0 69/67 00-0
E-Mail: dsb-info@dsb.de
www.dsb.de

Deutscher Tierschutzbund e.V.
Baumschulallee 15
53115 Bonn
02 28/6 04 96-0
E-Mail: bg@tierschutzbund.de
www.tierschutzbund.de

Deutscher Verkehrssicherheitsrat e.V.
Beueler Bahnhofsplatz 16
53222 Bonn
02 28/4 00 01-0
E-Mail: dvr-info@dvr.de
www.dvr.de

Deutsches Jugendherbergswerk
Leonardo-da-Vinci-Weg 1
32760 Detmold
0 52 31/99 36-0
E-Mail: hauptverband@djh.org
www.jugendherberge.de

Deutsches Studentenwerk e.V.
Monbijouplatz 11
10178 Berlin
0 30/29 77 27-0
E-Mail: dsw@studentenwerke.de
www.studentenwerke.de

Gesellschaft für bedrohte Völker e.V.
Stumpfebiehl 13
37073 Göttingen
05 51/4 99 06-0
E-Mail: info@gfbv.de
www.gfbv.de

Gesellschaft für Datenschutz und Datensicherung e.V.
Pariser Straße 37
53177 Bonn
02 28/69 43 13
E-Mail: info@gdd.de
www.gdd.de

Hartmannbund – Verband der Ärzte Deutschlands e.V.
Schützenstraße 6a
10117 Berlin
0 30/20 62 08-0
E-Mail: hb-info@hartmannbund.de
www.hartmannbund.de

Hauptverband des Deutschen Einzelhandels e.V.
Am Weidendamm 1a
10117 Berlin
0 30/72 62 50-0
E-Mail: hde@einzelhandel.de
www.einzelhandel.de

Hochschulrektorenkonferenz
Ahrstr. 39
53175 Bonn
02 28/8 87-0
E-Mail: sekr@hrk.de
www.hrk.de

Internationale Gesellschaft für Menschenrechte – Deutsche Sektion e.V.
Borsigallee 16
60388 Frankfurt am Main
0 69/42 01 08-0
E-Mail: info@igfm.de
www.igfm.de

Kolpingwerk Deutschland Bundesverband
Kolpingplatz 5-11
50667 Köln
02 21/2 07 01-0
E-Mail: info@kolping.de
www.kolping.de

Malteser-Hilfsdienst
Kalker Hauptstr. 22-24
51103 Köln
02 21/98 22-01
E-Mail: malteser@maltanet.de
www.malteser.de

Marburger Bund – Verband der angestellten und beamteten Ärztinnen und Ärzte Deutschlands e.V.
Riehler Str. 6
50668 Köln
02 21/97 31 68-0
E-Mail: bundesverband@marburger-bund.de
www.marburger-bund.de

Schutzgemeinschaft Deutscher Wald Bundesverband e.V.
Meckenheimer Allee 79
53115 Bonn
02 28/94 59 83-0
E-Mail: info@sdw.de
www.sdw.de

terre des hommes Deutschland e.V.
Ruppenkampstr. 11a
49084 Osnabrück
05 41/7 10 10
E-Mail: info@tdh.de
www.tdh.de

Union der Leitenden Angestellten
Alfredstr. 77-79
45130 Essen

Verbraucherschutzverein e.V.
Bayreuther Str. 41
10787 Berlin

Vereinigung Mittelständischer Unternehmer e.V.
Elisabethstr. 34
80796 München
0 89/33 41 85
E-Mail: info@vmu-mittelstand.de
www.vmu-mittelstand.de

Volksbund Deutsche Kriegsgräberfürsorge e.V.
Werner-Hilpert-Str. 2
34117 Kassel
05 61/70 09-0
E-Mail: info@volksbund.de
www.volksbund.de

Zentralverband der Deutschen Haus-, Wohnungs- und Grundeigentümer e.V.
Mohrenstraße 33
10117 Berlin
0 30/2 02 16-0
E-Mail: zv@haus-und-grund.net
www.haus-und-grund.net

Zentralverband der Sozialversicherten, der Rentner und deren Hinterbliebenen Deutschlands e.V.
Marburger Straße 86
35396 Gießen
06 41/9 30 39 80
E-Mail: friedrich@zds-sozialverband.de
www.zds-sozialverband.de

Kirchen

Bund freireligiöser Gemeinden Deutschlands
Schillerplatz 1
63067 Offenbach
0 69/98 19-66 80
E-Mail: bfgd@freenet.de

Deutsche Bischofskonferenz
Bonner Talweg 177
53129 Bonn
02 28/1 03-0
E-Mail: sekretariat@dbk.de
www.dbk.de

Evangelische Kirche in Deutschland
Herrenhäuser Str. 12
30419 Hannover
05 11/27 96-0
E-Mail: info@ekd.de
www.ekd.de

Zentralkomitee der deutschen Katholiken
Hochkreuzallee 246
53175 Bonn
02 28/3 82 97-0
E-Mail: info@zdk.de
www.zdk.de

Zentralrat der Juden in Deutschland
Leo-Baeck-Haus
Tucholskystraße 9
D-10117 Berlin
0 30/28 44 56-0
E-Mail: info@zentralratdjuden.de
www.zentralratdjuden.de

Register

K

L

M

N

O

P